# 国家自主创新示范区发展报告
## 2019

国家自主创新示范区发展报告编写组 ◎ 编

·北京·

图书在版编目（CIP）数据

国家自主创新示范区发展报告. 2019 / 国家自主创新示范区发展报告编写组编. —北京：科学技术文献出版社，2020.2
ISBN 978-7-5189-6428-4

Ⅰ.①国… Ⅱ.①国… Ⅲ.①高技术开发区—研究报告—中国—2019 Ⅳ.① F127.9

中国版本图书馆 CIP 数据核字（2020）第 027211 号

## 国家自主创新示范区发展报告2019

| 策划编辑：丁芳宇 | 责任编辑：赵 斌 | 责任校对：王瑞瑞 | 责任出版：张志平 |

| 出 版 者 | 科学技术文献出版社 |
| 地　　址 | 北京市复兴路15号　邮编 100038 |
| 编 务 部 | （010）58882938，58882087（传真） |
| 发 行 部 | （010）58882868，58882870（传真） |
| 邮 购 部 | （010）58882873 |
| 官 方 网 址 | www.stdp.com.cn |
| 发 行 者 | 科学技术文献出版社发行　全国各地新华书店经销 |
| 印 刷 者 | 北京时尚印佳彩色印刷有限公司 |
| 版　　次 | 2020 年 2 月第 1 版　2020 年 2 月第 1 次印刷 |
| 开　　本 | 787×1092　1/16 |
| 字　　数 | 255千 |
| 印　　张 | 16 |
| 书　　号 | ISBN 978-7-5189-6428-4 |
| 审 图 号 | GS（2020）1086号 |
| 定　　价 | 128.00元 |

版权所有　违法必究

购买本社图书，凡字迹不清、缺页、倒页、脱页者，本社发行部负责调换

# 编委会

主 任 委 员：徐南平
副主任委员：包献华　杨咸武　王德禄
编　　　委：曹煜中　武文生　王光辉　陈文丰　王志辉

# 编写组

组　　　长：曹煜中　武文生
副 组 长：王光辉　陈文丰　王志辉　赵荣凯
成　　　员：周宇振　曹善平　石妍妍　刘恒辰　史芬芬
　　　　　　斯达威　周　涛　高程程　孔伟强　袁硕平
　　　　　　程淑红　刘佳薇　郝　坤

# 序

纵观人类发展历史,创新始终是推动一个国家、一个民族,乃至整个人类社会向前发展的重要力量。实施创新驱动发展战略,是我国应对发展环境变化、把握发展自主权、提高核心竞争力的必然选择,也是加快转变经济发展方式、破解深层次矛盾的迫切要求,根本上是要破除体制机制障碍,最大限度解放和激发科技作为第一生产力所蕴藏的巨大潜能。

建设国家自主创新示范区(以下简称"国家自创区"),是党中央、国务院为提升我国自主创新能力、加快创新发展的一项战略举措,是在国家高新技术产业开发区(以下简称"国家高新区")基础上的一项全新探索和尝试。国家高新区过去30多年发展中,在党中央、国务院的领导和支持下,开展了各类行之有效的改革创新,极大地解放和发展了科技生产力。当前,改革进入"深水区"和"攻坚期","容易的、皆大欢喜的改革已经完成了,好吃的肉都吃掉了,剩下的都是难啃的硬骨头",需要国家自创区加大力度、集中发力,不断把改革引向深入,要抓难点、抓节点、抓试点,既要在重点领域、关键环节形成突破和示范,又要注重顶层设计和整体谋划,推进央地协同、上下联动、左右协调,破解改革壁垒,增强改革的系统性、整体性、协同性、针对性。

从现在到2035年我国基本实现社会主义现代化,只有15年时间,到21世纪中叶,我们还要全面建成社会主义现代化强国,走向中华民族的伟大复兴。国家自创区作为科技体制改革和创新发展的先行先试区,必须要率先而为,勇于解放思想,敢于自我革命,要进一步破除影响科技与经济结合、影响科技创新效用发挥的一切障碍,为全国科技体制全面深化改革探路,要在原始创新、新兴产业、创新生态、开放协同等领域全面引领,一以贯之、坚定不移地实施创新驱动发展战略,支撑和引领经济高质量发展,成为持续领跑中国特色创新道路的一面旗帜。

　　《国家自主创新示范区发展报告 2019》一书，介绍了国家自创区的发展历程和总体情况，总结了国家自创区在体制机制改革和政策先行先试、自主创新、新产业新业态、辐射带动和开放发展等方面的实践和成绩，尤其是介绍了各国家自创区独具特色的改革创新道路，对国家自创区之间相互交流学习具有重要参考价值。希望大家通过此书加强对国家自创区的认识，提高专业化服务能力和水平，共同推动和见证国家自创区先行先试、勇敢探索的历程，为实现社会主义现代化、实现中华民族伟大复兴的"中国梦"做出新的贡献。

中华人民共和国科学技术部　部长　党组书记

二〇二〇年三月

# 前 言

国家自创区是指经国务院批复同意,在推进自主创新、政策试点和机制体制改革等方面先行先试、探索经验、做出示范的区域。为应对全球金融危机和经济衰退冲击,2009年3月13日,国务院批复同意中关村科技园区建设全国第一个国家自创区(以下简称"中关村自创区")。2009年12月,国务院批复同意武汉东湖国家高新区建设国家自创区(以下简称"东湖自创区")。2011年1月,国务院批复同意上海张江国家高新区建设国家自创区(以下简称"张江自创区")。2012年年底,党的十八大明确提出实施创新驱动发展战略。2013年9月30日,习近平总书记率领中共中央政治局在中关村自创区以实施创新驱动发展战略为题举行第九次集体学习,对国家自创区的建设和创新发展提出新的要求。2014年5月,国务院批复同意深圳建设全国首个以城市为依托的国家自创区(以下简称"深圳自创区")。同年10月,国务院批复同意南京、苏州、无锡、常州、昆山、江阴、武进、镇江8个国家高新区和苏州工业园区建设苏南国家自创区(以下简称"苏南自创区"),这是我国首个以城市群为依托的国家自创区。同年12月,国务院批复同意天津国家高新区建设国家自创区(以下简称"天津自创区");批复同意长沙、株洲和湘潭3个国家高新区建设国家自创区(以下简称"长株潭自创区")。2015年6月,国务院批复同意成都国家高新区建设国家自创区(以下简称"成都自创区")。同年8月,国务院批复同意西安国家高新区建设国家自创区(以下简称"西安自创区");批复同意杭州和萧山临江2个国家高新区建设国家自创区(以下简称"杭州自创区")。同年9月,国务院批复同意广州、珠海、佛山、惠州仲恺、东莞松山湖、中山火炬、江门、肇庆8个国家高新区建设国家自创区(以下简称"珠三角自创区")。2016年4月,国务院批复同意郑州、洛阳、新乡3个国家高新区建设国家自创区(以下简称"郑洛新自创区");批复同意济南、青岛、淄博、

潍坊、烟台、威海6个国家高新区建设国家自创区（以下简称"山东半岛自创区"）；批复同意沈阳、大连2个国家高新区建设国家自创区（以下简称"沈大自创区"）。同年6月，国务院批复同意福州、厦门、泉州3个国家高新区建设国家自创区（以下简称"福厦泉自创区"）；批复同意合肥、芜湖、蚌埠3个国家高新区建设国家自创区（以下简称"合芜蚌自创区"）。同年7月，国务院批复同意重庆国家高新区建设国家自创区（以下简称"重庆自创区"）。2018年2月，国务院批复同意宁波、温州2个国家高新区建设国家自创区（以下简称"宁温自创区"）；批复同意兰州、白银2个国家高新区建设国家自创区（以下简称"兰白自创区"）。同年11月，国务院批复同意乌鲁木齐、昌吉、石河子3个国家高新区建设国家自创区（以下简称"乌昌石自创区"）。2019年8月，国务院批复同意南昌、新余、景德镇、鹰潭、抚州、吉安、赣州7个国家高新区建设国家自创区（以下简称"江西自创区"）。截至2019年年底，国家自创区数量达到21个，涉及全国56个城市①，覆盖61个国家高新区。

国家自创区自成立以来，矗立时代变革前沿，根植中国创新实践，在体制机制改革和政策先行先试等方面取得了显著成效。经国务院批准，先后在中关村自创区试点的16项政策，经其他国家自创区进一步试点后已推广到全国实施。据不完全统计，截至2018年年底，国家自创区及所在省市区已发布创新政策数千条，充分调动了科技人员的积极性，给企业技术创新松了绑，有力地激发了各类创新主体的活力，充分发挥了改革试验田的作用，形成了可复制、可推广的经验，为国家创新驱动发展战略的实施探索了新路径、新模式。

当前，国家自创区发展站在了新的起点上，既要积极应对新一轮科技革命和产业变革带来的机遇和挑战，又要支撑和引领我国经济迈进高质量发展阶段，责任重大、使命在肩。为促进国家自创区发展，增进国家自创区之间相互交流与借鉴，为社会各界了解和认识国家自创区提供一个窗口，为相关部门研究和公共管理工作提供支撑，科技部成果转化与区域创新司联合长城企业战略研究所成立国家自主创新示范区发展报告编写组，持续跟综国家自创区发展情况，与各国家自创区管理部门进行多次互动交流，经过广泛调研与座谈，在各国家自创区提供材料的基础上，深

---

① 包含4个直辖市、50个地级市、1个自治州（昌吉自治州）、1个县级市（石河子市）。

## 前言

入研究分析,总结提炼了各国家自创区的有效探索实践和经验做法,编撰形成了本报告。由于江西自创区获国务院批复同意建设时间较晚(2019年8月),本报告相关内容与数据仅包含前20个国家自创区。

《国家自主创新示范区发展报告2019》是国家自创区年度发展系列报告的第一部,首次全景式展示了国家自创区建设以来取得的发展成效,尤其是20个国家自创区各具特色的创新发展实践和改革试验的鲜活案例。本报告采取"1+20"的结构,"1"是国家自创区发展综述,"20"是20个国家自创区分报告。发展综述分为5个部分,分别从体制机制改革和政策先行先试、自主创新、创新创业、新产业新业态、辐射带动与开放发展5个方面全面总结国家自创区的主要做法和经验。20个分报告均包括三部分内容:一是介绍该国家自创区的批复时间、发展定位、重要成就等基本情况;二是介绍具有突破性、代表性的体制机制改革和政策先行先试情况;三是示范重点和重要举措,尤其是特色做法和可供复制推广的成功经验。各分报告素材和数据均来自各国家自创区提供的2018年工作总结及官方媒体公开材料。

报告在编写过程中,得到了各国家自创区的大力协助与支持,在此表示衷心的感谢。需要指出的是,由于时间仓促、人力限制,内容不尽完善,错误在所难免,敬请读者谅解。欢迎读者提出宝贵意见和建议,对问题和疏漏进行批评指正。

国家自主创新示范区发展报告编写组
二〇二〇年三月

# 目 录

**国家自创区发展综述** ·········································································· 1

一、强化体制机制改革和政策先行先试，充分激发创新活力 ·················· 3
    1. 中关村自创区持续引领，先行先试政策实现全国推广 ··················· 4
    2. 各国家自创区大胆探索，个性化政策创新持续涌现 ······················ 4
    3. 多点突破科技成果转化瓶颈，创新活力进一步迸发 ······················ 4
    4. 不断完善长效支持机制，科技和金融深度结合 ···························· 5
    5. 大力深化人才发展体制机制改革，高层次双创人才不断集聚 ········ 6
    6. 积极完善知识产权全过程机制，激励和保护作用不断增强 ············ 7
    7. 持续探索新型治理模式，管理体制机制改革取得重大进展 ············ 7

二、持续集聚高水平创新资源，不断提升自主创新能力 ·························· 8
    1. 着力强化科技支撑能力，成为落实国家战略重要力量 ·················· 9
    2. 重大原创成果不断涌现，科技引领能力显著提升 ························ 9
    3. 聚焦关键核心战略领域，世界级创新平台加速聚合 ···················· 10
    4. 探索建立高效协同的创新体系，新型研发组织蓬勃发展 ············· 11
    5. 全球视野柔性引智，国际化创新人才高地加快形成 ···················· 12

三、推动创新创业高质量发展，打造"大众创业、万众创新"升级版 ········ 12
    1. 创业服务平台走向专业化、多样化、市场化和国际化 ················ 12
    2. 创新创业生态日益完善，硬科技创业引领新一轮创业浪潮 ·········· 14
    3. 厚植创新创业人文沃土，打造了一批世界级创业品牌 ················ 15
    4. 数字经济赋能，场景为双创创造了巨大的新机会、新市场 ·········· 16

四、着力建设现代产业体系，不断推动经济高质量发展 ························ 16
    1. 经济平稳增长和质量效益提高互促共进，经济实力跃上新台阶 ···· 17
    2. 新旧动能加快转换，培育形成一批世界级创新型特色产业集群 ···· 17
    3. 持续创造新供给，新兴产业生成能力不断增强 ·························· 18

4. 持续推进产业组织创新，积极探索新型产业促进方式 ……………… 19
5. 精准培育创新型市场主体，涌现一大批高成长企业 ………………… 20

五、加大辐射带动开放共享，有力支撑和引领区域协调发展 ………………… 21
    1. 统筹优化布局，区域创新一体化稳步推进 …………………………… 22
    2. 持续加大辐射带动，区域协调发展水平进一步提升 ………………… 22
    3. 强化扩大开放共享，支撑和引领国家重大战略 ……………………… 23
    4. 积极融入"一带一路"，加快形成全面开放新格局 …………………… 23
    5. 积极开展全球链接，集聚辐射全球资源的能力显著增强 …………… 24

分报告 1   中关村国家自主创新示范区 ……………………………………… 26
分报告 2   东湖国家自主创新示范区 ………………………………………… 42
分报告 3   张江国家自主创新示范区 ………………………………………… 55
分报告 4   深圳国家自主创新示范区 ………………………………………… 66
分报告 5   苏南国家自主创新示范区 ………………………………………… 77
分报告 6   天津国家自主创新示范区 ………………………………………… 89
分报告 7   长株潭国家自主创新示范区 ……………………………………… 99
分报告 8   成都国家自主创新示范区 ………………………………………… 109
分报告 9   西安国家自主创新示范区 ………………………………………… 120
分报告 10  杭州国家自主创新示范区 ………………………………………… 129
分报告 11  珠三角国家自主创新示范区 ……………………………………… 142
分报告 12  郑洛新国家自主创新示范区 ……………………………………… 151
分报告 13  山东半岛国家自主创新示范区 …………………………………… 165
分报告 14  沈大国家自主创新示范区 ………………………………………… 177
分报告 15  福厦泉国家自主创新示范区 ……………………………………… 187
分报告 16  合芜蚌国家自主创新示范区 ……………………………………… 199
分报告 17  重庆国家自主创新示范区 ………………………………………… 209
分报告 18  宁温国家自主创新示范区 ………………………………………… 217
分报告 19  兰白国家自主创新示范区 ………………………………………… 228
分报告 20  乌昌石国家自主创新示范区 ……………………………………… 237

# 国家自创区发展综述

国家自创区是指经国务院批复同意,在推进自主创新、政策试点和机制体制改革等方面先行先试、探索经验、做出示范的区域。建设国家自创区是党中央和国务院推进创新发展的重大战略部署,是为了在国家高新区发展的基础上,进一步探索创新驱动发展的新模式、新机制,是调动各地发展积极性、鼓励竞相创新发展的有效措施,还是应对经济下行压力、培育发展新动能的重要抓手。2009年,为应对全球金融危机和经济衰退冲击,国务院出台《关于发挥科技支撑作用促进经济平稳较快发展的意见》(国发〔2009〕9号),明确提出"要发挥国家高新区在引领高新技术产业发展、支撑地方经济增长中的集聚、辐射和带动作用"。为进一步推进创新型国家建设,提升国家自主创新能力,2009年3月13日,国务院批复同意中关村科技园区建设全国第一个国家自创区,着眼于破除束缚创新驱动发展的体制机制障碍,打造我国改革创新"试验田"。2009年12月、2011年1月,国务院又先后批复同意建设东湖自创区、张江自创区,提出要以国家自创区为战略基点,充分发挥先行先试、探索经验的优势，增强国家自创区创新能力和辐射带动效应，以点带面，推进创新型国家建设，引领经济发展方式转变。2012年年底，党的十八大明确提出实施创新驱动发展战略，强调必须把科技创新摆在国家发展全局的核心位置。2013年9月30日，习近平总书记率领中共中央政治局在中关村自创区以实施创新驱动发展战略为题举行第九次集体学习，对国家自创区的建设和创新发展提出新的要求。2014年5月、10月，国务院先后批复同意建设深圳自创区、苏南自创区。2014年12月3日、2016年3月30日、2016年6月8日，国务院总理李克强主持召开国务院常务会议，对国家自创区战略布局作出重要指示，提出必须加快实施创新驱动发展战略，以更大力度推进科技体制机制改革，在更大范围推广实施试点政策，推动"大众创业、万众创新"，发展新经济、培育新动能。随后，国务院先后批复同意建设天津、长株潭、成都、西安、杭州、珠三角、郑洛新、山东半岛、沈大、福厦泉、合芜蚌、重庆、宁温、兰白、乌昌石、江西国家自创区（图1）。

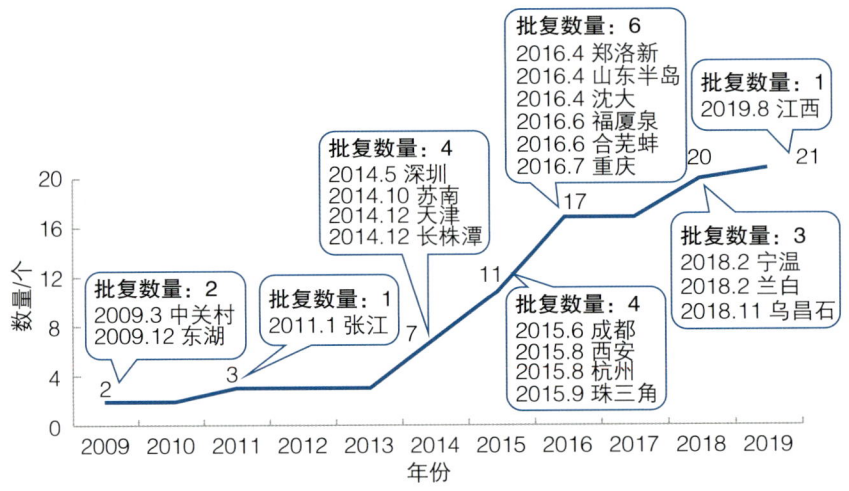

图1　21个国家自创区批复时序

截至2019年年底，国家自创区数量已达21个，涉及全国56个城市，覆盖61个国家高新区。整体而言，国家自创区布局呈现由北至南、由东向西的多点"辐射"态势，既包括依托单一国家高新区建立的国家自创区，又包括依托多个国家高新区建立的城市群国家自创区；既有在创新资源密集地区建立的国家自创区，又有在创新资源相对短缺地区建立的国家自创区。从全国来看，国家自创区整体战略布局进一步均衡，辐射带动作用进一步增强，有力支撑了"一带一路"、京津冀协同发展、长江经济带、粤港澳大湾区、长三角一体化等国家重大战略，成为我国创新驱动高质量发展的先行者和引领者（图2）。

图2  21个国家自创区空间布局示意

十年来，国家自创区锐意改革、大胆创新，在提升自主创新能力、发展新兴产业、培育创新型市场主体、营造创新创业生态、强化辐射带动和开放发展等方面持续推进体制机制改革和政策先行先试，取得了显著成效。2018年，20个国家自创区共计实现营业收入37.2万亿元，工业总产值25.8万亿元，成为我国依靠科技创新推动经济社会发展的突出典范，是我国建设现代化经济体系、实现经济高质量发展的重要力量。

# 一、强化体制机制改革和政策先行先试，充分激发创新活力

国家自创区坚持把体制机制改革和政策先行先试作为核心任务，按照国务院"可复制、可推广"的要求，在立法保障、科技成果转移转化、科技金融、人才引进培养、政府治理等方面纵深推进改革，探索了一批改革试点成果向全国推广，为我国全面深化改革、实施创新驱动发展战略探索新的路径和方法。

**1. 中关村自创区持续引领，先行先试政策实现全国推广**

中关村自创区作为国务院批复同意建设的第一个国家自创区，始终坚持把体制机制改革和政策先行先试贯穿于发展全过程。从2009年起，中关村自创区率先"试水"，先后试点了"1+6""新四条""新新四条"等系列先行先试政策，在下放科技成果管理权限、实施股权激励、扩大科研经费使用自主权、研发费用税前加计扣除等方面进行了有益探索，试点成熟的16项科技创新政策已先后推广到全国。在国家有关部门的大力支持下，中关村自创区在人才管理改革试验区建设、科技金融中心建设、科技成果转移转化、现代服务业试点、出入境特殊物品检疫监管等方面也积极探索各项改革试点，均取得了积极成效。其他国家自创区也在积极推进中关村自创区先行先试政策落地。截至2018年年底，张江自创区已有近70余家国有企业、科研院所和高校（统计在册的）等单位享受了股权激励递延纳税政策。东湖自创区积极探索扩大股权激励范围，累计推动70余家国有企业及校办企业开展股权激励，带动人福医药、高德红外等一大批民营企业实施了股权激励。

**2. 各国家自创区大胆探索，个性化政策创新持续涌现**

各国家自创区充分发挥首创精神，在所在省市区政府的大力支持下，结合地方实际，大胆探索适应本地区科技创新和产业发展需求的政策措施，陆续出台一系列含金量高、突破力度大的先行先试政策，其中部分政策已成功向周边地区推广，在全国引起广泛关注和反响。据不完全统计，截至2018年年底，国家自创区及所在省市区已发布创新政策数千条，东湖、苏南、天津、郑洛新、沈大等国家自创区先后出台了"黄金十条""新黄金十条""科技新九条""津十条""众创十二条""金融八条"等一系列全国知名的首创性政策。其中，东湖自创区"黄金十条"开展国有知识产权管理制度改革试点，突破性明确科技成果转化收益至少70%归成果完成人，"新黄金十条"全国首创"科技悬赏奖"。深圳自创区出台"孔雀计划"等人才引进政策，取得了良好效果。张江自创区率先试点药品上市许可持有人制度、天使投资税制、区域性股权交易市场"科技创新板"等改革举措。东湖自创区、西安自创区、珠三角自创区的广州高新区、宁温自创区的宁波高新区也相继出台瞪羚等高成长企业培育支持政策。

**3. 多点突破科技成果转化瓶颈，创新活力进一步迸发**

国家自创区围绕科技成果转移转化的全链条、全流程，积极创新制度设计，解决政策堵点，完善科研项目经费管理机制，持续深化科技成果使用权、处置权和收益权改革，扩大科研机构和高校科研自主权，赋予创新团队和领军人才更大的人财物支配权和技术路线决策权，充分调动了科技人员积极性，有力畅通了知识向财富、科技成果向现实生产力转化的渠道。中关村自创区在全国率先开展科技成果"三权"改革试点。成都自创区依托西南交通大学在全国率先探索"职务科技成果混合所有制"改革，形成"早确权、早分割、共享制"等改革经验。截至2018年年底，成都自创区已转移转化400余项高校科技成果。长株潭自创区在全国率先支持以专利使用权出资注册公司，率先实行两个70%的创新激励政策，12家单位获批国家科技成果评价试点机构，数量居全国之首。重庆自创区在国有技术类无形资产管理制度上做出重大改进，开展科技成果初始权益分配改革试点。天津自创区在全国首次推出"创新创业通票"制度，在激发区域创新创业活力方面取得显著成效，已在安徽、江西、贵州等地推广。

### 4. 不断完善长效支持机制，科技和金融深度结合

国家自创区坚持把科技金融作为推动创新创业的重要引擎，以适应科技型企业融资需求为导向，通过优化政府资源配置、创新财政资金投入方式，积极撬动社会资本，鼓励民间投资，在风险补偿、信用激励、银政企合作、产业基金等方面持续探索新举措和新机制，建立多层次、多元化、便利化的科技投融资体系，通过金融创新助力科技创新的效应进一步显现。中关村、东湖、张江、天津、西安5个国家自创区获批国家首批投贷联动试点园区，其中，中关村自创区在全国率先开展"双创债"和绿色债发行试点，推动全国首个投贷联动项目落地。张江自创区率先试点区域性股权交易市场"科技创新板"。深圳自创区出台全国首个《科技研发资金投入方式改革方案》，成为国家引导社会资本进入科技创新领域的先行区。成都自创区"盈创动力"科技金融服务平台在全省复制推广。重庆自创区在全国率先成功开展知识价值信用贷款改革试点并向全市推广。福厦泉自创区推动开展"知保贷""知融保""专利执行险"等两岸知识产权金融试点特色业务。杭州自创区科技金融服务中心联合全景产融服务平台推出"科技金融汇"等专注A轮早期项目路演活动（图3）。宁温自创区积极引导民营资本流向创新创业，在支持民营企业发起设立科技银行、推行企业研发准备金制度等方面走在全国前列。

图 3　杭州自创区科技金融服务中心股权融资路演

**5. 大力深化人才发展体制机制改革，高层次双创人才不断集聚**

国家自创区坚持"创新是第一动力、人才是第一资源"的发展理念，不断优化人才引进培养、使用评价、分配激励机制，努力破除束缚人才发展的制度障碍，通过实施更加积极、更加开放、更加有效的人才政策，积极鼓励海外留学人员回国创新创业，不断拓宽外国人才来华绿色通道，有效打通了科技人才便捷流动、优化配置的通道，集聚了一大批高水平创新创业人才。在人才引进方面，中关村自创区发布 20 条国际人才新政，在全国首创推行外籍配偶及子女可申请永久居留、外籍科学家能牵头国家科技项目等多项先行先试政策。张江自创区先后出台 25 条关于永久居留、外籍人才兼职、外籍学生居留等先行先试人才政策，其中 4 条政策已在全国其他区域复制推广。此外，张江自创区还建立了国家外国专家局首个自创区定点联系机制。西安自创区建立外籍人员来华就业办理"绿色通道"，服务水平全国领先。沈大自创区成立人才培养创新实验室（图 4）。在人才评价方面，中关村自创区率先开通职评"直通车"，启动"中关村外籍人才申请在华永久居留积分评估工作"，率先探索建立市场化的外籍人才评价引进机制。深圳自创区推动职称评审工作转由社会组织承接，有效增加了用人单位评价自主权。

图 4　沈大自创区人才培养创新实验室

**6. 积极完善知识产权全过程机制，激励和保护作用不断增强**

国家自创区高度重视知识产权工作，尤其在新技术、新产业、新业态、新模式不断涌现的背景下，不断完善知识产权创造、运用、保护、管理和服务等全过程支持政策，建立健全知识产权评议、跟踪及风险预警机制，有效夯实了知识产权对创新创业的支撑和保驾护航作用。在知识产权运用方面，杭州自创区推进设立物联网产业知识产权运营基金，有效探索了新兴产业知识产权运营的市场化运作商业模式。重庆自创区积极推进知识产权质押融资和知识价值信用融资，惠及企业超1000家次。在知识产权保护维权方面，中关村自创区成立国内首家知识产权法院——北京知识产权法院，建立了区域知识产权联席会议制度，成立海外知识产权维权援助站点。深圳自创区积极完善知识产权保护地方性法规，推出国内首家知识产权互联网综合服务云平台——"创荟网"，全国首创可实现行政执法、取证全流程证据固化见证的云执法证据记录平台，实现"以网管网、以网治网"的互联网知识产权保护新机制。

**7. 持续探索新型治理模式，管理体制机制改革取得重大进展**

国家自创区坚持发挥市场在资源配置中的决定性作用，不断创新管理体制，着力实行开放治理模式，加强创新服务职能，广泛汇聚各类社会力量，大力培育各类创新创业促进组织和公共服务平台，集聚了一大批市场化、社会化的园区建设运营机构和科技服务机构，形成了多元主体共同治理格局。

在深化"放管服"改革方面，国家自创区积极围绕行政审批、组织机构、人事管理、薪酬激励等方面，着力构建精简高效的管理服务体系。东湖、成都等国家自创区探索实施了"负面清单"管理模式。张江自创区积极开展行政审批权下放园区试点，基本实现"园内事园内办结"。合芜蚌自创区在全国率先实行省市县乡四级政府权责清单，精简了69%的科技领域权力事项。杭州自创区以"四张清单一张网"为重点，加快推进创新服务型政府建设。山东半岛自创区的济南高新区实施"大部制"改革和"双轨制"人事制度改革并向全省推广。郑洛新自创区围绕市级权限下放、组织机构调整、绩效考核管理、薪酬激励管理等加强改革创新，并向全省开发区推广改革经验。

在深化商事制度改革方面，国家自创区不断简化企业注册手续，建立更加包容的新兴产业监管方式，全面实施五证合一、一照一码、先照后证、资本认缴、一址多照和一照多址等改革举措，率先推进"互联网+""一站式"政府服务，推出全国首个移动端全程无介质电子化登记平台、全国首张创新创业通票等，营商环境明显改善，市场活力明显增强。

在体制机制改革突破、政策先行先试的同时，国家自创区还积极探索立法实践。截至2018年年底，中关村、东湖、深圳、苏南、成都5个国家自创区已陆续出台自创区条例，明确了其法律主体地位、执法主体资格、管理职能和各类行政管理权限，以及先行先试的法律效力，并将历年来推动自主创新的成功经验和体制机制改革的成果以法律条文的形式得到固化，为国家自创区持续深化改革、推进体制机制创新提供了有力的法律保障（表1）。

表1　国家自创区出台自创区条例情况

| 序号 | 条例 | 出台时间 |
| --- | --- | --- |
| 1 | 《中关村国家自主创新示范区条例》 | 2010年 |
| 2 | 《东湖国家自主创新示范区条例》 | 2015年 |
| 3 | 《苏南国家自主创新示范区条例》 | 2017年 |
| 4 | 《深圳经济特区国家自主创新示范区条例》 | 2018年 |
| 5 | 《成都国家自主创新示范区条例》 | 2018年 |

## 二、持续集聚高水平创新资源，不断提升自主创新能力

国家自创区坚持创新是引领发展的第一动力，着力增强战略科技力量，在科技创新领域勇闯无人区，实现原始创新的重大突破，一批标志性、世界级的重大科技创新成果相继涌现，有力支撑了新旧动能转换，加快推动经济高质量发展。

**1. 着力强化科技支撑能力，成为落实国家战略重要力量**

国家自创区聚焦国家战略和经济社会发展重大需求，积极融入"互联网+"、网络强国、海洋强国、航天强国、健康中国等国家战略，充分发挥科技创新在培育发展新兴产业、促进经济提质增效升级、推动新旧动能转换中的支撑和引领作用，成为落实国家战略的重要力量。杭州自创区把加快发展信息经济列为"一号工程"，着力打造万亿级信息经济产业集群，积极营造互联网创新创业"零成本"环境，形成基于互联网创新创业的杭州特色、浙江模式，努力建设具有全球影响力的"互联网+"创新创业中心（图5）。西安自创区着力培育具有世界竞争力的"硬科技"产业，持续提升集聚全球创新资源的能力，加快建立与国际接轨的制度与文化，积极打造"一带一路"创新之都。沈大自创区以实施重大科技创新工程为抓手，大力推进以装备制造业为重点的产业转型升级，初步形成智能装备产业集群。

图5 杭州自创区智慧e谷

**2. 重大原创成果不断涌现，科技引领能力显著提升**

国家自创区瞄准世界科技前沿，主动布局重大科技计划项目，强化关键共性技术、前沿引领技术、现代工程技术、颠覆性技术创新的系统布局，积极抢占世界科技制高点，形成了一批"高精尖"原创成果，带动我国科技创新水平加速迈向世界第一方阵。国家自创区在信息网络、人工智能、生物技术、清洁能源、新材料、先进制造等领域呈现群体创新跃进态势，在5G、量子通信、无人机、石墨烯等领域跻身世界创新前沿，在移动通信、电网电能质量等领域掌握国际标准制定话语权，在高铁、北斗导航、大飞机等国家战略性领域关键技术研发中做出了突出贡献。苏南自创区采用自主研发芯片，成功开发世界首台十亿次超算系统"神威·太湖之光"。长株潭自创区研制出全球最先进的高铁永磁牵引系统和全球首列虚拟轨道列车（图6）。东湖自创区研发出全国首款量产40纳米北斗芯片。张江自创区实现国产大飞机C919首飞成功，ARJ21交付使用，商用航空发动机等关键核心技术取得重大突破。

图6　长株潭自创区全球首列智轨列车新区开跑

### 3. 聚焦关键核心战略领域，世界级创新平台加速聚合

国家自创区坚持聚焦国家有紧迫战略需求的重大领域，加快集聚、整合、配置创新资源，积极促进各类创新要素融合互动，成为全国创新资源最为密集的区域。深圳自创区的国家石墨烯创新中心、大亚湾中微子实验室、国家基因库，苏南自创区的国家超级计算无锡中心、纳米真空互联实验站、未来网络试验设施等一批重量级、战略性的平台相继建立。张江自创区着力建设上海张江综合性国家科学中心，围绕光子、生命科学、海洋、能源等领域加快打造国家重大科技基础设施群（图7）。山东半岛

图7　张江自创区世界级光子大科学设施集群

自创区聚焦海洋特色经济，集聚全国 60% 以上的海洋科研机构、全国 70% 的海洋高端人才。合芜蚌自创区加快建设合肥综合性国家科学中心，推动量子信息与量子科技创新研究院、合肥微尺度物质科学国家研究中心等重大创新平台落地（图 8）。

**图 8　合芜蚌自创区合肥高新区同步辐射加速器**

### 4. 探索建立高效协同的创新体系，新型研发组织蓬勃发展

国家自创区坚持聚合各类主体优势，着力打造以企业为主体、以市场为导向、产学研深度融合的创新体系，积极牵手大院大所、知名高校和重点企业，以省部会商、院地合作、联合共建等多种形式，建立产业技术研究院、产业技术创新联盟等新型研发组织，开辟出一条高效协同创新路径。中关村自创区集聚了一批以量子信息科学研究院、脑科学与类脑研究中心、智源人工智能研究院等为代表的新型研发机构，形成了"北京统筹、全球研发、全国转化"的院地一体化发展格局。成都自创区引入世界顶级专家，与诺贝尔奖获得者合作成立了成都高新大核酸研究院、中美前沿生物医药夏普莱斯产业研究院等顶尖研发机构。截至 2018 年年底，山东半岛自创区围绕海洋科技产业创新需求，建成产业技术研究院 20 余家。深圳自创区集聚以中国科学院深圳先进技术研究院等为代表的新型研发机构 70 多家，推动我国在脑科学等领域跻身世界前列。

国家自创区积极探索与国际接轨的研发机构运行机制，积极实践一所两制、合同科研、股权激励、负面清单管理、开放研究等模式，在集聚创新资源、科技成果转化、项目孵化、技术转移等方面取得显著成就。截至 2018 年年底，以苏南自创区为核心载体，江苏省产业技术研究院不断创新运行机制，面向全球聘请项目经理，衍生孵化企业580家、累计转化科技成果3100项。西安自创区建设全国首个科技大市场，在统筹集聚创新资源、加速成果转移转化、技术交易等方面形成全国示范效应。山东半岛自创区出台《山东省科研院所法人治理结构建设实施方案》，确定青岛海洋科学与技术试点国家实验室、青岛科技大学作为改革试点单位，推进由研发人员自主选题、自组团队，开展开放式科学研究新模式试点。

**5. 全球视野柔性引智，国际化创新人才高地加快形成**

国家自创区把集聚和用好各类人才作为首要任务，大力实施海内外高层次人才引进战略，搭建人才事业发展的顶尖平台，着力引进具有重大原始创新能力的科学家、具有推动重大技术革新能力的科技领军人才、具有世界眼光与战略开拓能力的企业家和我国经济社会发展急需的其他各类人才，建立起一支规模宏大、结构合理、富有创新精神的创新型人才队伍，成为全国创新人才高地。成都自创区先后柔性引进邵斯达克、夏普莱斯、约翰·戈登及毕晓普4位诺贝尔奖得主，建立研究机构，开展前沿技术交流及科技项目合作。郑洛新自创区引入诺贝尔奖得主丹·谢赫特曼工作站。深圳自创区累计引进5名诺贝尔奖得主来深圳建立实验室。

## 三、推动创新创业高质量发展，打造"大众创业、万众创新"升级版

国家自创区加快提升创业平台质量和创业服务水平，着力优化创业生态环境，大力推动高水平创业，有效激发了创新创业活力，积蓄了创新发展新动能。

**1. 创业服务平台走向专业化、多样化、市场化和国际化**

专业化众创空间成为培育我国创新创业力量的重要平台。国家自创区把创业作为新经济起点，以融通发展、高端普惠、国际拓展、生态优化为方向，不断完善创业孵化链条，持续推动高校、科研院所和龙头骨干企业开放创新资源，大力发展（专业化）众创空间等服务实体经济的创业平台（图9）。据统计，2018年全国经备案的国家专业化众创空间约一半在国家自创区内。以海尔为代表的龙头企业建设的专业化众创空间，围绕产业链上下游开展创业孵化，通过联合研发、共享品牌和渠道资源、投资并购等方式，实现了企业自身的转型升级和新业务的拓展。以西安光机

所为代表的科研院所建设的专业化众创空间，通过开放共享科研设施、人才、技术等资源，充分发掘学生及科研人员的创新创业潜力。以江苏省产业技术研究院为代表的新型研发机构建设的专业化众创空间，通过提供科研条件平台、检验检测、创业投资、创业导师等专业化服务，推动了技术成果与市场的有效结合。

图9　深圳自创区柴火创客空间

　　创业平台趋向多样化、市场化、国际化。国家自创区涌现出创业训练营、创业市集、开放办公空间、互联网生态圈、跨境孵化器等孵化新形态，诞生一批以中科创星、海创汇为代表的专注于移动互联网、云计算、生物医药、机器人与智能制造等众多新兴产业领域的特色产业孵化器，服务实体经济，催生跨界融合新业态。国家自创区支持创业平台跨境、国际化发展。探索了跨国企业设立直属孵化器、联合设立孵化平台、与区内企业合作设立创新中心、吸引知名国际孵化企业入驻等多种国际孵化新模式，集聚了微软云暨移动应用孵化器、英特尔机器人创新中心等一批国际孵化平台，有效推动了创业企业与跨国企业的资源对接和有机联动，促进跨国企业实现开放式创新。中关村、张江、东湖、杭州、福厦泉等国家自创区在硅谷、以色列、波士顿、伦敦等地建立了离岸创新创业基地，主动接轨全球创新创业孵化网络，构建全球创新创业资源流动渠道，有效推进了双边孵化落地、项目合作、世界前沿技术转移、高端人才交流（图10）。

图 10　杭州自创区硅谷创新中心

**2. 创新创业生态日益完善，硬科技创业引领新一轮创业浪潮**

国家自创区坚持营造环境、优化生态，集聚大量专业化、市场化、社会化的科技服务机构，增强面向创新创业全链条的服务效能和水平，实现了从注重载体建设向注重服务提升转变、从注重企业集聚向注重产业培育转变，推动双创走向共享融合、生态多维的新时代。国家自创区加速集聚研发设计、中试熟化、技术转移转化、检验检测认证、知识产权、科技金融等各类科技服务机构，天使投资、资本运作、创业咨询、专业培训、定制化服务等成为重要的发展方向。中关村自创区的创业大街、成都自创区的菁蓉国际广场（图11）、杭州自创区的梦想小镇、西安自创区的众创示范街区等成为全国创业者向往的创新创业热土。

图 11　成都自创区菁蓉国际广场

国家自创区崛起了一批以硬科技创业、前沿科技创业、场景式创业、跨区域创业为代表，引领时代趋势的创业新范式，极大地调动了科技界、产业界、投资界群体的积极性，技术创业者大量涌现，一批熟悉市场、竞争意识强的人才在国家自创区脱颖而出，中关村自创区的极客，深圳自创区的创客，杭州自创区的浙大系、阿里系等，成为各地颇具代表意义的创业力量。2018年，国家自创区日均新注册企业3412家。通过国家自创区的示范、辐射和带动，创新创业在全国形成"星火燎原"之势。从政府层面的积极引导，到大型企业的助力创业，再到创业个体的自主创新，我国"大众创业、万众创新"走向更高水平的"升级版"。

**3. 厚植创新创业人文沃土，打造了一批世界级创业品牌**

国家自创区坚持把培育创新创业文化和企业家精神作为推进"大众创业、万众创新"的关键，以塑造世界级创业品牌为统领，联合创业服务机构、科技媒体等市场力量，高质量举办系列创业活动，多渠道开展创业事迹的媒体宣传，积极倡导"鼓励创新、宽容失败"的文化理念，大力弘扬锐意进取、精益求精、敢于担当、回报社会的企业家精神。

国家自创区积极举办全球创业大会、全球创业马拉松、环球顶级赛事、创客嘉年华等各类创业活动，参与人数多，影响范围广，已成为全球创业者们交流思想、展示智慧、实现梦想的重要舞台。形成东湖青桐年汇（图12）、成都菁蓉汇、杭州云栖大会等创业界知名品牌，以及创业中国、深圳国际创客周、海创周等全国及全

图12　东湖自创区光谷创新创业峰会暨青桐年汇

球性创业赛事，创业界、企业界、投资界汇聚一堂，诞生了成千上万个具有强烈使命感和社会责任感的科技企业家，知识分子实业兴邦的理想和个人价值在这里得到实现，鼓励原创、崇尚创新的价值导向在这里得以薪火相传。

**4. 数字经济赋能，场景为双创创造了巨大的新机会、新市场**

国家自创区加速"产、城、人"有机融合，积极发展高端服务业态，努力构建节约资源和保护环境的空间格局、产业结构、生产方式和生活方式，以日趋完善的城市功能、鼓励创新的文化内涵、宜居宜业的品质生活，成为各地现代化、国际化、智慧化的新城区，对双创人才的承载力和凝聚力进一步提升。

中关村、张江、杭州等国家自创区以建设数字园区为目标，不断完善"云、网、端"等信息化基础设施，推动信息技术广泛渗透到经济社会各个领域，促进虚拟空间与实体区域的有机融合，促进创新创业与城市生活深度互融。涌现出创新社区、产业社区、特色小镇、数字园区等新型园区形态，初步形成万物互联、智能感知、社交活跃、数据共享的城市新空间（图13）。海量新场景为人类的衣、食、住、行、游、购、医、娱等带来了颠覆性的体验，创造了广阔的蓝海市场，为科技初创企业提供巨大空间和难得机遇。

图13 杭州自创区中国人工智能小镇

## 四、着力建设现代产业体系，不断推动经济高质量发展

国家自创区面对我国经济发展进入新常态等一系列深刻变化，把培育和发展新

兴产业、推进经济结构调整作为主攻方向，加快培育新动能，积极打造新引擎，着力振兴实体经济，加快建设现代化经济体系，新兴产业蓬勃发展，传统产业提质增效，显著增强我国经济发展质量优势。

**1. 经济平稳增长和质量效益提高互促共进，经济实力跃上新台阶**

国家自创区始终坚持质量第一、效益优先，呈现出经济发展增速与质量、结构、效益齐头并进的良好局面，已成为国民经济增长、区域经济结构调整和发展方式转变的主力军。

国家自创区坚持依靠科技创新推动产业转型升级，经济结构持续优化，提质增效效果显著。沈大自创区秉承振兴东北老工业基地的使命，以实施重大科技创新工程为抓手，促进传统制造业转型升级，2018年高端装备制造业收入约占装备制造业比重一半，高新技术产业产值占规上工业总产值的比重达到68.3%。珠三角自创区大力实施工业企业技术改造项目，2018年智能化技术改造示范企业达到360家，新增机器人应用数量1.9万套，制造业智能化水平进一步提升。长株潭自创区加快培育轨道交通、智能制造、新能源等创新型产业集群，高新技术产业增加值占全省的比重超过55%（图14）。天津自创区充分利用人工智能、互联网等新技术促进传统制造业提质增效，不断提高动力电池和整车制造、生物制药、智能终端、智能装备制造四大先进制造业竞争优势。

图14 长株潭自创区中国动力谷自主创新园

**2. 新旧动能加快转换，培育形成一批世界级创新型特色产业集群**

国家自创区聚焦发展创新型特色产业，培育出一批世界级创新型产业集群，高端装备制造、新一代信息技术、生物医药和现代服务业等产业的全球影响力日益增强，带动我国产业迈向全球价值链中高端，在新旧动能转换过程中释放出巨大能量。中关村自创区的新一代信息技术、深圳自创区的通信设备、杭州自创区的信息经济、东湖自创区的光电子信息、张江自创区的生物医药和集成电路、山东半岛自创区的海洋经济等在全国乃至全世界都占有重要地位，涌现出多个第一。深圳自创区的通信产业规模和研发水平在全国乃至全世界都具有举足轻重的地位，华为、中兴跻身世界一流通信企业，腾讯成为互联网即时通信行业翘楚。杭州自创区的数字安防、网络信息产业走在国际前列，部分企业已掌握行业发展国际话语权。东湖自创区的光纤光缆产量全球第一，光器件国内市场占有率第一。张江自创区是我国最大的生物医药产业基地和最强的生物医药研发基地，也是我国最大的集成电路产业基地，形成国内最为完善、技术水平最高的集成电路设计研发和产业链。山东半岛自创区海洋经济产值占到全国20%，海洋生物医药、海工装备、海洋化工、海洋渔业、海产品加工产业等产业规模位居全国之首（图15）。

图15 山东半岛自创区（烟台）蓝鲸一号

**3. 持续创造新供给，新兴产业生成能力不断增强**

国家自创区瞄准科技前沿，发力未来产业，积极布局引领全球产业变革的颠覆性技术和前沿技术，加快推动新经济场景创新，以互联网、大数据、人工智能推动各行业转型升级，催生"互联网+""物联网+""智能+"等跨界融合新业态，"硬科技"企业大量涌现，一批新的增长点、增长极、增长带加速形成，在新一轮全球产业竞争格局中，抢占了未来部分领域的主动权。一些前沿领域在国家自创区进入加速布局和发展期，大数据、云计算、无人机、5G等与世界先进水平齐肩并进，人工智能、自动驾驶、区块链、虚拟现实等快速发展，在一些细分领域跻身世界先进行列。中关村自创区在人工智能领域率先形成较为完整的产业生态，在计算机视觉、人工智能芯片、类脑计算等领域研制了一批国际先进创新成果，积极建设人工智能应用场景。东湖自创区积极筹划未来产业发展，在VR/AR、智能网联、全光网络等领域涌现一批新兴企业和新业态。杭州自创区大力推进智慧物联、网络安全、区块链发展，形成一批"互联网+"未来产业集群（图16）。西安自创区积极推动基于互联网技术的生物大数据与生物产业融合发展，率先布局无人机、机器人、增材制造等新兴产业。

图16 杭州自创区滨江互联网小镇鸟瞰图

### 4. 持续推进产业组织创新，积极探索新型产业促进方式

国家自创区精准把握新经济浪潮，推进生产要素和产业组织方式更新迭代，实行包容审慎监管，营造健康宽松的市场环境，智能经济、平台经济、分享经济、数字经济、场景经济等新经济形态在国家自创区得以率先探索、萌芽、加速成长，迸发出强劲的经济活力。中关村自创区涌现出滴滴出行、春雨医生等一批分享经济领军企业。张江自创区智慧经济、平台经济、健康经济、绿色经济等"四新"经济集群成为发展新亮点。杭州自创区诞生的支付宝覆盖全球70多个国家和地区的数

十万商家。以BAT为代表的平台型企业基于产业生态，投资、孵化多家独角兽企业，成为衍生独角兽企业的重要源头。知识分享、"互联网+医院"广泛渗透经济社会各个领域，极大地颠覆了生产生活方式。

国家自创区探索了产业共治、产业共同体等新型产业促进方式。成都自创区成立产业共治理事会，构建由政府、企业界、市场、专家等多方参与、共同治理的产业发展新模式，推动市场主体从被管理、被服务的对象转变为自我管理、自我服务的主体，提高资源配置效率，提升产业推进和企业服务专业化水平。随着消费互联网（C端）向产业互联网（B端）演进，B2B服务模式大量兴起，国家自创区积极探索利用产业互联网整合产业生态资源，用产业大脑辅助决策，用产业共治组织优化产业治理，通过构建场景和设立共同基金来支持联合创新，打造面向产业终端客户、紧密连接上下游企业的产业创新共同体新模式。

**5. 精准培育创新型市场主体，涌现一大批高成长企业**

国家自创区充分把握新经济时代下企业成长规律，坚持分类促进、精准培育，大力发展高新技术企业、科技小巨人企业、瞪羚企业、独角兽企业等企业生态群落，大批高成长企业、高技术大公司在国家自创区涌现，成为新时代的产业引领者。2018年，国家自创区集聚了9.8万家高新技术企业，占全国高新技术企业总数的54.33%。中关村、张江、深圳、杭州4个国家自创区集聚了全国约一半的瞪羚企业、70%的独角兽企业，培育出华为、阿里巴巴、腾讯、小米、大疆等一批具有世界影响力的领军企业。

> **专栏1　瞪羚企业**
>
> "瞪羚企业"是指成功跨越创业死亡谷后，商业模式得到市场认可，进入爆发式增长阶段的创新型企业。瞪羚企业具有成长速度快、创新能力强、专业领域新、发展潜力大的特征，通过推出新产品、提供新服务、应用新技术、拓展新市场、创建新模式或构建新业态等方式，实现高速成长。
>
> 瞪羚企业是新经济的重要代表。一方面，瞪羚企业是新兴产业的引领者。当围绕一种新的商业模式或一条新的技术路线集中涌现出一大批由创业企业发展而来的瞪羚企业时，一个新兴产业就诞生了；另一方面，瞪羚企业是传统产

业颠覆式变革的引领者。从创意、想法孕育而生的瞪羚企业往往不会受到传统产业旧规则、旧模式的约束，对市场需求和技术创新更具洞察力，因此更容易建立起符合市场需求和创新规律的新规则、新模式，引领整个行业发生颠覆式变革。

2017年，国家自创区瞪羚企业数量达到2453家[①]，比上一年增长238家。

> **专栏2　独角兽企业**
>
> 独角兽，代表高贵、高傲、高速、神秘和纯洁，被视为美好和稀缺的象征。"独角兽"的概念，最初由种子轮基金的创始人Aileen Lee提出，指代那些具有发展速度快、稀少、是投资者极力追求目标等属性的创业企业。在我国，在中国境内注册、具有法人资格、成立时间不超过10年、获得过风险投资且未上市，估值超过10亿美元的企业称为独角兽企业，超过100亿美元的企业称为超级独角兽企业。
>
> 2018年，中国独角兽企业共202家[②]，总估值7446亿美元，其中，新晋独角兽企业89家。202家独角兽企业分布于22个领域，其中，电子商务、智慧物流、新文娱、人工智能、新能源汽车领域独角兽企业数量分列前五，前沿科技创新领域独角兽企业数量占比达到32.2%。

# 五、加大辐射带动开放共享，有力支撑和引领区域协调发展

国家自创区发挥增长极作用，主动融入"一带一路"、京津冀协同发展、长江经济带、粤港澳大湾区、长三角一体化等国家重大战略，通过试点探索、制度创新、政策推广、技术交易、共建园区等多种方式，将先进发展理念和科学发展方式推广到周边和全国各地，形成良好的先行示范，实现从自我发展到共同发展，在促进我

---

[①] 数据来源于《国家高新区瞪羚企业发展报告2018》。
[②] 数据来源于《2018年中国独角兽企业研究报告》。

国区域创新一体化、东中西平衡发展和跨区域合作方面发挥了重要作用。

**1. 统筹优化布局，区域创新一体化稳步推进**

国家自创区尤其是城市群国家自创区围绕区域创新一体化目标，统筹创新资源和重大平台建设，统筹区域产业发展，积极探索多方利益共享机制，构建紧密可持续的创新共同体，着力打造高效合作、协同有序的区域创新体系。苏南、珠三角、山东半岛、长株潭等国家自创区围绕全面提升区域创新体系整体效能，开展了丰富的实践探索，成效显著。苏南自创区以重大科技平台建设为抓手，建设以产业技术协同创新、创新创业服务等六大平台为支撑的国家自创区一体化创新服务平台，打造了覆盖苏南五市的创新服务网络。珠三角自创区从跨区域协调机制、重大科技项目联合攻关、创新平台开放共享、产业共建等四大方面构建区域协同创新共同体。长株潭自创区建立了"省统筹、市建设、区域协同、部门协作"的工作机制和长株潭三市联席会议制度，协力共建以"长沙工程机械＋株洲轨道交通＋湘潭矿山装备"为特色，资源共享、优势互补的产业集群（图17）。

图17　长株潭自创区湖南力合长株潭创新中心

**2. 持续加大辐射带动，区域协调发展水平进一步提升**

国家自创区创新溢出效应明显，通过产业、技术和创新联动辐射，在促进区域分工协作、产业与创新高效衔接、创新要素有序流动共享等方面，真正发挥了区域创新极和增长极的价值，为区域协同发展树立了新样板。东湖自创区利用"中国光谷"品牌优势，在湖北省建立近30个"园外园"，在产业发展、成果转化、机制创新等方面形成辐射带动。中关村自创区和贵阳合作共建中关村贵阳科技园，助推贵阳建立了以大数据为核心的现代化产业体系，走出了一条欠发达地区跨越发展的道路。张江自创区与甘肃省共建"甘肃上海张江兰白科技创新改革试验区"，成立上海张江兰白科技创新改革试验区技术转移中心，加速两地的产业转移、成果转化、科技文化融合、人才交流培训。成都自创区探索"一区四园一城一镇"建设新模式，构建协调联动、互利共赢的发展格局。西安自创区发起成立陕西省高新区联盟，通过技术服务、产业链协同、异地孵化等联动发展方式，创新区域协同发展。

### 3. 强化扩大开放共享，支撑和引领国家重大战略

中关村自创区、张江自创区以建设具有全球影响力的科技创新中心为目标，以多种方式向全国辐射，支撑和引领全国创新发展的能力稳步提高。截至2018年年底，中关村自创区已与全国26个省市区70余个地区（单位）建立战略合作关系，合作共建一批科技成果产业化基地。在服务京津冀协同发展方面，中关村自创区开放实验室、创业孵化服务、平台服务、技术成果等资源，将市场化运营机制加快导入津冀地区。中关村自创区企业累计在津冀两地设立分支机构6100多家。深圳自创区积极推进"深港创新圈"建设，吸引香港科技大学等知名高校在深圳设立产学研基地，实现深港两地在人才、科技和产业等方面的优势互补。此外，深圳自创区创客发展模式、新型研发机构建设模式也从本地走向全国，为多个地区所借鉴。张江自创区立足长三角一体化，加快推动长三角科技城建设，同时积极扩大对张家口、萧县、兰州、大连等地区的辐射带动。

### 4. 积极融入"一带一路"，加快形成全面开放新格局

国家自创区结合"一带一路"沿线国家需求，积极探索建设境外科技园、跨境经济合作园等海外园区，引导有实力的企业深度参与，探索产能合作、技术溢出和经验交流，在"一带一路"沿线国家基础设施互联互通、优质产能合作、改善沿线国家人民生活水平等关键领域发挥了重要的支撑作用。高铁、核电等重大装备走向世界，"互联网+"在"一带一路"沿线国家日益深化，泰国版阿里巴巴、菲律宾版微信、印尼版滴滴等实现本土化。西安自创区作为发起单位，推动组建"一带一路"科技园区联盟，推进丝绸之路经济带沿线企业国际合作和重大科技攻关。山东半岛自创区在全国率先成立了"丝绸之路"高科技园区联盟，为"一带一路"沿线国家的高科技园区开展技术双向转移、科技项目及人才培养提供了合作机制与平台

保障。苏南自创区成立"一带一路"创新合作与技术转移联盟（图18）。中关村自创区支持企业家、研究院所及联盟等发起"一带一路"产业促进会，引导企业在"一带一路"沿线国家和地区布局，2016年出口企业1552家，开展境外投资企业150家，对境外直接投资额达248.3亿元。乌昌石自创区通过举办科技交流论坛、引进项目、开拓海外市场等方式，积极拓展与"一带一路"沿线国家的合作。

图18 苏南自创区"一带一路"创新合作与技术转移联盟成立

**5. 积极开展全球链接，集聚辐射全球资源的能力显著增强**

国家自创区积极探索国际开放合作新机制，坚持更高水平"引进来"与更大力度"走出去"并重，持续不断汇聚全球创新资源，支持有实力的企业积极参与国际竞争，在主动布局和全方位融入全球产业链、创新链等方面迈出坚实步伐，成为我国深度融入全球经济体系的重要平台。中关村、深圳、张江、东湖等国家自创区同硅谷、以色列等世界创新高地建立了紧密的创新生态链接，实现创新资源双向开放和互动，已成为全球科技创新版图上的重要一极。成都自创区以对欧合作为特色，探索出"园区+平台+组织+基金"的国际合作新模式（图19）。沈大、山东半岛等国家自创区主打东北亚地区开放合作，建设了一批国际交流发展平台，集聚一批日韩领先企业。福厦泉自创区致力于海峡两岸合作，与我国台湾地区初步形成了由产业延伸至科技、人才、教育、文化多领域的合作体系。合芜蚌自创区的中德科技合作迈出实质步伐，建设了中德（合肥）国际创新园等10个国际科技合作平台。

图 19　成都自创区中国—欧洲中心

结语：

创新强则国运昌，国家自创区作为走中国特色自主创新道路的先行者，已经奏响了中国创新驱动高质量发展的最强音。未来，国家自创区将持续深入贯彻党的十九大精神，不忘初心，牢记使命，贯彻新理念，蓄积新动能，在新的时代条件下，肩负起领跑"高质量"发展的时代使命，在推进体制机制改革和政策先行先试、提升自主创新能力、培育发展新兴产业、扩大辐射带动和开放发展等层面持续创新突破、先行示范，持续引领全球科技创新和产业变革，持续创造新时代前沿的模式、制度和文化，持续扩大国际影响力、感召力、塑造力，继续为决胜全面建成小康社会、夺取新时代中国特色社会主义伟大胜利，为把我国建设成为富强、民主、文明、和谐、美丽的社会主义现代化强国，实现中华民族伟大复兴的中国梦做出新的贡献！

## 分报告 1
## 中关村国家自主创新示范区

——深化先行先试改革，促进科技与经济深度结合，助力建设具有全球影响力的科技创新中心

**导读：**

中关村自创区是国务院批复同意建设的第一个国家自创区。自获批以来，中关村自创区不断加强制度改革、自主创新、对外开放，顺应市场经济发展趋势，引领高新技术产业发展，成为全国最强、世界领先的高科技园区。2018年，中关村自创区牢牢把握首都城市战略定位，加快实施创新驱动发展战略，以创新引领高质量发展，加快建设具有全球影响力的科技创新中心，加快构建高精尖经济结构，涌现出一批原创性成果和创新型企业，率先推出国际人才改革等多项领先举措，改革创新不断深化，以"1+4"政策为代表的政策体系不断完善，全国引领示范作用不断增强。

# 分报告 1
## 中关村国家自主创新示范区

## 一、基本情况

2009年3月，国务院批复同意中关村科技园区建设全国首个国家自创区。按照《国务院关于同意支持中关村科技园区建设国家自主创新示范区的批复》（国函〔2009〕28号），要求以科学发展观为指导，发挥创新资源优势，加快改革与发展，努力培养和聚集优秀创新人才特别是产业领军人才，着力研发和转化国际领先的科技成果，做强做大一批具有全球影响力的创新型企业，培育一批国际知名品牌，全面提高中关村科技园区自主创新和辐射带动能力，推动中关村科技园区的科技发展和创新，在21世纪前20年再上一个新台阶，成为具有全球影响力的科技创新中心。

2012年10月，国务院印发《国务院关于同意调整中关村国家自主创新示范区空间规模和布局的批复》，原则同意对中关村自创区空间规模和布局进行调整。调整后，中关村自创区空间范围达488平方千米，形成了包括海淀园、昌平园、顺义园、大兴－亦庄园、房山园、通州园、东城园、西城园、朝阳园、丰台园、石景山园、门头沟园、平谷园、怀柔园、密云园、延庆园等16园的"一区多园"发展格局（图1-1）。

图 1-1 中关村自创区空间示意

2013年9月，习近平总书记在中关村自创区调研时指出，中关村已经成为我国创新发展的一面旗帜，面向未来，要加大实施创新驱动发展战略力度，加快向具有全球影响力的科技创新中心进军。2018年，中关村自创区企业实现总收入近5.9万亿元，工业总产值超过1万亿元，利润总额4413.3亿元，科技活动经费支出总额2751.5亿元，拥有高新技术企业22 111家，新注册企业数32 441户（图1-2、图1-3）。

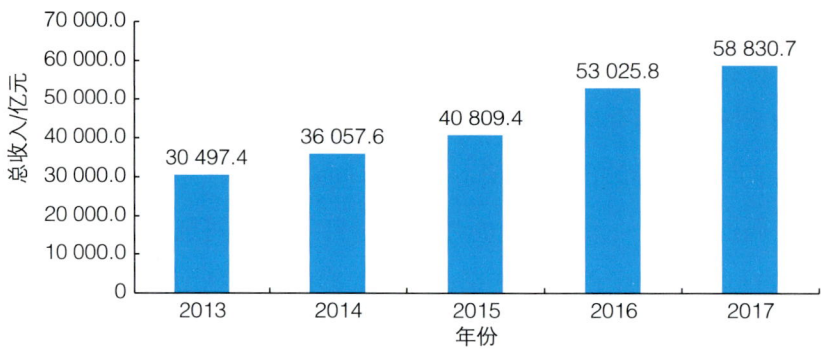

图1-2　2013—2018年中关村自创区企业总收入

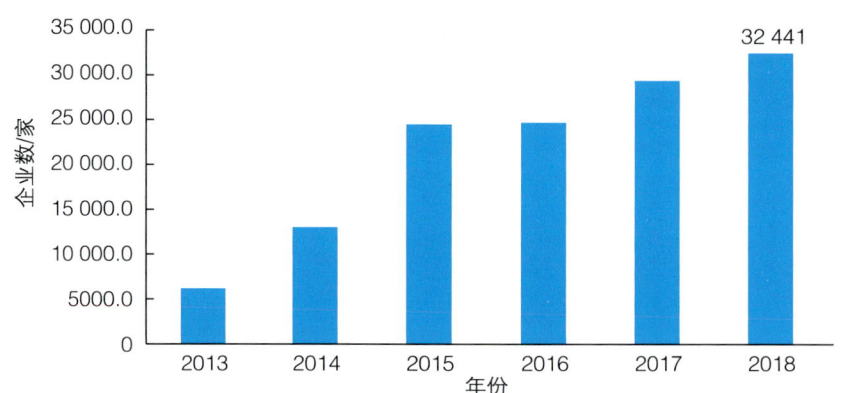

图1-3　2013—2018年中关村自创区新创办科技型企业数

## 二、政策创新与体制机制改革

### 1. 实施"1+6""新四条""新新四条"等先行先试政策，推进全面创新改革

近年来，中关村自创区经国务院批准实施"1+6""新四条"等先行先试政策，率先开展科技成果"三权"、鼓励创新创业税收、股权激励、科研经费管理、高新

技术企业认定、全国性场外交易市场等重大试点，大部分试点政策已推广至全国或其他国家自创区。推动出台了"京校十条""京科九条"等市级政策。在中央组织部等15个部委和北京市委市政府支持下，建设中关村自创区人才特区，开展一批特殊政策试点，实施"绿卡直通车"等外籍人才出入境管理20项政策，启动中关村自创区外籍人才申请在华永久居留积分评估工作。在国家相关部门支持下，建设中关村国家科技金融创新中心，中国人民银行成立了中关村自创区中心支行（国家外汇管理局中关村自创区中心支局），开展企业境外并购外汇管理、外债宏观审慎管理、投贷联动等改革试点。不断深化全面创新改革，财政部等部委支持开展中关村自创区现代服务业试点，国家工商总局支持实施工商全流程网上登记注册等19项试点政策，国家食药总局支持实施药品上市许可持有人制度等12项试点政策，国家质检总局支持开展中关村自创区进境动植物生物材料检验检疫试点。2018年2月，中央组织部、科技部、公安部等中央和国家部委会同北京市委市政府联合印发了《关于深化中关村人才管理改革　构建具有国际竞争力的引才用才机制的若干措施》，从便利国际人才出入境、开放国际人才引进使用、支持国际人才兴业发展、加强国际人才服务保障等方面，出台了20条改革新举措，多项为全国率先提出。深入实施促进科技成果转化行动，联合教育部出台《促进在京高校科技成果转化实施方案》，授牌支持首批12家高校技术转移办公室（图1-4）。联合中科院举办中科院—中关村科技成果转化工作推进会，发布《关于促进中科院科技成果在京转移转化的若干措施》，协同推进科技成果在京转移转化。推动通关便利化改革，国家质检总局批复设立北京中关村生物医药国检试验区，在出入境特殊物品检疫监管

图1-4　中关村自创区支持高校技术转移办公室

等方面19项试点政策。中国（中关村）知识产权保护中心挂牌运行，实现知识产权快速审查、确权和维权。

**2. 建立中关村自创区部际协调小组，建立服务型园区管理机构**

成立中关村科技园区建设国家自创区部际协调小组和中关村自创区领导小组。2009年3月，国务院印发《国务院关于同意支持中关村科技园区建设国家自主创新示范区的批复》，同意成立由科技部牵头的部际协调小组，协调各部门在职责范围内支持中关村科技园区建设国家自创区，落实有关政策措施，研究解决发展中的重大问题。2009年5月，北京市将建设中关村科技园区领导小组更名为中关村自创区领导小组，为市政府议事协调机构。

建立共治机制，多元主体共谋园区发展。新时期，中关村自创区联合市场、社会组织的力量，推动形成政府引导、市场主导、社会参与的"联合治理"模式。根据"开放式管理与发展"导向，管委会联合市场力量，成立企业家顾问委员会，将其作为中关村自创区的重要机构，该委员会在政策创新、重大科技成果产业化项目挖掘、政产学研用对接、国际化发展等方面为管委会提供了重要决策支持。

组建中关村创新平台。2010年12月31日，在中关村自创区部际协调小组领导机制下，国家有关部门和北京市共同组建了中关村创新平台，集中了19个国家部委相关司局和31个北京市相关部门派驻人员办公，主要围绕重大科技成果转化和产业化项目、先行先试政策扶持等受理事项开展工作。此外，中关村自创区先后发起成立了中关村发展集团等平台，不断与各市场类社会组织加强合作，开展深度研究、协同创新、精准支持，实现了多方"联合治理"。

培育新型社会组织。管委会联合社会力量组建中关村社会组织联合会、中关村产业技术联盟促进会两大枢纽型组织，统筹协调各类社会组织，加强园区社会治理和软环境优化。推动成立北京协同创新研究院、中关村京企云梯科技创新联盟、北京大数据研究院等新型社会组织，汇集各方力量促进协同创新。制定《中关村国家自主创新示范区社会组织发展支持资金管理办法》，支持社会组织创新发展。截至2018年年底，中关村自创区共有各类社会组织近600家，在搭建公共服务平台、开展行业研究、推动开放合作、创制行业标准等方面发挥了重要作用。

创新决策、实施、监督相分离的服务模式。在培育壮大社会组织、促进科技服务业发展的基础上，中关村自创区积极创新政府服务模式。中关村自创区管委会保留并强化制定服务方案、划定配套资金等决策权，由专业机构、中介组织等市场主体参与方案的实施，由专业性行业组织对创新服务进行指导和监督，实现了运作效率和服务水平的双提升。以"瞪羚计划"为例，中关村自创区管委会负责制定计划方案，并提供贷款贴息及担保补贴，中关村科技担保公司负责受理企业担保申请和资格认定，中关村企业信用促进会和信用评级机构负责信用管理和评定，协作银行负责向获得担保的"瞪羚企业"发放贷款。

## 三、示范重点和主要举措

### 1. 构建高精尖产业结构，成为全国新产业新业态策源地

高站位研究中关村自创区未来发展战略。联合科技部相关司局调研形成《关于中关村国家自主创新示范区创新发展情况的报告》，以市委市政府名义报党中央国务院。报告系统总结改革开放40周年特别是习近平总书记视察中关村自创区5周年创新发展成效，提出中关村自创区面向2022年、2035年、2050年的战略目标和重点任务。研究制定《中关村国家自主创新示范区创新引领高质量发展行动计划（2018—2022年）》，经市政府、市委常委会审议通过，以自创区领导小组文件印发。

在人工智能领域率先形成较为完整的产业生态。中关村自创区拥有北大、清华、中科院自动化所等高校及研究机构、3万名AI人才、860余家活跃的天使创投机构、400余家AI企业，集聚了百度、今日头条等一批世界级创新企业，旷视科技、地平线等11家AI独角兽企业，推想科技等3家潜力AI独角兽企业。初步形成了覆盖高端芯片、通用技术与算法平台、AI行业解决方案的具有全球影响力的新一代人工智能产业集群。在计算机视觉、人工智能芯片、类脑计算等领域研制了一批创新成果，如旷视科技的核心人脸识别技术被美国著名科技评论杂志《麻省理工科技评论》评定为全球十大突破技术；寒武纪发布了国内首款云端智能芯片MLU100（图1-5）；灵汐科技研发的类脑计算芯片，可同时支持当前流行的人工神经网络（第二代神经网络）和更仿脑的脉冲神经网络（第三代神经网络）（图1-6）；百度推出全球第四个、国内首个深度学习开源平台PaddlePaddle。此外，在人工智能技术落地应用方面，进一步拓展应用场景，联合首钢集团共建中关村（首钢）人工智能创新应用产业园，推动人工智能领域企业在首钢园北区2.91平方千米范围内全面开展示范应

用（图1-7）。2018年中关村自创区人工智能产业规模达到1500亿元，专利申请总量超4万件。

图1-5　北京中科寒武纪科技有限公司研发的MLU100智能处理卡

图1-6　北京灵汐科技有限公司研发的类脑芯片及系统

图1-7　中关村（首钢）人工智能创新应用产业园揭牌

石墨烯、碳纳米管、半导体材料、气凝胶等新材料产业发展全国领先。中国科学院理化技术研究所刘静研究员主持研发的世界首个自主运动的可变形液态金属机器问世，为发展高级的柔性智能机器人技术开辟了新途径。北京科技大学材料科学与工程学院曹文斌等攻克了纳米氮掺杂二氧化钛粉体的低成本规模化制备及其在水相中的均匀分散和悬浮稳定等关键技术，建成年产能百吨级的高可见光活性的纳米$N-TiO_2$光催化喷剂中试生产线。京东方推出全球最大尺寸110英寸8K超高清显示屏。中关村自创区的新材料产业发展已辐射带动全国。例如，弘大科技在河南许昌投资建设纳米基础材料二氧化硅气凝胶生产基地，拥有完全自主知识产权全过程国产化的生产线，解决了我国30年相关产品未实现大规模生产并受制于国外限购垄断多年的局面。

智慧医疗领域实现创新突破。中关村自创区是我国生物健康领域创新资源与医疗资源最为密集的区域，拥有生物健康企业1800余家，其中上市企业37家，收入已突破2500亿元。产业链结构日趋完善，初步形成生物医药、医疗器械、精准医疗等细分领域，在靶向药物、新型联合疫苗、人源化单克隆抗体制备等方面掌握了技术主导权，聚集和培育了乐普医疗、同仁堂、品驰医疗、百济神州、天智航等一批行业领军企业，一批重大产品实现突破创新。百济神州研发的全人源单克隆抗体BGB-A317是我国首个在美国获准进入临床试验阶段的生物候选药物。诺思兰德自主研发的重组人肝细胞生长因子裸质粒注射液是治疗用生物制品一类新药，是世界领先的促血管生成新药。高端医疗器械成绩凸显，在智能手术机器人、介入/植入材料技术等方面已达到国际先进水平，其中有19家企业获得创新医疗器械特别通道，全国占比超过1/3。天智航研发出全球唯一能够进行四肢、骨盆及脊柱全节段手术的医用机器人——"天玑"骨科手术机器人。博辉瑞进自主研发非交联细胞外基质源生物材料，成为全球第二家实现材料产业化和全线产品布局的企业。柏惠维康提出基于标记点的空间映射定位方法，实现了手术空间和图像空间的自动坐标映射技术，研究出基于最优化理论的机器人精度建模及误差补偿方法（图1-8）。以上成

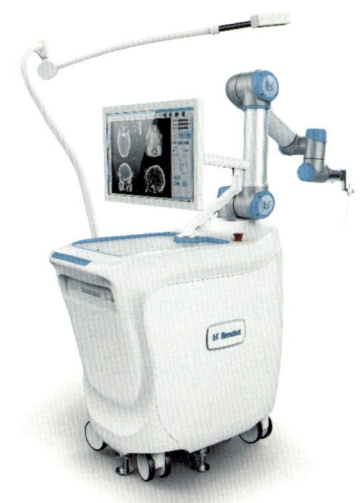

图1-8　北京柏惠维康科技有限公司的"睿米"神经外科手术机器人

果在移动医疗、第三方影像诊断、人工智能辅助决策系统等领域引领我国精准医疗发展。博奥生物在出生缺陷防控、生物安全检测等领域开发出一系列国际首创产品。海纳医信研发的软件系统可在任意移动终端的 HTML5 浏览器上调阅原始海量医学影像数据，填补了国内空白并达到国际领先水平。

电子信息、先进制造、新能源、生物医药等产业持续保持全国领先优势（图1-9）。2018年，新一代信息技术产业总收入超2万亿元，在大数据和云计算、移动互联、物联网、网络安全等前沿技术领域，集聚了百度、京东、小米、奇虎360、美团、字节跳动等领军企业，突破了一批关键核心技术，形成了较为完整的产业链条。在机器人、3D打印、工业互联网等产业领域，集聚了光年无限、遨博智能、赛佰特、太尔时代、航天云网、东土科技等领军企业，形成了领先优势。2018年，新能源产业总收入超2000亿元，从新能源生产、存储、输配、消费到大数据应用等技术处于国内领先地位，汉能、首航节能、四方继保、北京科锐等重点企业发展情况较好，初步形成产业集聚区。

图1-9 2018年中关村自创区部分主导产业收入

### 2. 高校院所引领提升原始创新能力，产学研协同创新全国示范

源头创新能力不断增强。高校院所是中关村自创区的重要创新源头，实现了大量重大创新成果、颠覆性前沿技术突破。在基础研究领域取得量子通信和量子反常霍尔效应、中微子震荡、外尔费米子等一批重大原创性成果；在载人航天、深海潜器、超级计算等战略高技术领域实现重大突破；在高铁、核电、移动通信、生物育种等产业领域攻克了一批核心关键技术。2018年，中关村自创区企业主持和参与的54项（通用项目）成果获得2018年度国家科学技术奖励，其中获国家科学技术进步奖42项，占国家科学技术进步奖通用项目的30.7%；获国家技术发明奖12项，占国家技术发明奖通用项目的24.5%。

深入推进协同创新。中关村自创区与高校院所、企业合作，不断深化产学研协同模式创新，组建各类新型产业组织，充分释放高校院所在原始创新、颠覆性前沿技术突破、技术转移转化等方面的活力。以北京量子信息科学研究院、北京脑科学与类脑研究中心、北京智源人工智能研究院、中国科学院北京纳米能源与系统研究所、北京协同创新研究院、北京大数据研究院、北京石墨烯技术研究院等为代表的新型科研机构形成了"北京统筹、全球研发、全国转化"的院地一体化发展格局，研发的科技成果具有世界领先水平。组织实施了中关村开放实验室工程，依托园区内高校院所和转制院所的重点实验室，搭建开放实验室，激活科技资源。2018年，自创区企业专利申请量达8.6万件，获得专利授权5.4万件，同比增长24.4%，有效发明专利拥有量首次突破10万件。

### 专栏1-1 大学科技园代表：清华科技园

清华科技园始建于1994年，地处中关村自创区的核心地带，北接北大生物城和上地信息产业基地，南连中关村西区、中关村科技城和中国科学院，向北、向西分别连接清华、北大两大高校，占地25公顷，建成楼宇20栋，总建筑面积77万平方米，是我国最早建立的大学科技园之一，是科技部、教育部评定的A类大学科技园、北京文化创意产业集聚区、中国创意产业最佳园区、首批现代服务业创新发展示范园区。

20多年来，清华科技园在推动区域自主创新、搭建产学研合作平台、促进科技成果转化和孵化创业企业等方面取得了丰硕成果。园区内在园企业2000家左右，其中软件、网络与计算机文化科技融合企业比例近60%，销售收入超1000亿元，知识产权数量累计超过2000项，孵化培养上市企业32家。

清华科技园的核心优势之一就是资源整合能力，在20多年发展过程中，通过"四聚"模式，高效整合"政、产、学、研、金、介、贸、媒"等创新必备要素，促进各要素之间的自由碰撞与相互耦合，在清华科技园内营造出一个"创新场"，推动中国高科技领域的一次次"聚变"，培育出世界一流的领袖企业和企业领袖。

**3. 加速企业成长链条衔接与培育，"金种子"、独角兽企业数量全国领先**

积极培育"金种子"企业。开展"金种子"企业培育工程，针对初创期企业特点，通过遴选"金种子"企业，强化服务，促进初创企业快速发展，推动优质项目在各分园落地，已累计培育"金种子"企业1667家。入选企业将得到天使投资人、创业服务机构等提供的创业辅导与培训、交流沟通与合作、空间拓展与选址、项目推介与融资等专业化服务。

独角兽企业约占全国半壁江山。2018年，中关村自创区共有独角兽企业80家，占全国的40%，较2017年增长10家，增长率为14%；总估值3303.2亿美元，占全国独角兽企业总估值的45%；企业平均估值41.3亿美元，高于全国独角兽企业平均估值36.7亿美元。共出现40家前沿科技独角兽企业，占全国前沿科技独角兽企业的54%。全国7家超级独角兽企业，5家来自中关村自创区。

积极培育领军企业。制定实施《中关村国家自主创新示范区领军企业创新升级领航计划（2016—2020年）》和《北京市创新型企业服务工作方案》，梳理出一批自创区领军企业和潜力企业，加大精准服务力度。设立300亿元的中关村自创区并购母基金，支持企业实施海外并购、境外融资。2018年，中关村自创区营业收入亿元以上企业达3719家，京东、小米、美团、百度、京东方等领军企业的国际影响力日益增强。

**4."双创"活力持续迸发，是我国创新创业生态的标杆**

创业服务机构高度集聚。各类创业服务机构在中关村自创区创业大街、大学科技园等专业产业化基地形成集聚，形成了全国最为密集和成熟的孵化器群体，成为中关村自创区创业服务环境的重要建设力量。创业服务机构以日益多样化的创业服务需求为导向，结合自身的背景、特点和优势，成立不同类型的新型创业载体，如以清华经管创业者加速器、飞马旅、清华x-lab等为代表的创业训练营，以太库、天作、盛景网联、溢思得瑞、中加联合创业营等为代表的跨境孵化器，以海尔开放创新平台、中航爱创客、安创空间、369云平台、埃米空间为代表的专业化众创空间，以车库咖啡、优客工场、创业家、创业公社、3W咖啡等为代表的开放式办公空间，以赛伯乐、创投圈、创新工场、联想之星、天使汇等为代表的创投孵化器，以回龙观双创社区、YOU+青年创业社区等为代表的双创社区等。同时，中关村自创区不断强化对硬科技孵化器的支持，制定支持中关村自创区硬科技孵化平台工作方案，2018年对27家硬科技孵化平台进行支持（图1-10）。

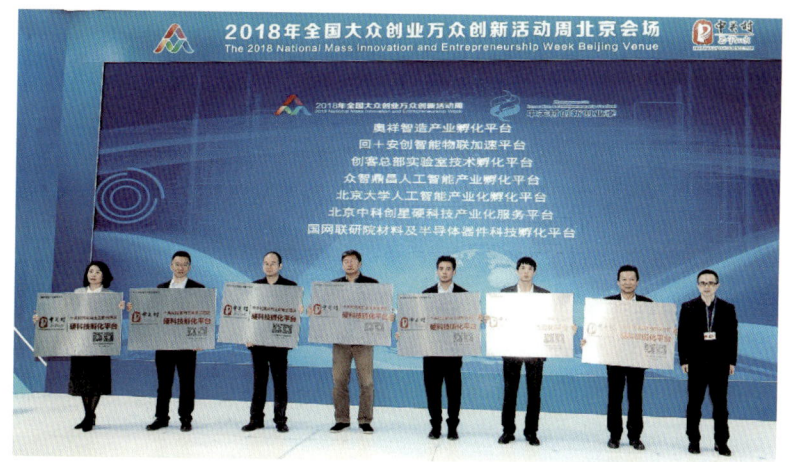

图 1-10　中关村自创区 27 家硬科技孵化平台获授牌

创业服务辐射国内外。中关村自创区创业服务机构持续向全国乃至全球输出双创服务、资源、理念和模式，加快各地创业服务升级。据不完全统计，中关村自创区共有 46 家孵化机构在海外设立 92 家分支机构。截至 2018 年年底，自创区管委会已先后在美国硅谷、加拿大多伦多、英国伦敦等十地建立了海外联络处。

技术创业者大量涌现。以 90 后创业者、领军企业骨干创业者、连续创业者和海外创业者为代表的创业"新四军"，成为中关村自创区创新创业的核心主力。技术创业者的大量涌现，掀起中关村"硬科技"创业浪潮，如严海创建的生物医疗独角兽企业科信美德、印奇等人创建的人工智能独角兽企业旷视科技等。

**5. 天使投资、创业投资持续保持全国领先优势，多层次资本市场日益完善**

创业风险投资活跃。中关村自创区的风险投资机构数量、投资项目数量、投资金额等都处于全国领先地位。风险投资政策环境不断优化，涌现出一批活跃的天使投资人和连续创业者，"天使投资+合伙人制+股权众筹"成为中关村自创区主流创业模式。2018 年，中关村自创区股权投资案例 2209 起，占全国 27.48%；股权投资金额 2475.04 亿元，同比增长 58.96%。其中，天使投资案例 464 起，占全国的 28.66%；天使投资金额 68.39 亿元，占全国的 27.78%。中关村自创区创业投资案例 1745 起，占全国的 27.19%；创业投资金额 2406.65 亿元，占全国的 35.49%（图 1-11）。中关村发展集团主导设立创业投资、天使投资、区域协同创新、并购等各种类型的创新创业母基金，有效带动社会资本投入，支持创新创业。积极开展股权众筹融资试点，率先诞生了京东众筹、牛投众筹、蝌蚪众筹、众筹网等股权众筹平台，成立了中关村股权众筹联盟、中关村互联网私募股权融资联盟等组织，促进了股权众筹行业健康有序成长。

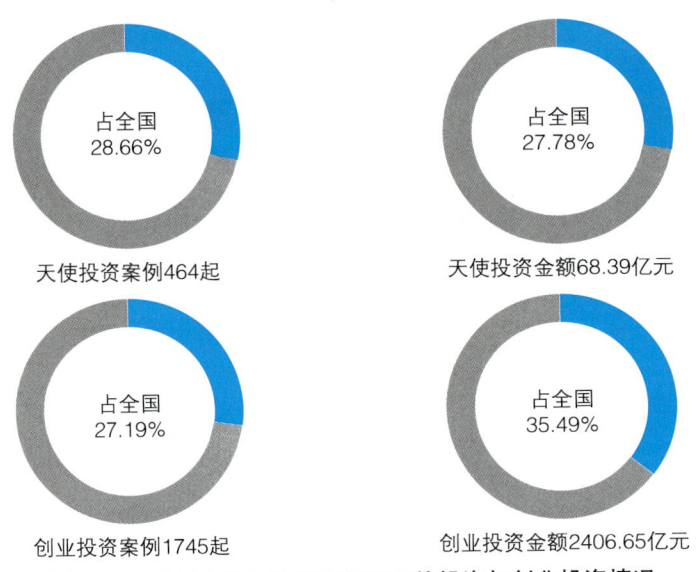

图1-11  2018年中关村自创区天使投资与创业投资情况

多层次资本市场初具规模。中关村自创区企业在中国主板、中小板、创业板和新三板等多层次资本市场，以及国际资本市场上初具规模，有效推进资本与科技资源的高效对接。上市板块品牌效应凸显，产业布局完整，融资强劲增长。2018年，中关村自创区上市公司达到336家；创业板上市企业95家；新三板挂牌企业达1430家，占全国的13.44%。

**6. 新型空间形态不断涌现，全国辐射带动效应日益凸显**

形成各具特色的园区新空间。在新兴产业发展和创新创业驱动下，推动创新创业和城市生活深度融合的新型园区不断涌现，以新首钢为代表的产城融合"新区域"、以中关村集成电路设计园为代表的产业集聚"特色园"、以金隅·智造工场为代表的转型升级"新载体"、以健康智谷为代表的创新创业"微空间"等新型载体成为中关村自创区空间发展新趋势。当前，中关村自创区以一区多园统筹协同发展为重点，以园区建设为抓手，持续不断提升园区专业服务和配套能力，打造高品质园区载体，支持"三城一区"建设，推动各分园实现高端化、特色化、协同化发展。

积极融入京津冀等国家战略。中关村自创区积极融入"一带一路"、京津冀协同发展、长江经济带等国家重大战略,在京津冀协同发展中突出创新驱动,加快构建协同创新共同体。按照首都城市战略定位要求,中关村自创区主动对接津冀两地科技部门和高新区,推动创新资源开放共享,在利益共享、市场化运作基础上合作共建园区。落实北京市、河北省合作协议要求,与雄安新区管委会签订共建雄安新区中关村科技园协议。建设天津滨海中关村科技园,会同滨海新区共同出台支持天津滨海中关村科技园创新发展的若干措施,2018年园区新增注册企业770家。截至2018年年底,中关村自创区企业累计在津冀两地设立分支机构6100多家。

开展全国辐射。截至2018年年底,中关村自创区已与全国26个省市区70余个地区(单位)建立战略合作关系,合作共建一批科技成果产业化基地。按照北京市委、市政府有关工作要求,与重点地区开展合作。落实京吉战略合作协议,推动长春新区·中关村科技产业园建设,结合长春在汽车及零部件、先进装备制造、生物及医药健康、现代交通、航天信息、光电信息、大数据、新兴服务业和新材料等领域发展需求,积极对接中关村自创区创新创业主体。支持"南宁·中关村创新示范基地"更名拓展为"南宁·中关村科技园"。2018年,中关村自创区认定登记技术合同52 728项,技术合同成交额3649.2亿元,流向外省市区和出口技术合同成交额分别为2333.1亿元、595.9亿元,共接待全国37个地区(单位)261人次来访,分别组织中关村自创区84家次企业,赴吉林长春、青海海东、广西南宁、宁夏银川、辽宁沈阳、湖北十堰、江西南昌及扶贫协作地区等11个地区推动合作和项目落地(图1-12)。

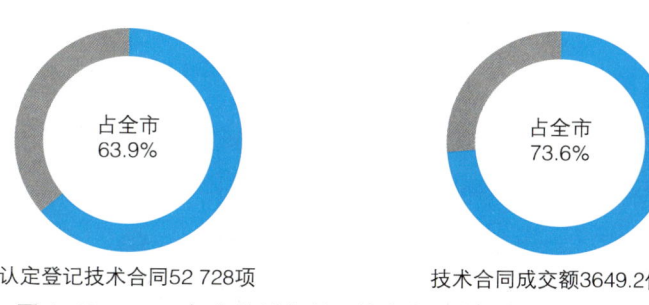

图1-12 2018年中关村自创区技术合同成交额及占全市比重

### 7. 加速集聚全球顶尖企业和创新要素,已经成为全球创新网络枢纽

企业是中关村自创区国际化发展主体。中关村自创区坚持国际化发展理念,强化开放合作创新,支持企业围绕"一带一路"走出去,培育了一批具有国际竞争力的企业。一是推进产品的国际化。2018年,中关村自创区企业实现出口340.1亿美元,

同比增长7.7%。通过承接国际服务业转移，大力发展服务外包，中关村软件园的IT服务外包产业始终走在全国前列，同时还拥有数十家生物医药研发外包CRO企业。二是推进技术的国际化，支持企业积极参与国际项目合作、技术出口、申请国际专利、创制国际标准，实现技术国际化，抢占全球科技创新制高点。2018年，中关村自创区企业共申请PCT专利4596件，占全市70.4%。截至2018年年底，中关村自创区企业和产业联盟主导创制发布标准9527项，同比增长12%，其中，国际标准380项，团体标准486项。三是在海外设立研发中心。截至2018年年底，中关村自创区上市企业已在境外设立分支机构700多家。

国内外创业服务机构加快"走出去"与"引进来"。美国Plug & Play、以色列TrendLines、英国SILK Ventures等国际顶尖创新创业服务机构纷纷落地，推动前沿技术、领先人才、优秀项目等在中关村自创区集聚。以太库、天作、盛景网联等为代表的中关村自创区本土创业服务机构，纷纷在海外建立分支机构或与国外机构合作，汇聚美国、以色列、德国、韩国、加拿大等全球各地的优秀创业项目落户自创区。与国际知名机构合作举办国际活动，主办全球性创新赛事，搭建全球高端创新创业资源交流平台，如瀚海控股集团、丁丁电视和中美企业峰会联合主办的"硅谷创业节"，盛景网联举办的盛景全球创新大奖赛GIA等。

全球创新网络枢纽地位凸显。中关村自创区以国际领先的创新创业服务和成熟的产业生态，形成了对人才、资本、技术等创新要素的强大吸引力，初步成为全球知名的创新创业高地、风险投资中心和技术交易中心。特别是成功举办2018年中关村论坛年会，进一步强化与海外创新资源对接（图1-13）。人才方面，中关村自

图1-13 中关村论坛标识发布会

创区深入推进人才特区建设，在硅谷、多伦多、伦敦等地设立海外人才联络机构，汇聚众多海外高端智力资源。截至 2018 年年底，中关村自创区留学归国人才总数达到 3 万人，外籍人才 1 万余人。资本方面，中关村自创区吸引了全球上万名天使投资人和近千家创投机构，已成为全球风险投资的热土。与此同时，自创区本土风险资本开展全球布局，通过设立海外创投基金参与全球的创新创业投资，带动中国的风险资本进军硅谷、以色列、北欧等国际创新创业高地。技术方面，截至 2018 年年底，在海淀注册资本 100 万元以上的外资研发机构约 350 家，占北京市外资研发机构的 62%；中关村国际技术转移中心已吸引来自 40 多个国家的 120 家国内外知名技术转移机构入驻，组织高端技术转移、国际交流等活动 150 多场，服务企业 2000 多家，吸引了牛津颠覆性软骨修复材料、芬兰智能安检 CT 探测器模块核心技术等一批国际先进技术和项目落地。

## 分报告 2
# 东湖国家自主创新示范区

——持续深化体制机制改革和政策先行先试，
着力打造"世界光谷"

**导读：**

东湖自创区是国务院批复同意建设的第 2 个国家自创区。自获批以来，东湖自创区始终肩负国家责任，坚持自主创新，大胆先行先试，不断探索和实践具有光谷特色的创新驱动发展之路，打造了具有世界影响力的"中国光谷"品牌。东湖自创区坚持深化改革、扩大开放，不断创新体制机制，构建了以《东湖国家自主创新示范区条例》为核心的"1+6"法规政策体系；坚持提升自主创新能力、促进科技与经济相结合，大力开展"国之重器"核心技术攻关，建设重大科技基础设施建设，探索创新产业技术研究院机制；坚持"追光逐芯"，聚力打造战略性新兴产业集群，"芯—屏—端—网"万亿级光电子信息产业集群初具雏形；坚持弘扬创业文化，打造光谷青桐汇品牌活动，探索出"源于创新、始于创业、显于瞪羚、成于领军"的科技型企业成长机制。

分报告 2
东湖国家自主创新示范区

## 一、基本情况

2009年12月，国务院批复同意支持武汉东湖高新区建设国家自创区。按照《国务院关于同意支持武汉东湖新技术产业开发区建设国家自主创新示范区的批复》（国函〔2009〕144号），要求发挥创新资源优势，加快改革与发展，努力培养和聚集优秀创新人才特别是产业领军人才，着力研发和转化国际领先的科技成果，做强做大一批具有全球影响力的创新型企业，培育一批国际知名品牌，全面提高东湖高新区自主创新和辐射带动能力，推动东湖高新区的科技发展和创新在21世纪前20年再上一个新台阶，使东湖高新区成为推动资源节约型和环境友好型社会建设、依靠创新驱动发展的典范。

东湖自创区规划面积518平方千米，下辖光谷生物城、武汉未来科技城、东湖综合保税区、光谷光电子信息产业园、光谷中华科技产业园、光谷智能制造产业园、光谷现代服务产业园、光谷中心城等8个产业园区，8个街道，拥有人口180多万。区内集聚了武汉大学、华中科技大学等42所高等院校、56家科研院所、66名"两院"院士、30多万名专业技术人员和80多万名在校大学生，是中国三大智力密集区之一（图2-1）。2018年，东湖自创区实现企业总收入1.25万亿元，地区生产总值同

图 2-1 东湖自创区空间示意

比增长 9.7%，高新技术产业产值同比增长 16.1%；完成固定资产投资 874 亿元，同比增长 11.0%；一般公共预算总收入 255 亿元，同比增长 10.1%。

## 二、政策创新与体制机制改革

东湖自创区按照"光谷在光、更在谷"的建设理念，大胆先行先试，不断深化改革，推进扩大开放，创新体制机制，持续优化区域创新创业生态。

### 1. 深化科技创新体制改革，构建"1+6"法规政策体系

出台《东湖国家自主创新示范区条例》。2015 年 1 月，湖北省人大常委会审议通过《东湖国家自主创新示范区条例》，确立了东湖自创区法律地位，以法规的形式固化制度创新成果，保护改革者、激励创新者，在下放审批权、科技成果转化、改革创新的容错免责等方面具有较大突破。在下放审批权方面，提出东湖自创区管委会"行使市人民政府相应的行政管理权限，承担相应的法律责任"，湖北省政府也将部分权利下放。在科技成果转化方面，提出"区内高等院校、科研院所等事业单位的科技成果，可以自主处置，科技主管部门和资产管理部门不再审批和备案"，这一改革属全国首创。在改革创新的容错免责方面，建立了改革创新的免责条款和容错机制。

深化科技成果转化体制机制改革。围绕科技成果转化过程中痛点、难点问题，东湖自创区于 2012 年出台"黄金十条"，在推进科技成果处置权、收益权等方面进行了大胆尝试，明确将科技成果的处置权、收益权下放到科技人员和创新团队，并将收益比例提高到 70% 以上，为国家《促进科技成果转化法》修订提供了重要参考，推动了武汉大学高精度北斗警保联动智能系统、华中科技大学显微光学切片断层成像系统等一批单项价值过千万元的科技成果成功实现落地转化。2017 年出台"新黄金十条"，探索科技成果所有权混合所有制改革，首创"科技悬赏奖"。

推进股权激励试点与财税试点。东湖自创区设立 10 亿元股权代持基金，将股权激励政策范围扩大至国有及国有控股的院所转制企业和高新技术企业、区内高等院校和科研院所作价入股的企业、民营企业、创业投资和股权投资类企业。截至 2018 年年底，东湖自创区累计推动 72 家单位开展股权激励试点。积极推广落实中关村自创区研发费用加计扣除等财税试点政策。2018 年，东湖自创区支持技术先进型及高新技术企业发展，各项税收优惠政策共计减税 6.63 亿元。

完善六大创新政策体系。东湖自创区与时俱进，不断完善创新创业、产业发展、科技金融、知识产权、人才支持、开放合作六大政策体系（图2-2）。相继出台"创业十条""'互联网+'十条""新民营经济八条""新文科十条""人工智能七条""自贸十条""科技投入七条""瞪羚十条""高质量发展20条"等创新政策，其中，"新文科十条"是国内首个产业众筹类政策，"人工智能七条"是全国首个区域性人工智能产业政策。

图2-2 东湖自创区创新政策体系

### 2. 深化政务服务改革，全面推进"双自联动"发展

全面推进自贸区建设。东湖自创区自2016年获批建设中国（湖北）自由贸易试验区武汉片区以来，深入实施自创区和自贸区"双自联动"、创新和开放"双轮驱动"战略，以制度创新为核心，不断深化行政审批与服务、科技创新、科技金融、扩大开放等领域改革创新，着力营造国际化、法治化、便利化的营商环境，形成了一批可复制可推广的原创性改革经验，探索了我国内陆地区改革开放新路径。截至2018年年底，累计推进改革事项154项，形成制度性成果227项。

深化"放管服"改革。东湖自创区深化"马上办、网上办、一次办"事项清单，拓展"就近办"，推进政务服务"一张网"建设，企业办事平均等待时间由2小时缩短为40分钟（图2-3）。深入推进"证照分离""先建后验"改革，企业设立仅需1～2个工作日，产业项目审批仅需25个工作日。实施"互联网+监管""八双五联"智慧监管新模式，试点升级版简易注销，切实解决企业"退出难"问题。

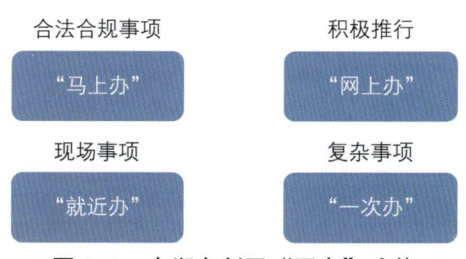

图2-3 东湖自创区"四办"改革

深化投资贸易便利化制度改革。东湖自创区搭建外贸服务"一带通"平台，推动建设花山港外贸码头、东湖陆港口岸作业区、光谷城市货站，获批国家跨境电商综合试验区，关税保证保险通关业务试点获国务院肯定，"先出区、后报关"等4项投资贸易便利化改革举措在全国复制推广，23项举措在全省复制推广，投资贸易便利化水平不断提升。2018年，东湖自创区进出口总额达1263.4亿元，实际利用外资总额23亿美元。

## 三、示范重点和主要举措

### 1. 发展特色高新技术产业，培育世界级光电子信息产业集群

东湖自创区打造了以光电子信息、生命健康、环保节能、高端装备、现代服务五大产业为支柱，集成电路和新型显示、数字经济两大新兴产业蓬勃发展的"5+2"产业体系，"芯—屏—端—网"万亿级光电子信息产业集群初具雏形，"中国光谷"成为我国参与全球光电子竞争的知名品牌。2018年，"大力推进创新驱动发展，打造新兴产业集群"的经验做法获国务院通报表扬。

光电子信息产业不断壮大。自获批建设"武汉国家光电子产业基地"（武汉·中国光谷）以来，东湖自创区始终坚持发展光电子信息产业，光通信、5G、激光、北斗等领域优势进一步巩固，光纤光缆生产规模全球第一，是我国最大的光通信技术研发基地，最大的激光加工装备研发和生产基地。5G产业领军企业中国信科集团落户光谷，"三超"光传输系统容量突破1.06 Pbit/s，万瓦全光纤激光器、飞秒激光器、熊猫型保偏特种光纤等产品打破国外技术垄断，主导制定了全球首个互联网业务感知和内容识别国际标准。集聚了中国信科、长飞光纤、光迅科技、锐科光纤、北方光电、华工科技、梦芯科技等一批行业龙头企业。

生物产业快速发展。自获批建设"国家生物产业基地"以来，东湖自创区已集聚各类生物企业2000多家，其中世界500强企业8家，主板或中小创业板上市企业50余家，光谷生物城综合实力居全国第三。新药创制、医疗器械、生物农业等领域优势进一步强化，精准医疗、智慧医疗等新兴领域加速布局。植物提取人血白蛋白、胶囊内窥镜机器人、热层析成像、小口径仿生人造血管、肺动脉带瓣管道等产品技术世界领先（图2-4）。截至2018年年底，26个一类新药进入临床试验，400多个二类以上医疗器械获得注册证，40多个作物新品种获得国家审定证书。集

聚了人福集团、国药集团、禾元生物、安翰科技、明德生物等一批行业龙头企业。

图 2-4　东湖自创区全数字正电子发射断层成像仪（PET）

环保节能产业稳步发展。东湖自创区在大气污染防治、水污染监控与治理、固体废弃物处理等领域创新不断，新能源汽车产业加速布局。PM2.5团聚除尘超低排放技术、静电激发袋式除尘技术、生活垃圾渗滤液处理技术等国内领先，涌现了氢燃料客车、氢能源物流车、紫外硫化氢分析仪、高精度光声光谱检测仪等多款创新产品。集聚了都市环保、中钢天澄、中科水生、泰歌氢能汽车等一批行业龙头企业。

高端装备制造产业升级发展。东湖自创区高端装备产业创新实力不断增强，智能制造装备、智能电网、交通装备等领域发展优势凸显，数控系统、重型和超重型机床、3D打印、工业机器人等领域研发水平和制造能力全国领先，涌现了具有自主知识产权的高性能数控系统、全球首台超重型高精度多功能复合数控机床、全球首台金属／非金属一体化3D打印装备、国内首个海上移动核电站等多项创新产品（图2-5）。集聚了华中数控、武重集团、中船重工719所、奋进电力、库柏特、武汉南瑞等一批行业龙头企业。

现代服务业跨越式发展。东湖自创区文化与科技融合产业、工程设计产业、软件与服务外包产业等领域优势进一步提升。创意设计、文漫影游、光影互动体验、数字教育和出版、文化信息服务等文科产业竞相发展，涌现了麦塔威、博润通、江通动画、两点十分、太崆动漫等本土企业。中国游戏节永久落户光谷，成功举办中国青年电子竞技大赛等重大活动。中铁大桥局、中冶南方等工程设计企业行业竞争力全球领先。传神语联网、佰钧成、软通动力等软件与服务外包企业快速发展。

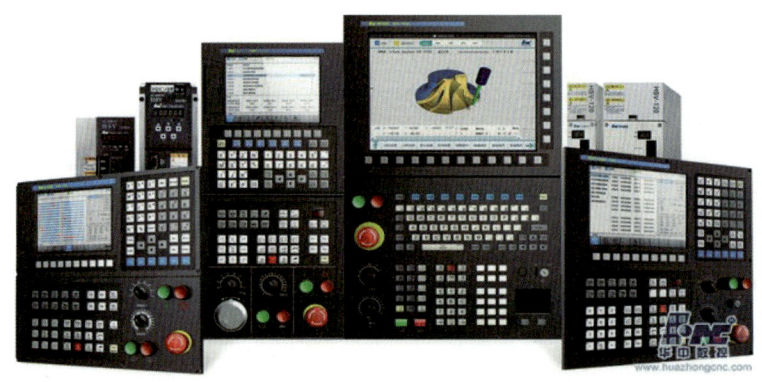

图 2-5 华中数控华中 8 型全数字总线式高档数控系统

集成电路和半导体显示产业快速发展。东湖自创区坚持"追光逐芯",于 10 年前谋划布局集成电路产业,建成中部地区首条 12 英寸集成电路生产线,获批建设国家存储器基地。2018 年,集成电路设计产业增速居全国前三,32 层 3D NAND 存储芯片实现量产,成功研制出我国首颗自主架构的 64 层 3D NAND 存储芯片、首款商用 100 G 硅光收发芯片、全球首款虹膜生物识别 ASIC 芯片、中国完全自主知识产权的红外探测器芯片等产品。东湖自创区致力于打造全国最大的中小尺寸显示面板研发和生产基地,华星光电、武汉天马先后投入超 850 亿元,建设了 5 条从 TFT-LCD 到柔性 AMOLED 完整的新型显示生产线。

数字经济产业蓬勃发展。东湖自创区于 2015 年在全国率先设立"互联网+"办公室,强化"互联网+"企业"贴身"服务,截至 2018 年年底,已集聚"互联网+"企业 2100 余家,人工智能、智能网联汽车、网络安全等领域快速发展,新物种企业不断涌现,小米科技、科大讯飞、旷视科技、小红书等 60 余家互联网企业第二总部加速落户。语义识别、机器视觉、智能驾驶等领域不断突破,培育了飓拓科技、合刃科技、天远视、极目智能、光庭科技、六点整北斗等企业。涌现了全国首款具有自主知识产权的数据库管理系统、全球首个综合性移动威胁情报平台等重大创新成果,培育了达梦数据库、安天信息、极验验证、深度科技等龙头企业。

**2. 集聚创新创业高端要素,区域发展新动能持续增强**

东湖自创区依托区域科技资源优势,坚持把提升自主创新能力、促进科技与经济相结合作为战略取向和立区之本,聚焦国家战略,布局重大科技创新平台,组织关键核心技术攻关,构建起以企业为主体的区域创新体系。

加快重大技术创新平台建设。东湖自创区建设了精密重力测量国家重大科技基础设施、光电国家研究中心、国家信息光电子创新中心、国家先进存储产业创新中心、国家数字化设计与制造创新中心等重大创新平台,国家人类遗传资源样本信息库(华中库)、多模态跨尺度生物医学成像、作物表型组学等重大科技基础设施加快建设,工业互联网标识解析国家顶级节点(武汉)落户并正式上线。截至2018年年底,东湖自创区集聚省级及以上企业研发平台338家,其中国家级33家,基础研究与应用研究能力不断提升。

推进产业技术研究院与产业创新联合体建设。东湖自创区以打通产业创新链、提升产业创新能力为目标,以开展共性技术创新攻关、形成并转化一批产业核心技术成果为重点,加快探索产业技术研究院与产业创新联合体建设。截至2018年年底,东湖自创区已建成生物技术研究院、光电工业技术研究院、新能源研究院等10家新型产业技术研究院,以及湖北生物医药产业技术研究院等产业创新联合体(图2-6)。10家研究院已建成公共服务平台52个,推进科技成果转化450项,在孵团队426个,孵化企业342家。

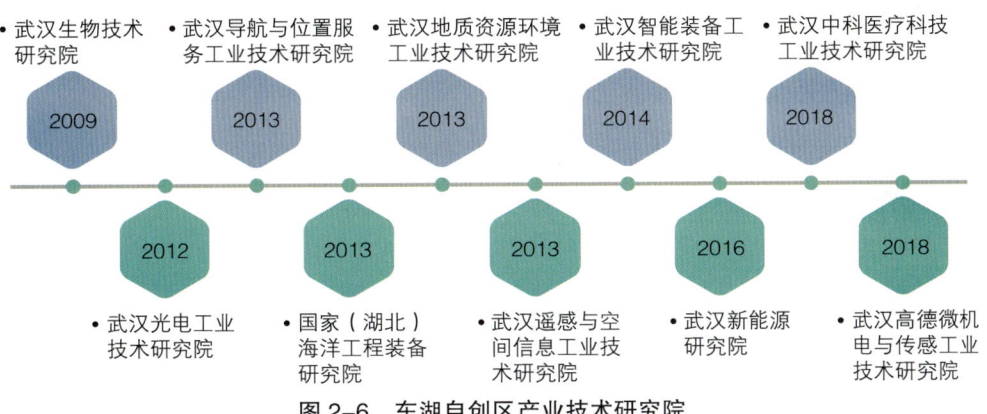

图2-6 东湖自创区产业技术研究院

加速构建金字塔型多层次人才体系。东湖自创区自2009年启动"3551光谷人才计划"以来,累计投入专项资金15亿元,设立11亿元的光谷人才基金。大力探索人才引进机制创新,组织举办3551国际创新创业大赛、楚才回家、招才引智万里行等活动,赴硅谷、波士顿、伦敦、北京、深圳等世界创新创业高地招才引智。截至2018年年底,累计集聚4名诺贝尔奖得主、58名中外院士、581名国家级高层次人才、182名湖北省"百人计划"专家、1699名"3551光谷人才计划"人才、6000多个海内外人才团队,以及1万名博士、6万名硕士、30万名本科生。

深化科技金融服务创新。东湖自创区针对企业融资难、融资贵等突出问题，出台"科技金融十五条""上市十条"等系列政策。组建光谷金控集团，设立500亿元的产业引导基金，支持创新创业和产业发展。大力发展科技支行、科技保险等专营机构，集聚知识产权交易、众筹交易等新型要素市场，设立和引进各阶段的股权投资机构。截至2018年年底，集聚各类金融及服务机构1500余家，其中，股权投资及管理机构超过1200家（图2-7）。引导金融机构开展信用贷款、股权质押、知识产权质押等创新型贷款，探索发展投贷联动、融资租赁、商业保理等科技金融新业态。开展企业上市"金种子"培育计划，2018年东湖自创区上市公司达到42家，新三板挂牌企业136家，四板挂牌362家。

图2-7 2018年东湖自创区各类金融机构集聚情况

促进知识产权创造与运用。东湖自创区深入推进全国首个国家知识产权示范园区、国家（武汉光电子信息产业）知识产权保护中心、国家知识产权服务业集群区建设试点等建设，不断完善国家技术转移中部中心、国家专利审查协作湖北中心、长江经济带（区域）知识产权运营中心功能，推动武汉知识产权审判庭落户。2018年东湖自创区专利申请达到2.95万件，是2009年的7倍，其中发明专利申请1.8万件，是2009年的10倍；累计主导创制国际标准35项，国家标准390项；人均技术合同交易额已居全国高新区第1位。武汉华星光电半导体、武汉华星光电、烽火通信专利申请量居全省企业前列。

### 3. 强化内生培育，瞪羚与独角兽企业蓬勃发展

东湖自创区根据科技型企业的成长机制，科学分析企业情况，进行针对性的扶持引导，探索形成了"源于创新、始于创业、显于瞪羚、成于领军"的科技型企业培育成长模式。

全方位支持大众创业。东湖自创区出台"创业十条"等多项支持政策，搭建多类型双创服务平台，探索新型孵化服务模式，加速汇聚科研人员、大学生、海外归

国人员等多类型创业者。2018年，东湖自创区累计注册市场主体超过10万户，其中注册企业超过7.3万家；新增市场主体26 054户，同比增长29.2%；新增注册企业20 437家，同比增长39.6%，平均每个工作日新注册企业88家，当年注册企业数量是2009年的17倍。

推动瞪羚企业跨越式成长。东湖自创区于2011年启动"光谷瞪羚"培育计划，设立10亿元光谷瞪羚基金，建设光谷瞪羚俱乐部，开展光谷瞪羚企业国际交流计划及与国内知名企业交流计划，积极组织开展技术对接、金融对接、智力对接等专项活动，提升瞪羚企业管理和商业模式创新水平。2018年，瞪羚企业数量从2011年的30家增长到355家，瞪羚企业群体累计超过600家，诞生了5家独角兽企业、4家上市公司（图2-8）。

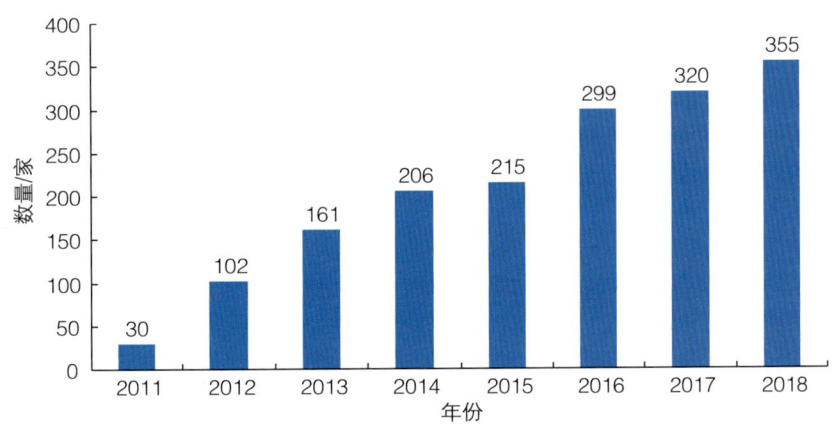

图2-8　2011—2018年东湖自创区认定瞪羚企业数量

高度重视独角兽企业培育。东湖自创区探索独角兽企业发现机制，为企业提供资本对接、争取行业主管部门支持等个性化服务，积极为新产品、新服务、新模式争取发展空间，助力企业实现爆发式成长。2018年，培育出安翰科技、斑马快跑、奇米网络、小药药等独角兽企业，尚德机构赴美上市，慧联无限、极目智能、合刃科技、库柏特等准独角兽企业不断涌现。

加快培育创新型企业。2018年，东湖自创区新认定高新技术企业460家，总数达2308家，居全国高新区第4位（图2-9）；新增科技型中小企业641家，占全省25.9%；新认定技术先进型服务企业10家。企业自主创新能力不断提升，2016—2018年，东湖自创区38家企业的42个项目入选国家重点研发计划专项，共计获得7.9亿元国拨资金支持。

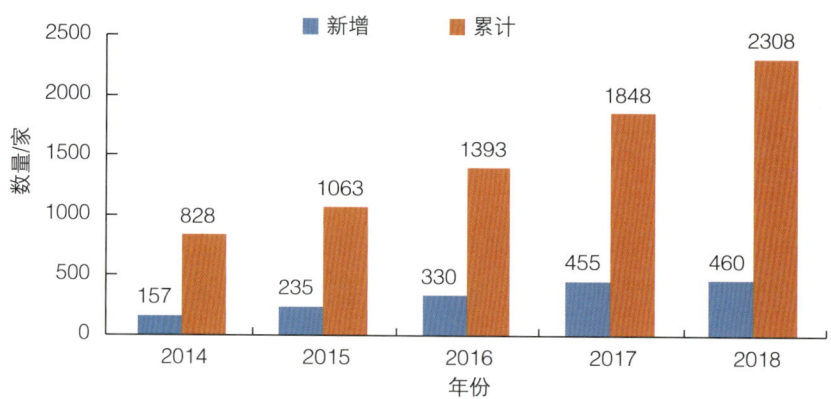

图 2-9　2014—2018 年东湖自创区高新技术企业数量

**4. 营造浓厚双创氛围，区域创新创业生态日趋完善**

东湖自创区着力优化区域双创生态，建设创业孵化载体，汇聚创业服务机构，创新创业服务模式，营造浓厚创业氛围，为创业者提供全覆盖、低成本、专业化创业服务，大幅减低创业门槛。

推进孵化器和众创空间建设。东湖自创区获批以来，先后获批建设国家双创示范基地、国家科技资源支撑型特色载体。截至 2018 年年底，孵化器达到 60 家（国家级 17 家）、众创空间 98 家（国家备案 25 家）（图 2-10）、国家专业化众创空间 5 家，孵化面积超过 550 万平方米，在孵企业超过 5000 家。推动建设移动互联创谷、硅谷小镇等"创谷"和"川"字型创业聚集带。

探索新型创业服务模式。截至 2018 年年底，东湖自创区已集聚各类创业服务机构 500 余家，建立了集创业投资、培训辅导、技术支持、中介服务等于一体的全

图 2-10　光谷创业咖啡

功能创业孵化链条，探索出"免费创业辅导+天使投资""创业培训+天使投资""主题创业活动+开放式平台"等多种新型创业孵化模式，在全区形成了"找人、找钱、找技术、找场地、找市场、找圈子"的创业生态体系。

打造"光谷青桐汇"创新创业活动品牌。东湖自创区支持各类创新创业服务机构承办区域性、全国性和国际性的创业大赛、投资路演、创业沙龙、创业训练营、导师分享会等活动，每年开展双创活动超过2000场，打造了光谷青桐汇、东湖创客汇、楚才回家等知名创新创业活动品牌。其中，光谷青桐汇累计举办93期，帮助150项创业项目融资33亿元，模式输出到湖北省地市州及成都、合肥等市，形成全国影响力。

### 5. 加强开放创新，国际化发展迈上新台阶

东湖自创区始终坚持开放发展理念，广泛吸纳国际资源，积极参与国际产业分工合作，整合全球高端要素参与东湖自创区创新发展。

建设国际合作创新创业平台。深入推进硅谷离岸创新中心、波士顿百桥汇海外孵化器、中比创新园、光谷伦敦孵化器等海外平台建设。光谷伦敦孵化器建设面积7000平方米，是欧洲最大的孵化器之一，已有300个团队入驻。与海外机构联合在光谷建设中英光谷加速器、中比高科技孵化园、中瑞技术转移孵化中心、中美生物创新中心、西门子光谷工业众创空间等国际合作平台，引进Founders Space、FabLab、71SG等国际知名创业服务机构（图2-11）。

图2-11　东湖自创区71SG

鼓励区内企业"走出去"。东湖自创区企业"走出去"逐步由"一带一路"沿线及周边国家向欧美国家拓展，79家企业在51个国家开展投资和设立研发中心，9家企业在海外上市。烽火科技、长飞光纤、人福医药等企业积极参与"一带一路"产业合作，通过设立海外市场机构、跨国生产基地、国际研发基地等形式加快全球布局。

推动区域联动发展。东湖自创区通过品牌共享、共建科技园、产业协作等方式，不断加强对武汉市、湖北省及长江沿线城市的引领与辐射带动，深化与鄂州、黄冈、黄石、咸宁等周边地市合作，在湖北省建设近30个"园外园"，探索中国光谷黄冈科技产业园等"飞地经济"发展模式。光电工研院、中电光谷、天使翼等加强模式输出，在全国多地建设孵化载体与专业园区。

### 6. 推动产城融合发展，加快建设科技生态新城

东湖自创区按照"国际标准、时尚现代、世界一流、宜居宜业"要求，加快构建面向未来的基础设施体系，不断优化城市功能配套，提升生态文明建设水平，全面建设科技生态新城。

加快推进城市配套建设。东湖自创区加快推进交通、教育、医疗、文体、商贸等配套设施建设，加强城市综合管理力度，城市功能品质不断提升。光谷火车站加快建设，有轨电车、地铁等公共交通网络不断优化，光谷国际外国语学校、华师一附中光谷分校、华中科技大学同济医院、省人民医院东院等配套设施加快建设，光谷国际网球中心、湖北省奥林匹克体育中心体育馆、光谷步行街等文化体育、商业设施投入使用。截至2018年年底，区内有重点中小学45所，三级甲等或三级特等医院4家，大型文体场馆40个。

加强生态文明建设。东湖自创区充分利用区域内湖泊山系自然格局，加强城市生态景观建设，推动建设豹子溪公园、韵湖公园、西苑公园，道路绿化养护总面积超过900万平方米。深入推进污染防治攻坚战，大气、水体、土壤治理取得显著成效。2018年PM2.5平均浓度下降11.8%，空气质量优良率上升5.8%。支持光谷联交所启动碳交易试点，探索设立全国首家碳交易所。

深化光谷文化软实力。东湖自创区将"筚路蓝缕、敢为人先"的荆楚文化与充满活力的校园文化、潜心钻研的院所文化、高效进取的企业文化、开放先进的外来文化、勇于担当的干事文化融合，形成了"敢于冒险、鼓励创新、崇尚成功、宽容失败"的光谷文化，已深深融入企业、高校院所、政府等各类创新主体的精神血脉，成为打造"世界光谷"的深层次动力。

## 分报告 3
# 张江国家自主创新示范区

——坚持制度创新与科技创新双轮驱动，
推进上海建设具有全球影响力的科创中心

**导读：**

张江自创区是国务院批复同意建设的第 3 个国家自创区。2014 年，习近平总书记要求上海"加快向具有全球影响力的科技创新中心进军"。2018 年 11 月，习近平总书记调研上海期间视察张江科学城展示厅，提出要以全球视野、国际标准推进张江综合性国家科学中心建设。张江自创区坚持贯彻落实习近平总书记讲话精神，按照党中央、国务院和上海市委、市政府决策部署，围绕建设全球科创中心和世界一流科技园区目标，坚持制度创新与科技创新双轮驱动，开展全方位系统创新，着力构建创新创业生态体系，培育新兴产业，面向全球集聚高端人才，先行先试各项改革措施，已经成为上海创新发展的重要引擎，是上海建设具有全球影响力科技创新中心的核心载体。

## 一、基本情况

2011年1月，国务院批复同意支持上海张江高新区建设国家自创区。按照《国务院关于同意支持上海张江高新技术产业开发区建设国家自主创新示范区的批复》（国函〔2011〕8号），要求发挥创新资源优势，加快改革与发展，努力培养和聚焦优秀创新人才特别是产业领军人才，着力研发和转化国际领先的科技成果，做强做大一批具有全球影响力的创新型企业，培育一批国际知名品牌，全面提高张江高新区自主创新和辐射带动能力，推动张江高新区的科技创新在21世纪前20年再上一个新台阶，使张江高新区成为培育战略性新兴产业的核心载体和实现创新驱动、科学发展的示范区域。2013年，国务院批复同意《上海张江国家自主创新示范区发展规划纲要（2013—2020年）》，提出到2020年，张江自创区要基本建成世界一流科技园区。

自获批以来，张江自创区不断优化空间布局，在原"一区六园"基础上，经3次市级扩区，形成一区22园发展格局，覆盖全市16个行政区，总面积约531平方千米（图3-1）。截至2018年年底，张江自创区已集聚创新型、科技型企业7万余家，上市挂牌企业183家，高新技术企业4314家；汇聚各类研发机构1996个，

图3-1 张江自创区空间示意

包括大学40所，研究院所139家（其中国家级69家），国家级企业技术中心48家，国家级重点实验室35家，国家工程技术研究中心21家，国家工程实验室11家；集聚从业人员约159万人，高端人才占到全市80%以上，其中海归、留学生、外籍专家近5万人，院士168人。2018年，张江自创区实现规模以上企业营业收入4.89万亿元，同比增长12%，利税6578亿元，工业总产值1.66万亿元，战略性新兴产业产值超1.1万亿元，其中，生物医药产业产值784.6亿元，集成电路产业销售规模1220亿元。年内有效发明专利6.9万件，PCT国际专利申请1634件，每万人发明专利拥有量达到345件，已基本建成世界一流科技园区。

## 二、政策创新与体制机制改革

### 1. 系统推进国家自创区试点政策，深化政策落地执行

张江自创区积极落实推广中关村自创区10项先行先试政策，先后出台《张江国家自主创新示范区企业股权和分红激励试行办法》《张江国家自主创新示范区企业股权和分红激励试点实施细则》《关于张江国家自主创新示范区股权奖励分期缴纳个人所得税管理事项的公告》等系列政策，将研发经费加计扣除、职工教育经费税前扣除、技术转让所得税减免、创业投资企业税收抵扣等试点政策迅速推广开来。2018年，张江自创区研发费用加计扣除及高新技术企业、技术先进型服务企业3项税收优惠政策共计落实减免税总额334.05亿元，同比增长26.40%，覆盖企业16 734家次。截至2018年年底，张江自创区已有58个国企、科研院所和高校（统计在册的）实施项目，近70家单位享受股权激励递延纳税政策。

### 2. 深入推进全面创新改革试验，先行突破关键领域改革

根据国家对上海系统推进全面创新改革试验的要求，张江自创区不断创新制度供给，率先试点集成电路全程保税通关模式、药品上市许可持有人制度等改革举措，持续引领全国改革创新。在国务院已批复的两批36条可复制推广举措中，有9条上海经验，均来自张江自创区。

试点集成电路全程保税通关模式。张江自创区在全国率先探索创新集成电路保税监管模式，在展讯通信等企业开展产业链全程保税监管模式试点，生成第一本为特殊区域外集成电路设计企业办理加工贸易电子化手册。通过采用信息化手段，将集成电路产业链企业全部纳入加工贸易保税监管范围进行全程保税，有效节省增值

税流动资金占用，吸引企业将销售和利润中心设在国内。企业进口环节中的清关时间由原来一般贸易进口的1～2天缩至加工贸易的半天，进口物流速度和生产、出货速度快速提升。

试点药品和医疗器械上市许可持有制度。药品上市许可持有人制度是张江自创区率先推行的改革举措，有效激发了生物医药企业的研发与创新活力，助推新药上市（图3-2）。截至2018年年底，张江自创区已有32个品种获得国家药监局批准成为药品上市许可持有人试点品种。在药品上市许可持有人制度探索的基础上，张江自创区进一步探索将试点扩展到医疗器械领域，并推出与试点工作相配套的"社会商业保险＋政府保障资金"的风险保障体系建设工作。远心医疗公司成为试点医疗器械注册人制度后获批上市的首个产品，上市时间比法定时间缩短82%（图3-3）。

图3-2　张江自创区和记黄埔医药获颁上海首张药品上市许可持有人营业执照

图3-3　张江自创区上海远心医疗单道心电记录仪成为国内启动
医疗器械注册人制度试点后首个上市产品

先行先试移民管理措施。张江自创区围绕建设国际人才试验区，加快海外人才服务便利化，在全国先后出台三批共 25 条关于永久居留、外籍人才兼职、外籍学生居留等先行先试人才政策，前两批 4 条政策已在全国其他区域复制推广。张江自创区大力推动市政府与国家外专局建立部市战略合作关系，建立国家外专局首个自创区定点联系机制，在外国人才管理服务机制、市场化用人机制等方面开展先行先试。2016 年，张江自创区以重大项目的方式支持市公安局出入境建立全国首个"移民事务中心"，为海外高层次人才和永久居留外国人提供社会融入一站式服务。截至 2018 年年底，张江自创区已为 32 名留学生办理就业证明，为 110 名外籍人才办理永久居留，其中外籍高层次人才 77 人（含 2 名诺贝尔奖获得者），外籍华人 31 人，顶尖科研团队 1 个。

**3. 开展多级部门联动，健全自创区管理体制机制**

国家层面，由科技部牵头，发展改革委、工业和信息化部等有关部委共同组成张江自创区部际协调领导小组，统筹指导张江自创区发展建设。市级层面，成立由市长担任组长的张江自创区领导小组和由副市长担任主任的张江高新区管委会，加强对一区 22 园统筹引导、协调服务。2018 年 4 月，张江高新区管委会、张江综合性国家科学中心办公室、张江科学城建设管理办公室、自贸试验区张江管理局整合重组为上海推进科技创新中心建设办公室（张江高新区管委会），由副市长任上海科创办主任、张江高新区管委会主任，统筹协调全市科创中心建设和张江自创区建设工作（图 3-4）。区级层面，各区设立由副区长任主任的分园管理机构推进园区建设。

图 3-4 张江自创区"上海推进科技创新中心建设办公室"正式挂牌

## 三、示范重点和主要举措

**1. 建设综合性国家科学中心，提升全球创新策源能力**

全力打造国家重大科技基础设施群。张江自创区以张江科学城为主要承载区，集中布局了一批国家重大科技基础设施，已建和在建大科学装置达到 14 个。光子领域，已建成上海光源、活细胞成像、神光等设施，硬 X 射线、软 X 射线、超强超短激光、上海光源二期等设施正加紧建设，其中，硬 X 射线装置是我国单体投资额最大的科技基础设施，超强超短激光实验装置在国际上首次实现峰值功率 10 帕瓦的激光放大输出（图 3-5）。随着这些重大科技基础设施的建成投用，张江自创区将成为全球规模最大、种类最全、功能最强的光子大科学设施集群。生命科学、海洋、能源等领域，先后启动建设蛋白质设施、转化医学设施、海底观测网、高效低碳燃气轮机等科技基础设施，并在全国率先开工建设中科院"十三五"科教基础设施。

图 3-5　硬 X 射线自由电子激光装置在张江自创区开工建设

高质量推进一流创新平台建设。张江自创区以科学城为核心载体，围绕集成电路、人工智能、生物医药等主导产业需求，持续布局高水平创新平台与创新基地，加快基础研究与前沿技术创新突破。先后成立张江实验室和上海脑科学与类脑研究中心，力争组建代表国家最高水平，集突破型、引领型、平台型为一体的国家实验室。加快建设国家集成电路创新中心，为高端核心芯片开发和自主制造提供技术来源。稳步建设张江药物实验室等专业实验室，主动参与微纳电子、量子信息、海洋等领域国家实验室建设。积极建设李政道研究所、复旦张江国际创新中心、上海交大张江科学园、国际人类表型组创新中心、朱光亚研究院等一批创新平台（图 3-6）。

图 3-6　李政道研究所实验楼在张江科学城开建

**2. 打造世界级新兴产业集群，培育经济高质量发展动能**

集成电路产业创新集群。张江自创区是全国集成电路产业链最完备、综合技术水平最先进、自主创新能力最强的产业基地，覆盖设计、制造、封装测试、装备材料等各环节，集聚一批国内龙头企业和有潜质的独角兽企业。2018年，张江自创区集聚集成电路设计企业265家，晶圆制造企业10家，封测企业39家，设备材料企业103家，合计417家，集成电路产业销售规模1220亿元，较去年增长24%，规模占全市84.1%、全国25%。全球芯片设计10强中有6家在张江自创区设立区域总部、研发中心。基础研究领域，张江自创区拥有国内唯一的集成电路国家重点实验室、集成电路国家创新中心、全国首家"超越摩尔"专业研发中试平台微技术工业研究院等高水平研究机构（图3-7）。设计领域，兆芯是国内唯一掌握CPU、GPU、

图 3-7　张江自创区国家集成电路创新中心挂牌

Chipset 三大核心技术的企业，打破 Intel 和 AMD 技术垄断；展讯通信成功研发国内首款自主微架构手机芯片，手机基带芯片出货量全球第三。制造领域，最先突破 14 纳米先进工艺，中芯国际、华虹集团年销售额在国内居前两位。封装测试领域，拥有全球第一大封装测试代工厂日月光，以及安靠技术等全球领先企业。装备材料领域，中微半导体、上海微电子、上海新昇等处于国内领先水平，刻蚀机、光刻机等产品远销海外，300 毫米大硅片已通过产线工艺验证。

生物医药产业创新集群。张江自创区生物医药产业水平全国领先，形成涵盖新药研发、药物筛选、临床研究、中试放大、注册认证、量产上市的完整产业创新链，是我国最大的生物医药产业基地和最强的生物医药研发基地。2018 年，张江自创区生物医药产业产值 784.6 亿元，较上年增长 14%，占全市生物医药制造业的 2/3。2018 年中国科学十大进展中的全球首例体细胞克隆猴和首例人造单染色体真核细胞，均来自张江自创区（图 3-8）。新药创制领域，重大原创新药"GV-971"完成临床试验并申请上市，将填补全球阿尔茨海默症药物市场空白。医疗器械领域，正加紧筹建医药高端制剂与绿色制药、高端医疗器械国家制造业创新中心；联影医疗自主研发的 PCT-CT 连续 3 年国内市场占有率第一，PET-MR 研制成功，打破国际巨头垄断；微创医疗首个国产心脏起搏器、创领首个国产血流导向装置相继获准上市。此外，张江自创区还在加紧布局 G60 脑智科创基地、传染病免疫诊疗技术协同创新平台等高水平研究基地。

先进制造产业创新集群。张江自创区在高端智能装备等领域不断加大投入，建

图 3-8　全球首例体细胞克隆猴在张江示范区诞生

设高端智造中心，实施高端智能装备首台突破专项政策，支持企业开展自主化关键技术装备研制。"天地一体化"信息网络、重型运载火箭等重大工程在沪落地，国家重型燃气轮机等重大项目进展顺利。C919首飞成功，ARJ21交付使用，商用航空发动机等关键核心技术取得突破，大型客机发动机验证机CJ-1000AX首台整机点火成功。上海超导拥有完全自主知识产权的"千米级"二代高温超导研制成功，打破国际垄断。

人工智能研发与应用领域。张江自创区深度布局人工智能研发与应用，在张江科学城启动建设国内首个人工智能创新应用先导区。集聚IBM研发总部、英飞凌大中华区总部、ADA Health等一大批跨国企业，以及云从科技、小蚁科技等国内独角兽企业，并以企业为主体搭建微软人工智能和物联网实验室、亚马逊WS上海人工智能研究院、阿里上海研发中心等一批研发平台。上海交大"上海人工智能研究院"、同济大学"上海自主智能无人系统科学中心"等科研平台，商汤超算中心等基础设施建设稳步推进，人工智能创业孵化载体和应用场景基本建成。

### 3. 提升科技服务能级，优化创新创业生态环境

健全成果转移转化体系。张江自创区不断完善研发转化等功能型平台建设，试点探索体制更加灵活自主、资金来源更加多元稳定、成果转移转化更加顺畅、人员薪酬更具竞争力的新型研发机构模式。积极推动社会化技术转移服务机构发展壮大，累计打造21家国家技术转移示范机构，上海技术交易所、国家技术转移东部中心等交易市场建设初显成效，其中，国家技术转移东部中心建成国内外技术渠道网络274个，聚集一大批国内外顶尖技术并实现交易，成为打造服务于技术创新全链条的重要平台。此外，张江自创区还坚持做大做强复旦、交大、同济等大学科技园，为源头创新和高新技术产业化落地提供重要平台。

优化双创载体服务体系。张江自创区充分发挥杨浦区、徐汇区、上海交通大学、复旦大学、上海科技大学、宝武集团、上海微系统与信息技术研究所等7家全国双创示范基地带动作用，XNode、WeWork、英特尔孵化器、微软孵化器等国际知名创业孵化器相继落地，众创空间开放度和便利度进一步增强。截至2018年年底，张江自创区拥有国家级众创空间59家，国家级大学科技园13家，国家级科技企业孵化器39家，500余家市级众创空间（图3-9）。

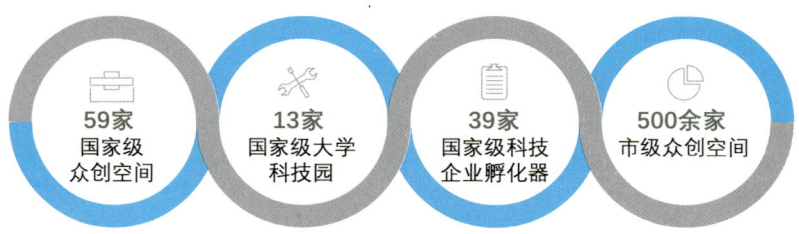

图 3-9　张江自创区创新创业载体建设成效

创新人才服务体系。张江自创区以人才服务平台试点为抓手，构建综合性人才服务体系，探索创新人才服务模式、整合人才服务资源、广泛集聚优秀人才。先后在美国、英国、法国、德国、以色列、瑞典、日本、新加坡等多个国家和地区布局海外人才预孵化基地及海外人才工作站。建设张江科技创新国际人才研究院，开展人才管理服务创新。在跨国公司和龙头企业设立人才实训基地，推进校企共建人才培养产学研联合实验室。创新人才评价激励机制，不唯学历、论文、资历、海外经历，采用市场化角度、企业家眼光开展人才评价。

完善科技金融服务体系。张江自创区以上海证券交易所设立科创板并试点注册制为契机，深化多层次资本市场改革，构建分园科技融资服务平台，完善园区投融资服务体系，为企业提供便捷精准的投融资对接和政策培训等服务。2018 年，张江自创区新增科技金融服务企业 648 家，新增金额 41.26 亿元，累计为 3530 家科技中小企业发放银行信贷 178.9 亿元，金融对科技企业的支持力度进一步增强。

**4. 强化辐射带动共享，引领长三角地区开放协同创新**

推进张江科学城从园区向城区转型。2017 年，《张江科学城建设规划》发布，明确要成为"科研要素更集聚、创新创业更活跃、生活服务更完善、交通出行更便捷、生态环境更优美、文化氛围更浓厚"的世界一流科学城，要大力提高教育科研、居住、公共服务设施、绿地等用地比例，坚持以科创为特色，集创业工作、生活学习和休闲娱乐为一体，构建现代新型宜居城区和市级公共中心，逐步向"城区"转型。其中，科学城规划拟新增的 920 万平方米住宅中将有 890 万平方米采用租赁模式，以满足科学家和科创人才需求。截至 2018 年年底，科学城首轮 73 个"五个一批"重点项目已全面开工，张江科学会堂、张江戏剧谷等一批城市功能项目将有效提升科学城人文生态环境。

建设各具特色的科创集聚区。张江自创区布局建设多个科技创新集聚区，系统构建支撑全球科创中心建设的多层次功能布局，形成功能互补、产业互联、资源互通的各区联动发展格局。其中，核心园着重发挥技术创新和产业集聚等综合优势，加快各类创新要素集聚融合。各分园区深化自身功能定位、加强产业科学布局，形成闵行成果转化示范区、杨浦创新创业示范区、漕河泾科技服务示范区、嘉定新兴产业示范区、临港智能制造承载区、松江G60科创走廊等差异化、多元化创新支点。

引领长三角区域协同创新。张江自创区深入推进张江长三角科技城建设，打造跨省市融合创新实践区域的重要载体。引领构建"长三角大仪网"，整合区域4.5万多台、总价值超过519亿元大型科学仪器，促进长三角科技创新资源互联互通和开放共享。持续推动"科技创新券"在长三角区域通用通兑，开展区域实验室共建和科技创新联合攻关。联合武汉东湖自创区、南京自创区、合肥自创区等50余家科技园区成立"长江流域园区合作联盟"，辐射带动长江流域科技创新联动聚合。

持续深化国际科技合作。张江自创区不断加强"一带一路"国际创新合作，已设立5个"一带一路"沿线国家技术转移中心，推动青年科学家来沪从事科研、科技任务协同攻关、共建联合实验室、科技园区合作和技术转移。组建张江国际孵化创新联盟，在张江普陀园建设中以（上海）创新园（图3-10）。建设上海中俄创新中心，深入开展中俄战略科技合作。积极参与并牵头组织国际大科学计划，支持科研机构在全基因组蛋白标签、灵长类全脑介观神经连接图谱、人类表型组等领域发起国际科技合作。

图3-10　张江自创区国际孵化创新联盟揭牌

## 分报告 4
## 深圳国家自主创新示范区

——强化企业创新主体地位，打造国际科技、产业创新中心

导读：

深圳自创区是国务院批复同意建设的第 4 个国家自创区，也是全国首个以城市为基本单元的国家自创区。获批以来，深圳自创区深入实施创新驱动发展战略，坚持"改革不停步、开放不止步"，坚持发挥市场在资源配置中的决定性作用，着力深化体制机制改革，强化企业创新主体地位，加大源头创新供给，突破关键核心技术，持续完善创新创业生态，培育壮大高新技术经济，积极推进深港澳协同创新发展，加快建设国际科技、产业创新中心，为推动高质量发展提供强大的动力支撑。

## 一、基本情况

2014年5月，国务院批复同意支持深圳建设国家自创区。按照《国务院关于同意支持深圳建设国家自主创新示范区的批复》（国函〔2014〕64号），要求充分发挥创新资源集聚和体制机制灵活优势，积极开展激励创新政策先行先试，激发各类创新主体活力，加快科技成果转移转化，全面提升自主创新和辐射带动能力，努力建设成为创新驱动发展示范区、科技体制改革先行区、战略性新兴产业集聚区、开放创新引领区和创新创业生态区，支持深圳结合自身特点在科技金融改革创新、建设新型科研机构、深港经济科技合作新机制等方面进行积极探索。

深圳自创区总面积397平方千米，涵盖全市10个行政区，共计66个片区，形成重点突出、高效协作、多样化与特色化并存发展格局（图4-1）。2018年，深圳实现地区生产总值24 221.98亿元，同比增长7.6%；高新技术产业产值23 871.71亿元，同比增长11.66%；高新技术产业增加值8296.63亿元，同比增长12.73%。全社会研发投入超1000亿元，占GDP比重4.2%；新增国家高新技术企业3185家，累计14 415家，居全省第一、全国大中城市第二。

图4-1 深圳自创区空间示意

## 二、政策创新和机制体制改革

### 1. 优化顶层设计，完善国家自创区管理体系

出台自创区条例。出台《深圳经济特区国家自主创新示范区条例》，通过立法形式，在体制机制、开放创新发展、创新创业促进、科技金融结合、空间资源配置、服务管理优化、法律责任等方面做出创新性规定，把深圳自创区在科技创新、产业创新、金融创新、管理服务创新等方面的创新措施以法律形式固化下来，将深圳自创区建设纳入法治化轨道，为深圳创新驱动发展、体制机制改革创新提供有力的法制保障。

成立高规格领导机构。2014年8月，深圳市政府成立了深圳自创区领导小组。同年，深圳市科技创新委员会加挂"深圳市国家自主创新示范区管理委员会"牌子。2019年7月，为进一步加强对深圳自创区和深圳高新区的统筹领导，市政府调整成立了深圳自创区（深圳高新区）领导小组，领导小组组长由市长担任，小组成员涵盖市发展改革委、市科创委、各区政府等35个部门，形成高规格的议事协调机构。

高标准编制自创区规划。2014—2015年，先后印发实施《深圳国家自主创新示范区发展规划纲要（2015—2020年）》《深圳国家自主创新示范区空间布局规划（2015—2020年）》《深圳国家自主创新示范区建设实施方案》。2018年编制起草《深圳市国家自主创新示范区产业规划（2019—2025年）》，引导各片区形成合理分工，促进高新技术产业高质量发展，促进产城融合，形成以科技创新推动产业跃升、以产业创新牵引科技发展，为粤港澳大湾区国际科技创新中心提供重要支撑。

### 2. 强化先行先试，率先推进关键领域体制机制改革

完善创新政策体系。深圳自创区坚持创新是"第一动力"发展理念，围绕全面激发创新活力，专注问题、需求、目标导向，先后出台一批有利于创新发展的政策体系。印发《关于深入贯彻落实习近平总书记重要讲话精神加快高新技术产业高质量发展更好发挥示范带动作用的决定》，提出实施科技创新能力跃升"七大"工程。颁布实施《深圳市关于加强基础科学研究的实施办法》，在科学问题、科研环境、学术平台、高端人才和国际化等5个方面提出23条举措，构建全方位的基础研究

投入保障体系。推出《深圳市科技计划管理改革方案》，率先落实国家重大改革部署，借鉴国际先进经验，通过新设、整合、拓展、优化科技计划项目，形成总体布局合理、功能定位清晰的"一类科研资金、五大专项、二十四个类别"科技计划体系，实现"体系架构市场化、关键环节国际化、政府布局主动化、高校支持稳定化、人才支持梯度化、深港澳合作紧密化、国际交流全面化"。

完善知识产权保护机制。出台加强知识产权保护"36条"，制定《应对NPE恶意诉讼指引》，优化知识产权法制环境。推进《深圳经济特区加强知识产权保护工作若干规定》修订，在调整损害赔偿标准、合理划分举证责任和探索建立惩罚性赔偿制度等方面先行先试。与国家知识产权局签署共创知识产权强国建设高地合作框架协议，建立知识产权合规性承诺、行政执法技术调查官、行政执法先行禁令等制度。率先设立知识产权法庭，在基层法院试点审理知识产权案件，推行行政、民事、刑事"三审合一"，从立法、执法等方面对侵权假冒行为进行严厉打击。探索建立知识产权保护社会参与机制，在全国率先建立以司法保护为主导，行政保护为支撑，仲裁调解、行业自律和社会监督为补充的知识产权大保护体系。探索网络监管新机制，建立情报导侦机制，试点庭审方式改革，将知识产权案件质证环节前移，健全知识产权保护长效机制。探索创新互联网知识产权保护模式，推出国内首家知识产权互联网综合服务云平台"创荟网"，开办首家知识产权案件互联网审理中心，在全国首创云执法证据记录平台。

完善科技成果转化激励机制。完善创新激励机制，建立无形资产评估、技术入股、技术分红、技术秘密保护等制度，严格知识产权执法，激发全社会创新活力。出台促进科技成果转移转化的具体工作指引，将财政资金支持形成的，不涉及国防、国家安全、国家利益、重大社会公共利益的科技成果的使用、处置和收益权下放给符合条件的项目承担单位。允许市属9所高等院校和科研机构将职务发明转让收益奖励比例提高到70%以上，有效激发广大科研人员的积极性。

创新科研项目评审、科研机构创新绩效评价与人才评价机制。推动科研项目评审改革，委托第三方机构承担项目评审工作，增强专家在项目征集、立项、验收中的话语权，提高决策科学性。建立科研机构创新绩效分类评价制度，根据科研机构实际情况，将科研机构分为科技事业单位、科技型民办非企业单位、研发服务企业和国内外高等院校深圳研究院4类进行分类评价。构建多元化、多维度的人才评价体系，通过"伯乐相马"实现以才引才，推动行业组织"业内评价"，推动用人主体"自主评价"，赋予高校、新型研发机构、高新技术企业人才认定自主权。

深化商事制度改革。推出一系列政府简政放权、商事登记便利化等改革措施。出台营商环境改革"20条"、降低实体经济成本"28条"，取消、下放市级行政职权175项，清理规范市直部门行政职权中介服务事项24项（图4-2）。在全国率先启动商事登记制度改革，打造"互联网＋商事登记"新模式，截至2018年年底，全市实有商事主体250多万户，商事主体累计数量居全国之首。

图4-2　深圳自创区商事制度改革

## 三、示范重点和重要举措

### 1. 强化企业创新主体地位，培育壮大高新技术经济

强化企业创新主体地位。深圳自创区充分发挥企业在技术创新决策、研发投入、科研组织和成果转化中的重要作用，在全国率先建立以市场为导向、企业为主体，官产学研资介紧密结合的区域创新体系，培育形成3万多家创新企业集群，集聚14 415家国家高新技术企业，涌现一大批智能化、轻资产、跨界发展的"小而美"企业，总体呈现"6个90%"特征，即90%的创新型企业是本土企业，90%的研发人员在企业，90%的科研投入来源于企业，90%的专利来自于企业，90%的研发机构建在企业，90%以上的重大科技项目发明专利来源于龙头企业（图4-3）。先后引入一批国内外创新巨头，微软、英特尔、三星等58个世界500强企业落户深圳，新兴际华国际总部、发那科南方总部落户深圳，平安国际金融中心、深圳阿里中心、百度国际总部等建成启用。本土世界500强企业增至7家，在深投资或开设分支机构的外国世界500强企业已超过100家，如苹果公司华南运营中心，高通公司深圳创新中心，甲骨文深圳研发中心等。华为、大疆、比亚迪等领军企业推动深圳在新一代信息技术、无人机、新能源等领域从"跟跑"迈向"并跑""领跑"。海思、

中兴微、大族、迈瑞、中金岭南、招商重工、中集集团、长园新材等龙头企业不断打破国外技术垄断，推动深圳在集成电路设计、新型元器件、智能装备制造、新型功能材料、医疗器械等领域走在全国前列。

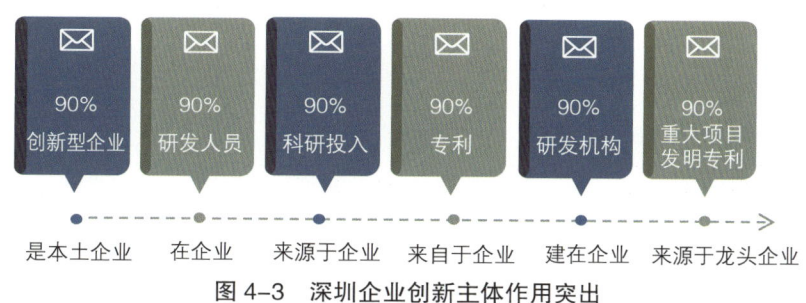

图4-3　深圳企业创新主体作用突出

大力发展战略性新兴产业集群。深圳自创区聚焦发展新一代信息技术、生物、新能源、新材料等战略性新兴产业，设立了180亿元专项资金，规划建设23个产业基地和集聚区，高标准打造建设深圳国际创新谷，建成总建筑面积62.5万平方米的政府创新型产业用房保障空间，推动七大战略性新兴产业实现年均20%以上增长。2018年，深圳七大战略性新兴产业实现增加值9155.18亿元，同比增长9.1%，占GDP比重达到37.8%，成为推进产业高质量发展的重要力量和经济增长的主引擎。华为、中兴跻身世界一流通信企业，腾讯成为互联网即时通信行业翘楚，比亚迪处于新能源汽车研发制造前列，迈瑞成为医疗器械领域的领军企业，朗科、海普瑞、北科生物等企业依靠其独特的核心技术和市场拓展能力，成为细分市场领跑者（图4-4、图4-5）。

图4-4　位于深圳自创区的华为总部

图 4-5　位于深圳自创区的腾讯总部

**2. 注重源头创新供给，着力打造大湾区创新高地**

立足源头创新，出台"十大行动计划"。深圳自创区按照习近平总书记"基础研究是整个科学体系的源头""要加大应用基础研究力度，疏通应用基础研究和产业化链接的快车道"重要指示，努力打造"基础研究＋技术攻关＋成果产业化＋科技金融"全过程创新生态链。立足提升原始创新能力、提高创新供给质量，优化创新战略布局，积极推进十大重大科技基础设施、十大基础研究机构、十大诺贝尔奖科学家实验室、十大重大科技产业专项、十大海外创新中心、十大制造业创新中心、十大未来产业集聚区、十大生产性服务业公共服务平台、十大创新创业基地、十大人才工程等"十大行动计划"，加快建设国际科技产业创新中心（图4-6）。

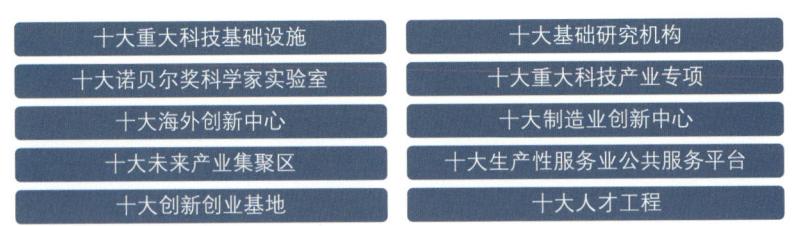

图 4-6　深圳自创区"十大行动计划"

前瞻布局重大创新载体。深圳自创区不断提升原始创新能力，相继建成了国家超级计算深圳中心、大亚湾中微子实验室，以及首个国家基因库等一批重大科技基础设施。实施光明科学城大科学装置群带动战略，加快建设合成生物研究、脑解析与脑模拟等重大科技基础设施。获批建设鹏城实验室、深圳湾实验室、人工智能与数字经济省实验室（深圳）、岭南现代农业科学与技术省实验室深圳分中心等4个广东省实验室,截至 2018 年年底,鹏城实验室已汇聚廖湘科、徐扬生等 21 位院士及其团队入驻,人员总规模达 1620 人,其中具有博士学位 542 人,各类国内外高端人才 160 人,成为强化原始创新、实现重点跨越的重要支撑。相继建成无线通信接入技术国家重点实验室、移动网络和移动多媒体技术国家重点实验室等企业类国家级重点实验室 5 家,肿瘤化学基因组学国家重点实验室等高校类国家重点实验室 1 家。2018 年新增重点实验室、工程实验室、工程研究中心、企业技术中心等各类创新载体 338 家,累计建成各类创新载体 2215 家,其中,国家级创新载体 115 家、省部级 595 家,建设基础研究机构 13 家、诺贝尔奖实验室 11 家、省级新型研发机构 42 家,覆盖了国民经济社会发展主要领域,成为集聚创新人才、产生创新成果的重要平台。

大力建设新型研发机构。深圳自创区采用"官助民办""民办非企"等方式,大力支持海外高层次人才、创新创业团队等各类主体创办新型研发机构,并以专业服务为切入点,在团队引进、项目论证、早期融资、体制设计、落地服务、政府沟通等环节为新型研发机构提供全方位服务,培育形成了以中科院先进技术研究院、清华大学深圳研究院等为代表的 70 余家新型研发机构,在引领深圳源头创新和新兴产业发展方面产生"裂变式"效应,在国内外产生重大影响和示范带动效应。

源头创新和原始创新能力不断提升。深圳自创区围绕提升产业竞争力、保障经济安全和改善民生的战略需求,持续聚焦核心电子器件、高端通用芯片、基础软件产品等核心关键元器件,创新项目组织方式,实施关键核心技术攻坚,自主创新能力显著跃升。专设"深圳市自然科学基金",2018 年安排财政资金 48 亿元,占全市财政科技资金的 37.2%,投入基础研究和应用基础研究。新设高等院校稳定资助项目、博士基础研究启动项目、优秀青年基础研究项目和杰出青年基础研究项目,鼓励和支持科研人员开展基础性、前瞻性、探索性研究。5G 技术、基因测序、石墨烯、3D 显示等领域创新跻身世界前沿,2018 年深圳 PCT 国际专利申请量超过 1.8 万件,连续 15 年居全国第一,与德国相当。全球 PCT 国际专利申请量前五强企业中,华为以 5405 件排第一,中兴以 2080 件排第五。由 18 家深圳高校、科研机构及企业主持或参与完成的 16 个项目获 2018 年度国家科技奖。

科技创新服务体系不断完善。深圳自创区积极培育市场化科技服务企业,提供包括研发服务、检验检测、知识产权、成果转化、科技中介、资源共享、科技金融等服务，构建集研发、孵化、教育、商业及服务等为一体，具有典型示范作用的新型智慧园区。在社会化服务方面，设立了技术服务专项资金，成立科技服务业协会，产业技术创新联盟、知识产权联盟、标准联盟、质量联盟和投资联盟等加快发展，科技事务所、行业协会等社会化科技服务机构加快成长，形成了由创业苗圃、孵化器、加速器、产业园区等组成的系统化服务链条。近年来，深圳自创区在云计算、物联网、卫星导航等领域引导培育了45个自发式、高水平产学研联盟，科技服务业规模已超过900亿元。

**3. 发挥市场和政府双重作用，持续完善创新创业生态**

大力发展"创客经济"。深圳自创区敏锐把握"创客"崛起趋势，组织实施创客专项计划，把更多目光投向小微创新、大众创新，强化创新创业创投创客"四创联动"。支持企业打造双创特色载体，引导龙头企业建设专业化创客空间，培育覆盖创新链条各个环节的创客服务平台，为小微企业提供研发、制造、销售等服务。截至2018年年底，深圳自创区已资助建设创客空间195个，孵化器128个，创客服务平台98个，资助力度超6.5亿元。汇聚柴火空间、创客市集等一批在国内外具有较高知名度和影响力的国际化创客空间，独具特色的创客生态圈加快形成，已成为我国最具活力的"创客经济"中心之一。

积极推进金融服务覆盖科技创新全链条。深圳自创区充分发挥金融中心优势，不断集聚各类金融机构，推动科技金融产品和服务创新，大力促进科技与金融深度结合。创业投资活跃，组建首期规模50亿元的天使投资母基金，设立310亿元的创投引导基金，备案创业投资机构2264家。信用担保和小额贷款公司快速发展，集聚信用担保机构约300家。国家专利技术深圳展示交易中心、深圳联合产权交易所、新技术产权交易所等先后建成，形成主板、中小板、创业板、柜台和产权交易等多层次资本市场，有效链接资金和技术要素。截至2018年年底，深圳金融总资产超过5万亿元，集聚全国约1/3的创投机构，成立国内第一家互联网银行（前海微众银行），营造出科技与金融相互融合、相互促进的良好态势，被誉为中国"创投之都"。

积极搭建创新创业交流平台。深圳自创区积极举办中美青年创客大赛、全球创客马拉松、创客市集、深创赛、深圳创客周等活动，大力吸引海内外优秀科技人才和团队来深创新创业。2019年第十一届深创赛共吸引美国、加拿大、日本等10个国家，广东、北京等32个省市及香港、澳门、台湾地区3362个团队、2711家企业报名参赛,创历史新高。"深创赛"选送企业总量同比增长55.45%,在中国创新创业大赛所有赛区中排名第三,成长企业数量居所有赛区第二。2019年创客周共吸引国内外观展创客及市民6万余人,媒体报道100余家,活动参展商151家,展品2000余件;另设各区(新区)、各创新创业示范基地14个分会场,共安排市级活动22个,全方位、立体化、多维度展示"大众创业、万众创新"的丰富内涵,形成市区联动、协调推进、竞相发展的良好局面。

### 4. 多措并举引培双创人才,构筑全国创新人才高地

加大创新人才引进力度。出台《深圳经济特区人才工作条例》,为深圳特区人才优先发展提供了法治保障,并确定每年11月1日为"深圳人才日"。条例提出要打破户籍、地域、身份、学历、人事关系等对人才的制约;通过以租赁为主,租赁、出售、补贴相结合的方式提供人才安居保障;为人才入户、子女教育、配偶就业、医疗保健,以及外国人才来华签证、居留等提供便利化服务。2017年以来,深圳自创区新增全职院士29名,总数达到46名;新增国家高层次专家136名,达到430名;新认定高层次人才5016名,达到13 715名;新增孔雀团队43个,达到123个,在站博士后总量达2735人。设立"孔雀计划"产业园、"千人计划"创业园和市人才研修院。

建设高水平创新型大学。深圳自创区大力支持本地大学建设创新型大学,深圳大学2018年新增7个一级学科博士学位授权点,6个学科进入ESI世界前1%。南方科技大学2017年成为硕士生推免资格高校,2018年获教育部批准成为博士学位授予单位,获批4个一级学科博士学位授权点和7个硕士学位授权点,快速形成完整的本硕博人才培养体系。香港中文大学(深圳)、中山大学·深圳、深圳北理莫斯科大学、哈尔滨工业大学(深圳)、深圳技术大学、清华大学深圳国际研究生院等高校发展迅猛。

### 5. 深化开放合作,积极推进深港澳协同创新发展

积极推进"深港创新圈"建设。深圳自创区依托对外开放"窗口"和桥头堡的区位优势,积极推进"深港创新圈"建设,相继与香港科技大学、香港中文大学(深圳)等香港知名高校合作设立产学研基地,成为推进与港澳紧密合作融合发展的重要功能区。对8个深港创新圈项目予以1400万元资助,累计联合资助深港合作项目77项,双方共投入资金超过4亿元。与香港贸发局签署《深港创新及科技产业化合作备忘

录》，开展全面合作。推进深港科技创新特别合作区建设，引进港企 2400 多家，孵化港澳青年创新创业团队 80 余个，推动深港设计创意产业园、深港协同创新中心、深港国家中心等落地，举办深港合作论坛、深港城市建设双城双年等活动，深港澳交流不断深化。

着力拓展国际科技合作网络。深圳自创区持续探索以论坛、项目推介、产业对接、资源链接等形式，加强与发达国家创新高地的科技合作与交流。在欧洲、北美、澳大利亚及日本设立经贸代表处，为外方企业与深圳企业提供信息资讯、实地考察、对接洽谈等服务。积极搭建国际科技商务平台，累计引进来自美国、英国和法国等 41 个国家或地区的 70 多家科技商务机构入驻，协助引进 700 多个企业和项目落户深圳，成功对接和引进境外先进技术 300 多项，帮助 178 家企业在境外设立公司。与以色列创新署联合组织实施"深圳—以色列科技项目联合资助计划"，完成第六批项目征集工作。资助 38 个国际科技合作计划项目，资助金额 2069.7 万元。发起 / 参与大亚湾反应堆中微子实验、人类基因组计划、万种鸟类计划等一批国际大科学计划。

开放汇聚国内外创新优质资源。深圳自创区积极面向全球招贤纳士，清华伯克利深圳学院等高水平大学先后建校招生，通过"虚拟大学园"柔性汇聚清华、北大等 50 多所国内外知名院校的智力资源，累计引进"海归"人才约 5 万人、海外高层次创新团队 59 个，累计引进 5 名诺贝尔奖科学家来深建立实验室。坚持"走出去""引进来"双向配置全球创新资源，华为已在全球设立 16 个研发中心和 31 个联合创新中心，中兴通讯在全球布局建设 18 个创新中心。积极支持跨国公司在深圳设立研发机构、技术转移机构和科技服务机构，深圳国际科技商务平台已引进海外科研机构 46 家。积极在全球创新资源密集地区布局海外创新中心，美国旧金山海外创新中心、美国波士顿海外创新中心、美国西雅图海外创新中心、英国伦敦海外创新中心、法国伊夫林海外创新中心、加拿大多伦多海外创新中心、以色列特拉维夫—海法海外创新中心等首批 7 家深圳市海外创新中心正式授牌。

## 分报告 5
# 苏南国家自主创新示范区

——创新发展机制，统筹推进区域创新一体化

**导读：**

　　苏南自创区是全国首个以城市群为基本单元的国家自创区。围绕"三区一高地"目标定位，苏南自创区初步构建了以产业技术研究院为特色的政策先行先试机制、以创新资源集聚为特色的高新区创新发展机制、以高新技术企业培育为特色的企业创新发展机制、以整体联动统筹发展为特色的创新一体化发展机制等，呈现出"工作布局全面展开、试点试验多点并进、创新能力有效提升"的发展态势。苏南自创区综合实力稳步提升，创新引领功能不断增强，2018年苏南五市全社会研发投入占GDP比重达2.84%（新口径），每万人发明专利超过40件，是2014年的2倍，科技进步贡献率达64%，比2014年提高4个百分点。

## 一、基本情况

2014年10月，国务院批复同意支持南京、苏州、无锡、常州、昆山、江阴、武进、镇江8个国家高新区和苏州工业园区建设国家自创区。按照《国务院关于同意支持苏南建设国家自主创新示范区的批复》（国函〔2014〕138号），要求全面实施创新驱动发展战略，充分发挥苏南科教人才优势和开发开放优势，积极开展激励创新政策先行先试，激发各类创新主体活力，加快科技成果转移转化，提升区域创新体系整体效能，努力把苏南自创区建设成为创新驱动发展引领区、深化科技体制改革试验区、区域创新一体化先行区和具有国际竞争力的创新型经济发展高地。

苏南自创区横跨南京、苏州、无锡、常州、镇江5个国家创新型试点城市，是我国首个以城市群为基本单元的国家自创区（图5-1）。2018年，苏南自创区地区生产总值13 844亿元，同比增长14.34%，占苏南五市地区生产总值的比例达25.7%，公共财政预算收入1536亿元，高新技术产业产值17 049亿元，是苏南地区经济社会发展的重要区域。

图 5-1 苏南自创区空间示意

## 二、政策创新与体制机制改革

### 1. 强化立法保障，出台多层次多维度政策法规文件

颁布实施《苏南国家自主创新示范区条例》。2017年12月，江苏省人大常委会通过《苏南国家自主创新示范区条例》（下称《条例》），并于2018年2月1日起施行，成为继中关村自创区和东湖自创区之后我国第三个针对国家自创区的地方性法规。《条例》共九章64条，包括总则、规划与建设、创新创业、产业技术研究开发机构、人才资源、投融资服务、开放合作、服务与管理、附则。《条例》明确了苏南自创区发展方向和重点任务，特别是在新型产业技术研发机构、创新核心区、区域创新一体化发展等方面在全国率先突破，为苏南自创区建设提供了强大的动力支持和法制保障，充分激发苏南自创区创新创业活力。

江苏省委、省政府出台统领性政策意见。江苏省委、省政府先后制定出台《关于建设苏南国家自主创新示范区的实施意见》《苏南国家自主创新示范区发展规划纲要（2015—2020年）》《关于建设苏南人才管理改革试验区的实施意见》等一系列针对苏南自创区的支持政策，设立10亿元建设专项资金，加强苏南自创区创新驱动发展顶层设计和整体谋划。同时，江苏省委、省政府及有关部门还制定了《关于深化科技体制机制改革推动高质量发展若干政策》《关于进一步支持企事业单位聚才用才强化高质量发展人才引领的意见》《关于加快推进产业科技创新中心和创新型省份建设的若干政策措施》《关于知识产权强省建设的若干政策措施》《关于聚力创新深化改革打造具有国际竞争力人才发展环境的意见》等系列政策，极大促进了苏南自创区的建设发展。苏南众多高校院所和创新主体成为这些政策最大的受益者，2018年苏南五市企业科技税收减免额达到230亿元。

各地密集出台促进苏南自创区建设的市区级政策文件。苏南五市及国家高新区积极承担国家自创区建设主体责任，均成立了苏南自创区建设工作领导小组及办公室，分别制定了本市苏南自创区发展规划纲要实施方案，先后出台一批政策文件。例如，南京出台《关于建设具有全球影响力创新名城的若干政策措施》《关于大力实施创新驱动发展战略当好苏南国家自主创新示范区建设排头兵的意见》等，苏州出台《关于全力打造苏南国家自主创新示范区核心区的意见》，无锡出台《建设苏南国家自主创新示范区三年行动计划》，常州出台《关于深入推进苏南国家自主创

新示范区建设的若干科技创新政策意见》，镇江出台《关于加快建设镇江苏南国家自主创新示范区的实施意见》等。

**2. 深入推进体制机制改革，科技体制改革成绩显著**

创新产业技术研发组织方式。苏南自创区把江苏省产业技术研究院作为改革的"试验田"，着力构建以产业技术研究院为特色的政策先行先试机制，打造吸引创新资源"强磁场"、重大创新成果"策源地"和产业技术升级"推进器"。江苏省政府出台《关于支持江苏省产业技术研究院改革发展若干政策措施》，实施"科技成果转化收益可自行处置"等10条突破性政策，采取"院本部＋专业研究所"的组织体系，实行一所两制、合同科研、项目经理、股权激励等市场化改革举措，探索新型研发机构建设新路径。截至2018年年底，江苏省产业技术研究院已面向全球聘请90余名项目经理，组建44家专业研究所，衍生孵化企业580家，累计转化科技成果3100项，成功争办世界工业技术研究组织协会（WAITRO）秘书处，被江苏省委、省政府授予"为江苏改革开放做出突出贡献的先进集体"荣誉称号。

探索以市场为导向的技术产权交易新机制。苏南自创区高水平建设江苏省技术产权交易市场，重点打造技术产权交易"一平台（线上服务平台）、一中心（线下服务中心）、一体系（技术转移与产权交易服务体系）"，着力解决技术转移和成果转化中普遍存在的"找不着、谈不拢、落地难"等问题。2018年，线上服务平台已开通运行，建立了技术成果、企业难题、科技服务机构等八大类数据库，开发了信息采集、智能撮合、在线竞价等7个子系统，线下交易中心已发展合作伙伴200余家，技术经理人265人，拥有技术服务队伍近千人。2019年年初，江苏省技术产权交易市场正式推出"江苏科创板"，累计汇聚信息数据485万条，促成技术交易1500多项，带动全省技术合同登记成交额突破千亿元。

建设人才管理改革试验区。苏南自创区着力构建以科技人才创业为特色的大众创业机制，先后出台《关于建设苏南人才管理改革试验区的实施意见》《关于聚力创新深化改革打造具有国际竞争力人才发展环境的意见》等系列政策，打造最优人才发展环境（图5-2）。2018年，苏南五市集聚了800余名入选国家人才计划的高层次人才，其中创业类人才占全国的27%。各园区不断建立健全人才使用、流动、评价和激励机制，苏州高新区围绕"才聚高新、智汇虎丘"人才工程，相继推出10个实施细则，从风险投资、贴息贷款、家属子女安置、项目配套资助等方面构建全方位的政策支持体系。常州高新区提高对高端优质人才的奖励或经费资助，打出"购房补+租房补+保障子女入学+就诊绿色通道"人才安居组合拳。苏州工业园创新高层次外籍人才及本地居民出入境政策，成为江苏省首个获得能够签发外国人签证证件、设立外国人申请永久居留受理窗口、扩大长期工作类居留许可申请范围等权限的开发区。无锡市政府出台《关于实施"太湖人才计划"打造现代产业发展新高地的意见》，鼓励高新区企业引进国内外顶尖人才，通过人才集聚进一步推动了无锡高新区物联网、先进制造等新兴产业的发展。

图 5-2 南京市首届全球菁英人才节

推动科技金融深度融合。苏南自创区着力构建以科技金融风险补偿为特色的科技金融发展机制，大力推进金融服务创新，不断提升金融服务效率，进一步释放改革红利。积极推进苏南科技金融合作试点示范，发展以"首投"为重点的创业投资、以"首贷"为重点的科技信贷、以"首保"为重点的科技保险。苏南"苏科贷"合作地区达 32 个，实现苏南全覆盖，累计发放"苏科贷"超过 226 亿元。完善"孵化+创投"服务模式，苏南五市创投机构管理资金规模超过 2200 亿元。苏州工业园设立全国首个国家级境外投资服务平台，在全国开发区中率先对境外投资实行"以备案为主、核准为辅"的境外投资管理新模式。

实行扁平化管理与大部制改革。苏南自创区积极探索"小政府、大服务"管理模式，各园区结合本地实际情况主动优化内部运行机制，有效实现了管理扁平化、办事规范化和服务专业化。例如，南京高新区共设置11个职能部门和1个派驻机构，机关部门从原来的17个缩减到12个，按照园区产业定位和发展服务需要，设立软件园、生物药谷等5个产业平台。苏州工业园组建行政审批局、综合行政执法局和市场监督管理局，构建起大经济发展、大规划建设、大文化管理、大市场监管等大部门制工作格局，行政机构进一步精简至18个。

大力开展行政审批制度改革。苏南自创区积极探索行政审批制度改革，大幅提高办事效率与服务水平，增加人民群众的满意度和获得感。例如，南京高新区开启"一枚印章审批"试点工作，将标准化理念植入行政审批工作所涉及的各个环节之中，实现行政审批事项标准化、流程标准化和服务标准化。无锡高新区从简化企业设立前置审批环节、优化建设项目审批流程、试行工商注册登记"先照后证"制度等方面入手，着力培育国际化、市场化、便利化的环境，园区吸收运用国内外要素资源的能力进一步增强。苏州工业园推行"一照三证"并联审批制度、无纸化审批和电子签章、"三证合一"等改革试点，推动网上大厅、实体大厅线上线下相融合，进一步创造便捷的审批环境。

## 三、示范重点和主要举措

### 1. 培育发展"一区一战略产业"，促进产业迈向中高端

打造竞争力强的现代产业体系。苏南自创区坚持把产业结构迈向中高端作为主攻方向，着力构建以产业技术创新中心为特色的产业集聚发展机制，着力打造竞争力强的现代产业新体系。围绕"一区一战略产业"和先进制造业发展，苏南自创区在纳米、激光与光电、通信与网络、物联网等领域布局建设了7个产业技术创新中心等协同创新平台，实施前瞻性产业技术创新专项、重大科技成果转化专项，培育形成太阳能光伏、智能电网等10个国家创新型产业集群。苏州工业园区纳米技术与应用产业集聚企业500多家，成为全球微纳制造领域八大代表性产业区域。武进高新区以机器人龙头企业为引领，以重大项目为支撑，初步形成从零部件生产到整机装配的完整机器人产业链。无锡高新区物联网产业聚集企业1000多家，连续多年举办物联网博览会，是国务院批准建设的全国唯一的国家传感网创新示范区（图5-3）。

图 5-3 2018 年世界物联网博览会无锡峰会

培育创新型企业集群。苏南自创区坚持把高新技术企业作为发展主力军，着力构建以高新技术企业为特色的企业创新发展机制，打造以高新技术企业为骨干的创新型企业集群。实施创新型企业培育行动和高新技术企业培育"小升高"计划，出台《江苏省高新技术企业培育资金管理办法（试行）》，设立省级高新技术企业培育资金，建设省高新技术企业培育库，制定《江苏省瞪羚企业培育实施方案》，发布《江苏省高新区独角兽企业和瞪羚企业发展报告》，建立起覆盖企业初创、成长、发展等不同阶段的政策支持体系。2018 年，苏南五市创新型领军企业达 105 家，其中国家创新型试点企业 21 家，高新技术企业 12 761 家，独角兽企业 11 家，瞪羚企业 302 家，境内外上市及"新三板"挂牌企业 1560 家，38 家企业进入中国 500 强。

高水平推进创新型园区建设。苏南自创区坚持把高新区作为建设主阵地，着力构建以创新资源集聚为特色的高新区创新发展机制，加快建设创新驱动发展示范区和高质量发展先行区。淡化 GDP 考核，强化以创新绩效为主的考核导向，制定高新区创新驱动发展综合评价办法，建立季报、年报制度，形成以科技创新质量、贡献、绩效为导向的动态管理机制。组织推动高新区创新发展、争先进位，根据苏南自创区建设绩效，每年给予国家高新区奖励补助，累计下达奖补资金 13 亿元，苏州工业园区被纳入"世界一流高科技园区"建设试点。建成独墅湖科教创新区、苏州科技城、无锡太湖国际科技园、常州科教城、宜兴环科园等一批集知识创造、技术创新和新兴产业培育为一体的创新核心区（图 5-4）。

图 5-4　全省开发区改革创新大会上授予苏南国家级高新区"苏南国家自主创新示范区创新核心区"铭牌

### 2. 探索新型研发模式，推进产学研协同创新

着力建设新型研发机构。苏南自创区以市场需求为导向，按照企业化模式运作，集高技术研发与产业化为一体，建设了中国科学院苏州纳米技术与纳米仿生研究所、中国科学院苏州生物医学工程技术研究所、江南石墨烯研究院、江苏省北斗卫星导航定位公共服务平台等一批新型研发机构（图5-5），引进了西交利物浦大学、杜克大学、中国科技大学研究生院、武汉大学研究生院等高校，有力支撑引领战略性新兴产业发展和推动地方经济转型升级。截至2018年年底，苏南五市引进省内外高校院所等共建研究院、分所、研究中心等各类新型研发机构近300家，涵盖新一代信息技术、新材料、生物医药、节能环保、新能源等新兴产业领域，建有研发中心及实验室600多个，研发人员达4000多人，拥有有效发明专利3000多件，引进、孵化企业1000多家（图5-5）。

搭建重大产学研合作活动平台。苏南自创区结合自身产业发展特色和优势，积极打造各类技术转移品牌，先后举办中国江苏·大院大所合作对接会暨产学研合作成果展示洽谈会、世界物联网博览会、石墨烯创新大会、全球（南京）研发峰会、中国（南京）国际软件产品和信息服务博览会、国际低碳（镇江）大会、中国人工智能峰会、中国常州先进制造技术成果展示洽谈会等系列特色活动，吸引一批国内外大院大所来江苏共建创新创业载体平台，转移转化重大科技成果，共同培养高层次创新团队（图5-6）。

图 5-5　南京市新型研发机构签约仪式

图 5-6　中国江苏·大院大所合作对接会暨第六届产学研合作成果展示洽谈会

加快推进科技成果转移转化。2017年，科技部批复支持江苏省建设苏南国家科技成果转移转化示范区，这是全国首个以国家自创区为核心区域创建的科技成果转移转化示范区。江苏省政府办公厅印发《苏南国家科技成果转移转化示范区建设实施方案》，重点推进战略性新兴产业技术创新布局、构建高端创新资源开放供给链、加速打造产学研协同转移转化体系等六大任务。启动建设南京未来网络、无锡物联网、常州光伏智慧能源、苏州纳米技术、镇江船舶海工等17个科技成果产业化基地，组织产学研对接活动30场以上，累计承接国家科技重大专项项目80项，争取国拨经费14.53亿元。与中科院、清华大学、北京大学及美国麻省理工学院等500多家国内外重点高校建立长期合作关系，苏南企业与高校院所专家团队共建"校企联盟"5000多个，每年实施合作项目超过1万项，科技成果转移转化成效显著。

**3. 建设新型创业孵化载体，营造浓厚创业文化氛围**

着力推动孵化平台建设。苏南自创区积极打造良好创业生态环境，深入实施"创业中国"苏南示范工程，建设了一批具有较强专业服务能力的新型创业孵化平台（图5-7）。截至2018年年底，苏南五市省级以上众创空间达483家，其中国家备案132家，省级以上科技企业孵化器462家，其中国家级133家。省级以上科技创业孵化链条试点31家，省级众创社区备案试点29家，在孵企业超过2万家，涌现一批以青年创新创业者、企业高管、科技人员和海归创业者为代表的创业"新四军"。南京按照"集约化、专业化、信息化、社区化和国际化"标准搭建各类专业技术和公共服务平台，为入驻企业提供孵化、培训、金融、法律等全方位服务和支持。苏州金鸡湖创业长廊致力于为"创客"打造"创业零成本、创新无极限"平台，在初创、成长、加速各个不同发展阶段为创业企业提供专业化服务，创造良性循环的共同孵化模式。

图 5-7　"创业中国"苏南创新创业示范工程建设推进会

营造良好创业文化氛围。苏南自创区积极开展培训、沙龙、讲座、路演等活动，营造出浓厚的创业氛围，充分激发园区企业的创业热情。例如，南京高新区以"北岸科创"为品牌打造"科技金融服务中心""北岸创客空间""咖啡时间""北岸创业训练营""IPO.fm创业咖啡"等系列服务，每月固定举办VC创客私密会、CEO圆桌论坛、创意分享和技术交流等活动。苏州工业园积极举办创业博览会，打造出闻名全国的"云彩路演"活动，成为各地市学习借鉴的重要样板。

## 4. 积极开展国际开放合作，多维度融入"一带一路"

**着力推进国际开放创新。**苏南自创区积极融入全球创新网络，广泛集聚全球高端创新资源，更大力度"引进来"和"走出去"。与以色列、英国、挪威等重点国家建立了政府间产业研发合作关系，积极拓展全球产业技术创新合作伙伴网络。搭建国际交流合作平台，定期举办中国·江苏国际产学研合作论坛暨跨国技术转移大会等活动。加快推动中国以色列常州创新园、苏州先进制造技术国际创新园、南京国际企业研发园等国际合作科技园区建设。先后引进建设了新加坡国立大学苏州研究院、美国加州大学洛杉矶分校（苏州）先进技术研究院、英国牛津大学高等研究院（苏州）、加拿大西安大略大学中国技术转移中心、澳大利亚悉尼大学中国中心等一批国际化的技术开发与技术转移转化载体。

**多维度融入"一带一路"。**苏南自创区积极深度融入"一带一路"建设，联合国内外大院大所及技术转移机构成立了"一带一路"创新合作与技术转移联盟，通过"引进来、走出去"等方式，与"一带一路"国家加强科技合作，全面提升产业科技创新能力（图5-8）。例如，昆山高新区推进与白俄罗斯国立技术大学、乌克兰国立技术大学等独联体国家顶尖高校间的合作，落地转化一批高端科技成果。常州高新区充分发挥新能源产业优势，在斯里兰卡、泰国等南亚国家投资建设技术领先的生产基地。苏州高新区与中欧国际交易所合作共建"一带一路国际合作推进基地"，助推优质企业走向境外资本市场。

图 5-8 苏南自创区"一带一路"创新合作与技术转移联盟成立

### 5. 统筹创新布局，构建区域一体化发展格局

**统筹工作组织推进。**苏南自创区积极贯彻落实长三角一体化发展国家战略，坚持把创新一体化作为主要特色，加强统筹谋划和整体推进，强化上下联动和特色发展，着力构建以整体联动统筹发展为特色的创新一体化发展机制，加快建设区域创新一体化先行区。江苏省苏南自创区建设工作领导小组定期召开会议，研究解决自创区建设重大问题，推动各项决策部署向自创区聚焦、各项支持政策向苏南自创区倾斜、各项重点工作体现自创区建设要求。各市和各国家高新区均成立了自创区建设工作领导小组及办公室，形成了上下联动、有机衔接的工作推进机制。

**统筹重大科技设施。**通过省市联动，每年实施一批创新水平高、产业带动性强的重大科技创新建设项目，累计组织实施项目70项，总投资700亿元。布局建设了国家超算无锡中心、网络通信与安全紫金山实验室、未来网络试验设施、纳米真空互联实验站等一批开放共享重大创新平台。"神威•太湖之光"连续4次荣登全球超级计算机排名榜首，相关应用成果连续两年获得国际高性能计算应用领域最高奖戈登贝尔奖，填补国内空白。未来网络试验设施项目获得国家批复，成为我国在通信与信息领域建设的唯一国家重大科技基础设施。

**统筹科技创新服务。**按照互联互通、线上线下、统筹集成的原则，建设自创区一体化创新服务平台，集成产业技术协同创新、科技基础设施共享、创新政策服务、科技投融资、开放创新合作、创新创业服务六大服务功能，加强科技资源整合集聚、开放共享和高效服务。省、苏南五市、各国家高新区均建立了一站式服务中心和门户服务网站，实现苏南各市、各高新区互联互通和"六个一体化"服务等功能，形成站点纵向互通、要素横向互联的一体化创新服务网络。成立省科技创新服务联盟，实施科技服务进园区苏南行动计划，年服务企业数量超过2万家。

**统筹创新空间布局。**根据科技部有关要求，按照"规模集中、要素集聚、产业集群、用地集约、效益集显"的原则，编制《苏南国家自主创新示范区空间调整方案》，着力优化重大创新载体布局，完善产业空间结构，进一步激活和集聚空间、人才、技术、资本等核心创新要素资源。强化国家高新区核心载体功能，发挥辐射带动作用，着力打破行政区划限制和创新资源配置条块分割，拓展科技创新和产业发展所需的空间资源，形成了"五城九区多园"的一体化创新发展格局。

## 分报告 6
# 天津国家自主创新示范区

——推进京津冀协同发展，打造具有国际竞争力的产业创新中心

**导读：**

天津自创区重点聚焦产业创新，着力构建以新一代信息技术产业为主导，动力电池和整车制造、生物制药、智能终端、智能装备制造四大先进制造业及"互联网+"、创新服务业两大新兴服务业为一体的"1+4+2"智能科技产业体系，在全国首创推出"创新创业通票"制度，率先实施独角兽培育计划，持续激发区域双创活力，创新主体茁壮成长，创新生态持续优化，京津冀协同创新发展深入推进，示范引领作用逐步突显。

## 一、基本情况

2014年12月，国务院批复同意天津滨海高新区建设国家自创区。按照《国务院关于同意支持天津滨海高新技术产业开发区建设国家自主创新示范区的批复》（国函〔2014〕163号），要求全面实施创新驱动发展战略，充分发挥天津创新资源集聚和开发开放优势，积极开展创新政策先行先试，激发各类创新主体活力，着力研发和转化国际领先的科技成果，打造一批具有全球影响力的创新型企业，努力把天津自创区建设成为创新主体集聚区、产业发展先导区、转型升级引领区、开放创新示范区（图6-1）。

图6-1　天津自创区空间示意

2015年2月，天津召开全市自创区建设动员大会，市委、市政府出台《关于加快建设天津国家自主创新示范区的若干意见》；2016年4月，天津市政府正式上报国务院《关于调整天津国家自主创新示范区空间规模和布局的请示》，形成了以滨海高新区为核心区、在全市各区建设多个分园的"一区多园"发展格局。2018年，天津自创区核心区新增注册企业2114家，累计达到16 491万家，实现总收入5948.8亿元，呈现出良好的发展态势。

## 二、政策创新与体制机制改革

### 1. 出台民营经济"三个七条"，打造企业家创业天堂

天津自创区深入贯彻党的十九大报告"要支持民营企业发展，激发各类市场主体活力""激发和保护企业家精神，鼓励更多社会主体投身创新创业"精神和天津市民营经济发展工作会议、企业家工作会议要求，充分借鉴国内外先进地区的经验做法，于2017年11月集中发布民营经济"天堂七条"、人才政策"黄金七条"和人才服务"便利七条"等系列政策，全力支持民营企业发展壮大，优化创新创业环境，集聚各级各类专业人才，市场活力进一步激发。

### 2. 首创创新创业通票制度，开展投贷联动试点

率先实行"创新创业通票"制度。为鼓励支持和更好服务"大众创业、万众创新"，2015年6月，天津自创区在全国首次推出"创新创业通票"（简称"创通票"）制度，先后出台《天津国家自主创新示范区创新创业通票管理办法》及相关实施细则，区内创业可通过创通票平台，根据需要领取高企服务包、知识产权服务包、初创服务包、新三板挂牌服务包、新四板挂牌服务包等。经过4年实践，创通票制度取得显著成效，天津自创区核心区累计发放创通票超过10 000张，聚集全国各地优秀服务机构（含金融机构）超过450家，兑现资金超过1.4亿元，有效发挥了市场在资源配置中的决定性作用，降低了全社会创新创业成本，激发了区域创新创业活力。截至2018年，创通票制度已在安徽省、江西省南昌市、贵州贵安新区等地推广实施。

**专栏6-1 创通票**

创通票是一种针对特定科技服务的定额有价电子编码。企业、创业者以创通票为凭证，向服务方购买服务，待服务完成，服务方可以通过该电子信用

> 凭证去政府授权的银行机构兑现。通过将现行政策资金兑现的财政后补贴方式改为前补贴，重点破解困扰企业的融资难和政策兑现难两大瓶颈，借助"&政府服务"的新模式，打造"一票在手创业无忧"的创新创业生态系统。创通票编码与申请企业或个人服务包（针对某种创新创业行为的专项服务，由政府向能够提供专项服务的第三方机构购买，免费提供给创新者和创业者）及达成的效果——对应，通过"创通互联网管理系统"可实现创通票的流转、兑现。

开展投贷联动试点。天津自创区是全国首批投贷联动试点地区之一，2016年9月，发布《天津国家自主创新示范区支持投贷联动试点的六条政策（试行）》，设立2亿元专项资金，从信息平台、鼓励落户、投资奖励、风险分担、信贷奖励、企业贴息等6个方面着力，给予政策支持，针对性解决银行推进投贷联动业务的痛点难点，实质性破解中小企业融资难、融资贵问题。

## 三、示范重点和主要举措

### 1. 聚焦优势主导产业，加快打造产业创新中心

着力构建"1+4+2"智能科技产业体系。近年来，天津自创区紧抓"京津冀协同发展"重大国家战略，紧扣天津市加快推动智能科技产业发展导向，围绕"建设具有国际竞争力的产业创新中心"总体目标，着力推动质量、动力、效率三大变革，以研发新技术、发展新产业、创造新业态、探索新模式为路径，强化科技创新驱动、龙头项目带动，做大做强优势主导产业，积极培育新兴产业，全力构建以新一代信息技术产业为主导，动力电池和整车制造、生物制药、智能终端、智能装备制造四大先进制造业及"互联网+"、创新服务业两大新兴服务业为一体的"1+4+2"智能科技产业体系，全面推动智能科技产业高质量发展（图6-2）。

以龙头为带动，聚焦自主可控特色优势，打造新一代信息技术标志性产业。天津自创区在新一代信息技术领域，已形成以自主可控为特色，涵盖"材料+芯片+整机+软件+服务"的全产业链条，龙头项目集聚，产业生态发展态势良好，辐射引领作用日益凸显。依托中科曙光天津产业基地启动建设国家先进计算产业创新中心，建成后将重点对接专业领域各级创新研发平台，培育具有国际竞争力的产业集

群。基于飞腾 CPU 和麒麟操作系统的"PK"（飞腾 Phytium– 麒麟 Kylin）体系，从基础软硬件层面，保障智能制造、智慧城市等领域信息系统的自主性和安全性，已经成为我国自主安全可控信息系统的核心技术体系之一，是唯一能够提供完备虚拟化解决方案的国产平台。紫光云谷将统一部署建设滨海城市数据大脑"智慧滨海"云平台，全面提升滨海新区社会管理的精细化、智能化水平。赞普数据中心于 2018 年建成投用，配备 24 个机房模块，设计容量 3700 标准机柜，可同时承载 7 万台服务器正常运行，是天津市规模最大的数据中心。

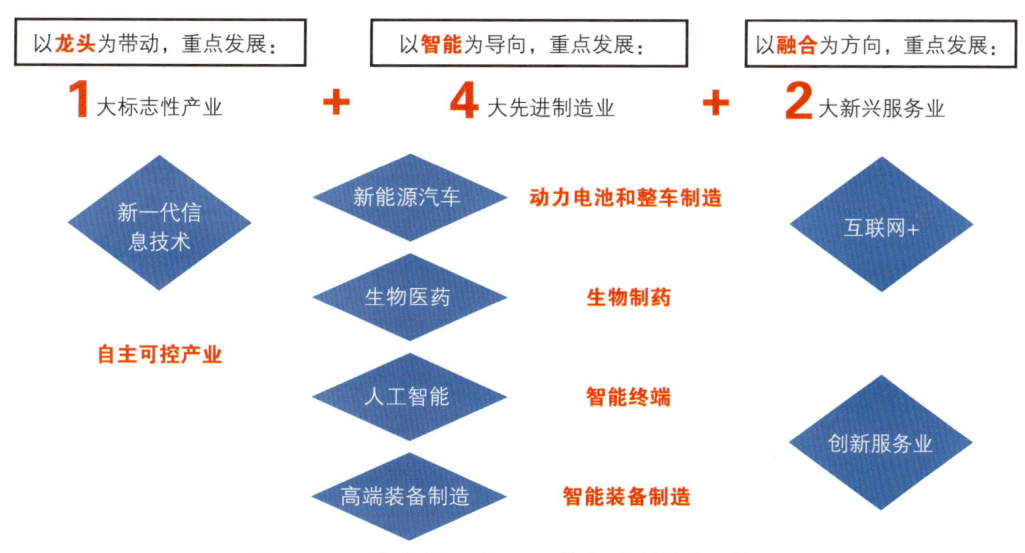

图 6-2　天津自创区"1+4+2"智能科技产业体系

以智能为导向，聚焦本地特色产业领域，聚力发展四大先进制造业。天津自创区围绕天津市打造"全国先进制造研发基地"战略目标，充分利用人工智能、互联网等新技术促进传统制造业提质增效，动力电池和整车制造、生物制药、智能终端、智能装备制造四大先进制造业竞争优势不断提高。

以动力电池和整车制造为引领的新能源汽车产业。天津自创区已形成从研发设计、动力电池、电机电控到整车制造的新能源汽车完整产业链。动力电池领域，依托中电科十八所，强化动力电池研发，稳步推进"锂离子电池制造业创新中心"建设。力神电池具有 100 亿瓦时锂离子蓄电池年生产能力，国际高端市场占有率位居全球锂电行业前列，其智能工厂于 2018 年 7 月成功入选工信部智能制造试点示范项目。赛德美动力电池回收处理基地加快建设，有序推进新能源汽车动力电池梯级利用和无害化处理回收。整车制造领域，国能新能源汽车于 2017 年获批全国第九张"新建纯电动乘用车资质"，于 2018 年 11 月获批全国第十家"双资质"车企。恒大新能源汽车研发及产业化基地项目一期完成建设，旗下首款车型国能 93 于 2019 年 6 月量产下线。

以生物制药为特色的生物医药产业。以盛实百草、天津药物研究院、中源协和为代表的创新主体不断集聚，示范引领作用突出。盛实百草建成国内领先的中药材和中药饮片加工中心，"中药材 DNA 条形码物种鉴定体系"项目荣获 2016 年度国家科学技术进步奖二等奖。中源协和拥有天津市脐带血造血干细胞库，是世界卫生组织亚洲脐带血库联盟成员单位，也是中国首批经卫计委批准设置并通过执业验收的造血干细胞库。天津药物研究院组建的"天津市新药安全评价研究中心"通过国家食品药品监督管理局 GLP 认证，成为天津市首家达到 GLP 规范的新药安全评价中心，填补了天津市医药领域科技创新平台的空白。中英生命健康医疗产业基地致力发展细胞技术服务、医疗健康机器人，积极与英国牛津大学、剑桥大学、格拉斯哥大学开展国际技术交流合作，已吸引超过 20 个国内外医疗健康项目在天津自创区产业化。

以智能终端为优势的人工智能产业。天津自创区依托龙头企业，规划建设 11 万平方米人工智能产业园，围绕智能安防、智能医疗、安全可控信息等领域，加大项目引培力度，重点推进基础算法、芯片、图形与视频识别等技术发展，积极布局机器人、智能安防系统及可穿戴设备等细分领域，着力打造人工智能科技成果转化引领区。中屹铭致力于打造高强度机器人序列，打破国外机器人产业化控制系统、核心部件技术壁垒，2018 年完成 2000 万元的 A 轮融资。天地伟业开发出智能"天眼"大数据研判系统、人脸识别系统、超星光警戒系统等一系列智能化技术和产品，赋能智能安防产业加速发展。天堰医教将 VR/AR 技术应用于医教产品研发生产中，成为国内领先的医学教学虚拟现实技术与服务设计者。

以智能装备制造为重点的高端装备制造产业。天津自创区以装备制造智能化为核心，加快促进传统制造产业提质增效。海洋工程装备领域，深之蓝水下机器人专业从事全系列水下机器人及核心部件研发制造，与中国科学院沈阳自动化研究所联合开展"海翼"水下滑翔机生产、海洋数据服务和自主水下航行器生产等业务。航空航天装备领域，引聚航天五院、航天十一院等科研机构，华翼蓝天科技"空中客车A320飞机D级全任务飞行模拟机研制及产业化项目"完成模拟机等级鉴定及交付。轨道交通装备领域，凯发电气聚焦高速电气化铁路及轨道交通牵引供电相关设备及系统，建成轨道交通供电系统安全与控制技术重点实验室。智慧能源装备领域，歌美飒国家级风电叶片检测研发基地、光电器件产业化扩产项目建设持续推动。

以融合为方向，加速数据、技术及信息等新要素赋能，培育发展两大新兴服务业。天津自创区立足本地产业转型升级及创新创业服务需求，积极促进以数据、技术及信息为代表的新生产要素与物流、金融等融合发展，着力培育"互联网+"、创新服务业两大新兴服务业。"互联网+"领域，积极引入今日头条、云账户、58到家等新经济企业，推进大数据、人工智能等与各行业深度融合，提升新兴技术应用深度及广度。创新创业服务领域，强化总部经济发展，相继引进360公司上市总部、58同城北方总部、今日头条北方总部，其中今日头条总部项目预计总投资15亿元，建设北方总部大楼、创新孵化中心、体验中心、人工智能产学研联合实验室。以天津科技金融中心为依托，积极构建政府、企业、金融机构等多方参与的互动平台，截至2018年年底，科技金融中心共举办路演、论坛、培训、沙龙等各类活动300余场次，参与企业和金融机构2500余家，推动企业融资对接380余次，成功融资18亿元（图6-3）。

图6-3　天津自创区科技金融中心

## 2. 积极探索新型研发模式，着力优化创新创业生态

积极发展新型研发机构。天津自创区积极链接国内外顶级研发平台、一流高校

院所机构等高端创新资源，建立协同创新合作机制，大力发展新型研发机构，不断集聚创新要素，为产业创新发展提供有力支撑。例如，与中国科学院深圳先进技术研究院合作共建天津中科先进技术研究院，聚焦高端装备制造、新能源汽车等领域的科技成果研发与转移转化，致力于创新更多具有市场核心竞争力的"撒手锏"高新技术和产品。重大科技创新成果不断涌现。截至2018年年底，天津自创区核心区已建成市级以上研发机构136家，全市占比11.4%，涌现出亿级并发云服务器系统、FT-2000/64芯片、麒麟操作系统等一批重大科技成果。

着力建设完善双创服务载体平台。天津自创区勇于大胆创新、先行先试，持续推出一系列激发创新创业活力的举措。2016年12月，发布《滨海高新区关于促进天津滨海互联网产业园加快发展的若干政策（试行）》，相继引入紫光云总部、中环半导体产业园、吉利集团曹操专车等重大项目，总投资额超过200亿元，形成互联网产业聚集态势。2017年6月，天津自创区获批国家双创示范区基地。海泰孵化器跻身国家级科技企业孵化器考评A类名单，成功培育出6家新三板挂牌企业、6家年产值超亿元企业、20家规模以上企业（图6-4）。

图6-4　天津自创区海泰渤龙产业园

积极发挥科技金融服务平台支撑作用。天津自创区积极打造贯穿企业成长全生命周期多层次、立体化的科技金融服务体系，采取"政府支持、市场化运作"模式，搭建科技金融服务平台，聚集金融机构300余家，促成投融资17.35亿元。依托天津科技金融中心，设立"场外市场天津自创区板块"、天津自创区四板运营中心等，以"创通票四板服务包"政策实现集"企业上市辅导、发展策划、融资对接"等于一体的服务，助推214家企业相继敲钟挂牌。

举办品牌赛事推进双创文化建设。天津自创区积极组织各类创新创业活动，先后承办了2017"创响中国"天津站活动暨第三届中科创赛决赛路演、举办"科技行""投资行""宣传行"多场对接活动及"启迪之星京津汇——企业CEO俱乐部共议天津科技创新融合发展""'创启未来'ICT产业沙龙"等各类专题特色活动。启动"双创力量"全国创新创业大赛暨天津市知识产权创新创业发明与设计大赛全国创新创业大赛，充分运用移动互联网和广播电视联动的技术手段推进大赛模式创新，为创业者打造集项目、导师、资金等要素集聚的平台（图6-5）。启动建设天津商业模式概念验证实验室，为拥有核心技术的初创项目或企业提供专业技术、融资对接及市场拓展等服务，帮助创业项目、创业企业解决融资难题，营造出浓厚的创新创业氛围，释放强大创新创业潜能，激发全社会创新创业活力。

图6-5　天津自创区"双创力量"全国创新创业大赛

**3. 强化企业内生培育，构建高成长企业培育体系**

率先实施独角兽培育计划。2016年8月，天津自创区召开国家自创区建设成果汇报会暨天津自创区"独角兽"企业培育计划发布会，在全国率先发布区域独角兽企业榜单。榜单显示，天津自创区拥有独角兽企业2家，分别是天津58到家生活服务有限公司和乐道互动(天津)科技有限公司，拥有潜在独角兽企业9家，独角兽种子企业11家，涵盖新能源电池、云计算、大数据、生物技术、物联网、工业机器人等产业细分领域，为园区发展新经济、培育新动能增添强大动力。

构建高成长企业培育体系。天津自创区围绕"雏鹰—瞪羚—独角兽—国际型领军企业"企业成长链条，启动"雏鹰计划""瞪羚计划""独角兽企业培育计划"，构建和完善自创区高成长企业培育体系，激发企业创新活力，促进企业跨越式发展。截至2018年年底，天津自创区核心区集聚科技型中小企业11 458家，全市占比11.3%；其中，通过国家科技型中小企业评价企业951家，全市占比16.8%；国家高新技术企业1131家，全市占比22.6%；上市公司11家，全市占比22%；新三板挂牌企业47家，全市占比24.2%；瞪羚企业48家，涌现出一批代表天津自创区创新品牌形象的行业领军企业。

**4. 大力推进开放协同，全面融入京津冀国家战略**

天津自创区积极落实京津冀协同发展战略，围绕产业、创新创业、成果转化等方面全面推进区域协同发展，与北京首创集团合作推进未来科技城京津示范区、"启迪之星"孵化基地等重大创新创业项目建设，吸引奇虎360、卓越互动等行业领军企业在天津自创区设立研发中心、运营中心、区域总部等，持续高效率承接高端产业项目，促进区域产业创新协同发展。

## 分报告 7

# 长株潭国家自主创新示范区

——统筹"三谷"建设,推动三地协同创新发展

**导读:**

长株潭自创区始终坚持把科技创新摆在首要位置,以建设"长沙·科创谷""株洲·动力谷""湘潭·智造谷"为抓手,在科研院所转企改制、产学研结合、体制机制创新、创新资源高效集聚等方面进行大胆探索与实践创新,探索出"项目+基地+人才"三位一体的人才集聚模式,推进区域创新一体化发展,初步形成了具有湖南特色的自主创新道路,在全国创造出独具特色的"自主创新长株潭现象"。

## 一、基本情况

2014年12月，国务院批复同意支持长沙、株洲、湘潭3个国家高新区建设国家自创区。按照《国务院关于同意支持长株潭国家高新区建设国家自主创新示范区的批复》（国函〔2014〕164号），要求全面实施创新驱动发展战略，充分发挥长株潭地区科教资源集聚和体制机制灵活的优势，积极开展激励创新政策先行先试，激发各类创新主体活力，推进科技成果转移转化，加快创新型城市群建设，努力把长株潭自创区建设成为创新驱动发展引领区、科技体制改革先行区、军民融合创新示范区、中西部地区发展新的增长极（图7-1）。

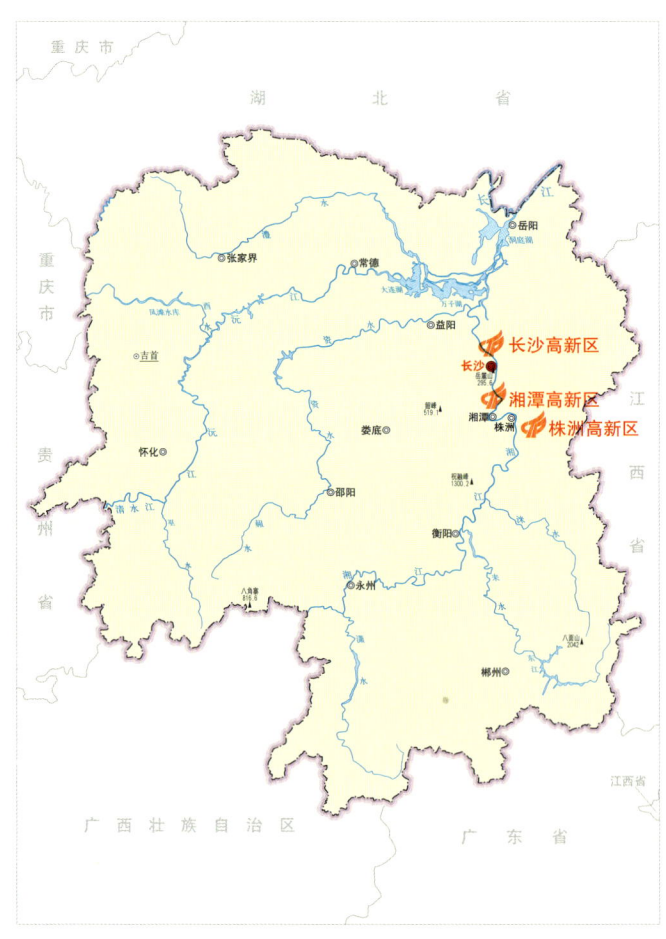

图 7-1　长株潭自创区空间示意

长株潭自创区以长沙、株洲、湘潭 3 个国家高新区为核心，联动相关拓展和辐射园区及创新主体协同发展，形成了"核心区、拓展区、辐射区"的空间联动发展架构和"一区三谷多园"的空间发展格局。在湖南省委、省政府的领导下，长株潭自创区紧紧围绕"创新引领、开放崛起"战略实施和"三区一极"战略定位，牢牢把握"引领创新发展方向，开展政策先行先试，优化创新创业服务"发展主线，全力推进自创区创新能力建设，创新生态日益优化，建设成效逐步显现，成为建设"中西部地区发展新的增长极"的重要支撑。2018 年，长株潭自创区技工贸总收入达 1.1 万亿元，高新技术产业增加值 2500 亿元，主要经济指标增速保持在 10% 以上。

## 二、政策创新与体制机制改革

### 1. 加强顶层设计，完善国家自创区管理体系

制定创新性、统领性政策文件。结合国务院批复精神和长株潭自创区实际情况，湖南省委、省政府出台《关于建设长株潭国家自主创新示范区的若干意见》，在人才引进培养、科研院所转制、科技成果转化、创新创业主体培育、科技资源开放共享、科技与金融结合等方面，提出明确支持长株潭自创区建设的 20 条具体政策措施，进一步完善自创区建设政策支撑体系。

建立省市联动工作机制。按照"省统筹、市建设、区域协同、部门协作"的思路，成立由省长任组长，27 个湖南省直部门和三市主要负责人为成员的长株潭自创区建设工作领导小组，构建协同推进工作机制，统筹政策、平台、资金等支持长株潭自创区建设。省科技厅实施"科技+"行动，联合省委组织部启动实施长株潭高层次人才聚集工程，省教育厅统筹推进高校"双一流"建设工作，省人社厅探索推进技术经纪人制度改革，省国资委推进省属国有企业资产与债务结构优化工作，省质检局推动长株潭城市群纳入国家"中国制造"质量技术基础综合示范区试点。

建立绩效考核机制。湖南省委、省政府高度重视长株潭自创区发展，不断完善长株潭自创区建设的绩效考核机制，把长株潭自创区建设工作纳入省委、省政府对长株潭三市、省直相关部门的省绩效考核体系，进一步强化长株潭自创区建设工作

责任落实，运用科学的方法、标准和程序，对长株潭自创区的成绩和工作给予客观评价，不断提高政府公共管理和公共服务能力。

**2. 积极推进体制机制改革，科研院所转企改制成效突出**

深入推进科技成果转化机制改革。长株潭自创区率先在全国实行"两个70%"的激励政策，即"知识产权和科技成果作价入股，占股比例最高可达公司注册资本的70%；成果持有单位最高可以从技术转让（入股）所得的净收入（股权）中提取70%的比例奖励科技成果完成人"。印发了《关于在长沙理工大学等5个单位开展科技成果使用权、处置权、收益权改革试点工作的通知》，有序推进"三权"改革试点示范工作。截至2018年年底，科技成果转化项目库已筛选入库成果7321项，其中含供方成果5879项、需方技术需求1442项。2018年全省认定登记技术合同6044份，较2017年增长5.61%；实现技术合同成交额281.67亿元，较2017年增长38.68%，其中技术交易额161.48亿元，较2017年增长28.57%；全省共登记科技成果664项，全省各级财政、企业自筹、银行贷款成果转化投入共计26.53亿元，实现净利润94.54亿元（图7-2）。

图7-2 长株潭自创区2018年科技成果转化成效

科研院所转制成效突出。长株潭自创区依托科研院所转制，内生培育出中联重科、隆平高科等一批具有国际影响力的高新技术企业。近年来，转制企业专利申请量和授权量年均增速超过40%，高新技术产品产值年均增速35%以上，步入发展快车道。其中，中联重科在20年间实现从研究院到国有企业、股份制公司、全球化公司的"三级跳"，成为我国科研院所转制发展的成功典范。同时，研究制定《关于进一步深化科研院所改革推动科研机构创新发展的实施意见》，持续优化支持举措。

## 三、示范重点和主要举措

### 1. 围绕"三谷"建设，培育创新型智能制造产业集群

大力推进"三谷"建设发展。长株潭自创区积极发展智能制造、北斗、节能环保、轨道交通、风力发电等创新型产业集群，高新技术企业数量占全省的65.36%，高新技术产业增加值占全省的比重超过55%。长沙高新区加快打造"长沙·科创谷"，重点发展高端特种工程机械、大型工程机械及盾构装备产业，轨道交通装备产业主机厂当地产品采购率达65%（图7-3）。株洲高新区围绕"株洲·动力谷"规划布局了"三城三基地"，助力轨道交通、新能源、现代服务业等产业发展。湘潭高新区积极推进"湘潭·智造谷"建设，积极促进互联网与制造业跨界融合发展，引进龙头企业新松机器人建设湘潭机器人产业园，重点打造智能制造、新能源装备、海工装备等一批百亿级创新型产业集群。

图7-3　长沙·科创谷

高端装备制造产业具备全球竞争力。长株潭自创区是国家重要的高端装备制造产业基地，其中，长沙高新区是全球重要的工程机械制造基地，拥有中联重科、三一重工等世界级企业；株洲高新区是全国最大的电力机车研发生产基地、国家级轨道交通装备制造产业基地，实现了产业链上下游联动发展；湘潭高新区是我国重要的能源装备产业基地，矿用轨道运输设备全国市场占有率达65%。近年来，长株潭自创区加快推进高端装备制造产业智能化升级，大力发展智能制造示范企业和智能化车间（图7-4），一批研究成果相继入选国家智能制造项目和重大专项，达到国际先进水平。高铁已经成为湖南乃至中国装备制造业在全球最具影响力的代表之一，也是"湖南智造"的最佳名片之一。

图 7-4 长株潭自创区威胜电气有限公司智能配用电装备生产基地

**2. 创新人才集聚模式，形成"自主创新长株潭现象"**

探索"项目＋基地＋人才"三位一体人才集聚模式。近年来，长株潭先后实施了"科技领军人才培养计划""省引进海外高层次人才百人计划""百名高层次创新创业人才聚集工程""长株潭高层次人才集聚工程"等覆盖全面、重点突出、梯次递进的科技人才计划，构建起"项目＋基地＋人才"和"育才、引才和励才"三位一体的科技人才集聚模式，吸引了世界各地的创新型人才在长株潭自创区创新创业。近两年来，长株潭自创区先后出台长沙人才新政 22 条、株洲人才优先发展 30 条、湘潭产业人才引进 3 年行动计划等人才政策，累计引进 70 余个省外院士创新团队、1100 多名高层次专家来湘创新创业，55 名"湖湘青年英才"先后入选国家级人才计划。在人才评价机制上，长株潭自创区会同省职改办出台自然科学研究系列专业技术职称申报评价办法，将科技人才进行分类评价，更加强调实绩和市场价值。

大力发展高水平创新平台和新型研发机构。长株潭自创区统筹推进国家生物种业创新中心、国家先进轨道交通装备创新中心、淡水鱼类发育生物学国家重点实验室、海上风力发电技术与检测国家重点实验室、岳麓山国家大学科技城、岳麓山国家实验室、中国动力谷自主创新园、湘潭力合领航城等重大创新平台建设（图 7-5）。推动中科院天仪空间研究院、湖南（航天）新材料技术研究院、长沙智能制造研究总院、长沙北斗产业技术安全研究院、3D 打印工业技术研究院、湖南先进传感与信息技术创新研究院等一批新型研发机构落户（图 7-6）。建成全国首个低碳技术交易中心、全国首批基因检测技术应用示范中心等平台。2018 年，全区新增省级重点实验室、工程技术研究中心等研发平台 100 余家，集聚省级产业技术创新联盟 31

家，占全省总数的66%，拥有全国唯一的中国IGBT国家级技术创新战略联盟。

图7-5　长株潭自创区海上风力发电技术与检测国家重点实验室

图7-6　长株潭自创区天仪空间研究院

重大创新成果不断涌现。"长沙·科创谷"第三代杂交水稻育种、全国首颗微重力化学卫星"陈家镛一号星"、首台柴电双动力作业混凝土湿喷机等一批"长沙造"产品位居世界领先水平。天仪研究院成功发射"湘江新区号""全图通一号"两颗卫星，入选《中国企业家》发布的"2018年未来之星"榜单。"株洲·动力谷"全球首条智能轨道快运系统示范线正式开通试运行，中车株机时速200公里中速磁浮技术通过专家评审，拥有完全自主知识产权的中国首列2.0版商用磁浮列车下线（图7-7）。"湘潭·智造谷"华菱湘钢"X80热轧钢板"订单占据国内供货总量1/3，湘潭大学"新能源汽车整车及关键零部件研发——起步离合器智能预测控制技术"在自主品牌中市场占有率超过20%。动力锂离子电池微晶石墨负极材料制备关键技术、大容量高速动车组关键技术研究及整车研制、航空航天用柔软轻型超高温电缆研制、轨道交通轻量化用镍铁基泡沫金属材料研制、卫星导航抗干扰系统研究等多项重点攻关技术打破国外垄断或填补国内空白。

图 7-7　全球首列智轨列车在长株潭自创区开跑

知识产权工作成效突出。长株潭自创区大力实施知识产权战略。2018 年，长株潭自创区有效发明专利量占全省的 78.13%，每万人有效发明专利拥有量 21.49 件，是全省平均水平的 3.6 倍，中国（长沙）知识产权保护中心全年共接收专利预审案件 1070 件，经预审分类确定在可受理范围的案件 495 件，预审合格进入快速审查通道的案件 216 件，截至 2018 年 12 月 31 日已授权专利 150 件。在已审结的案件中，发明专利授权率达 93.5%，实用新型专利授权率达 99%，外观设计专利授权率达 100%。

**3. 加快建设创业服务平台，优化创业生态环境**

大力发展众创空间和科技企业孵化器。长株潭三市是全省创新创业载体平台最富集区域，截至 2018 年年底，三市共有国家级孵化器 15 家，占全省总数的 79%，国家备案众创空间 35 家，占全省总数的 74.5%。长株潭自创区已集聚"麓谷·创界"微软云孵化平台、腾讯众创空间、阿里云创客、百度创新中心等品牌型创业平台 10 余家，累计入孵项目 1000 多个。长沙高新区获批国家科技资源支撑型创新创业特色载体，马栏山视频文创园申报国家文化和科技融合示范基地通过专家评审，长沙中电软件园申报国家专业化众创空间通过现场考察。2018 年，举办第七届中国创新创业大赛（湖南赛区）暨第五届湖南省创新创业大赛，吸引 2748 个企业和团队报名参赛，报名总数较 2017 年增加了 44%，居全国第 5 位、中部第 1 位，创新创业氛围愈发浓厚（图 7-8）。

图 7-8　长株潭自创区力合蜂巢国家备案众创空间

深入推进科技和金融融合发展。启动湖南省科技金融服务中心建设，通过引进投资、银行、证券等金融机构入场服务，为不同发展阶段的科技企业提供以风险投资、投贷联动为重点的一站式、全方位、个性化投融资服务。2018年，联合湖南省集成电路产业联盟，精选8家优秀企业，举办专题投融资路演会，促成5家企业获得股权融资9600万元。联合湖南省科技成果与技术市场协会、湖南大学工商管理学院，邀请各市县产业园区及招商运营、融资平台、双创载体等负责人150余人，共同举办为期3天的首届"湖南省产业园区创新发展研修班"，探索新形势下五链有机融合的系统解决方案。积极开展"银园对接"，由长沙银行和湖南中小企业融资服务股份有限公司等多家银行、机构，面向园区和科技型中小企业推介各自的特色金融产品和服务。

**4. 积极融入"一带一路"，开展多层次国际合作**

以企业为主体积极融入"一带一路"。长株潭自创区积极把握"一带一路"重要节点城市群机遇，全面实施开放发展战略，通过打造高端智库、组织经贸活动、搭建服务平台、建立合作机制、促进资源共享、推动项目落地等举措，推动企业融入"一带一路"建设。中车株机在英国、美国等国家布局五大海外研发中心。隆平高科种业牵头在"一带一路"沿线国家建立种业国际科技合作交流平台，推动杂交水稻成为科技外交一张亮丽名片。华自科技牵头组建电力智能装备国际科技创新合作基地，发挥产业技术战略联盟的作用，组织企业走出去获得国际技术认证，连续六年为"一带一路"沿线30多个国家技术人员开展国际培训，成为国际小水电领域国际技术标准的制定者。

多维度开展国际科技合作交流。长株潭自创区积极与国外园区、国际组织、境外服务机构等开展合作，打造湖南对外科技合作主阵地。截至2018年年底，长株潭自创区已同60多个国家和地区开展科技合作与交流，建成欧洲工业园、西班牙工业园等一批对外合作基地。成功引进亚欧水资源研究和利用中心、中意设计创新中心等一大批国际合作项目，为湖南省承接国际高新技术转移、项目引进及产业化注入新的活力。推动湖南省水稻研究所、爱尔眼科、长沙理工大学分别承办杂交水稻技术、白内障防治技术、能源互联网运行与规划发展等国际技术培训班，为推动湖南省优势技术和成果走出去形成良好支撑。

### 5. 推进三地协同创新，共建知识产权示范城市群

建立三地协同创新机制。湖南省委、省政府先后出台《长株潭国家自主创新示范区建设三年行动计划（2017—2019年）》《长株潭国家自主创新示范区建设协调议事工作规则》《长株潭国家自主创新示范区建设重点工作分工方案》等一系列文件。长株潭三市积极对接落实省委、省政府战略部署，分别出台了高新区3年行动计划及系列扶持政策，从市区层面强化顶层设计，有效建立起三地协同发展机制。

优化自创区空间布局。为进一步优化长株潭自创区空间布局，更好地发挥辐射带动作用，湖南省政府向国务院上报《长株潭国家自主创新示范区发展空间规划（2018—2025年）（送审稿）》，强化长株潭自创区核心区、拓展区和辐射区分类布局，将三市范围内的34个产业园区或专业园区纳入政策拓展区域，将三市以外的符合条件的创新主体逐步纳入长株潭自创区政策辐射范围，不断增强长株潭自创区在全省创新发展的辐射带动效应。

推进区域创新一体化。长株潭三市深入实施城市群知识产权示范工程，启动"知识产权保护示范市场"创建活动，共同建设长株潭专利及知识产权中心、高新技术成果交易中心、版权交易中心等知识产权交易平台，形成了区域创新体系建设合力，为深入推进长株潭城市群一体化发展，促进长株潭自创区三地协同创新建设打下坚实基础。

**分报告 8**

# 成都国家自主创新示范区

——聚焦"六个先行区",奋力建设国家高质量发展示范区和世界一流高科技园区

> **导读:**
>
> 成都自创区是我国西部首个国家自创区,是四川省全面创新改革试验区和自由贸易试验区核心区。获批以来,成都自创区始终坚持"发展高科技、实现产业化"的初心使命,以电子信息、生物医药、新经济为重点,积极培育发展创新型产业集群,积极营造从企业孵化到发展壮大的良性生态系统,构建具有全球竞争力的现代产业体系,着力打造高能级产业发展先行区、高效益创新驱动先行区、高水平开放合作先行区、高效率体制改革先行区、高品质城市生活先行区和高素质人才集聚先行区,全力建设国家高质量发展示范区和世界一流高科技园区。

## 一、基本情况

2015年6月，国务院批复同意成都高新区建设国家自创区。按照《国务院关于同意成都高新技术产业开发区建设国家自主创新示范区的批复》（国函〔2015〕100号），要求全面实施创新驱动发展战略，充分发挥成都高新技术产业开发区的产业优势和创新资源优势，积极开展创新政策先行先试，全面提高自主创新和辐射带动能力，努力把成都高新技术产业开发区建设成为创新驱动发展引领区、高端产业集聚区、开放创新示范区和西部地区发展新的增长极。

成都自创区辖7个街道、12个乡镇，现有托管和共建区域面积657平方千米，形成高新南区（新经济活力区）、高新西区（电子信息产业功能区）、高新东区（天府国际空港新城）、成都天府国际生物城（与双流区合作共建）"一区四园"总体布局（图8-1）。2018年，成都自创区实现地区生产总值1877.7亿元，增长9.6%，

图8-1 成都自创区空间示意

占全市 12.2%；规上工业增加值增长 11%，产值规模占全市 25%；进出口总额首次突破 3000 亿元，实现 3378.2 亿元；万人有效发明专利拥有量达 148.7 件，新增科技型创新创业企业 9800 家（累计达 4 万家），聚集高新技术企业 1599 家；建成孵化载体面积约 430 万平方米，集聚各类孵化器（众创空间）93 家，在孵企业 9203 家，同比增长 21%；孵化器内新增估值过亿企业 10 家，累积达 56 家。

## 二、政策创新与体制机制改革

### 1. 优化行政管理体制，分级分区服务产业发展

成都自创区坚持以产业功能区为核心组织经济工作，进一步完善产业功能区管理体制和运行机制，确定"管委会—产业功能区—街道（乡镇）"三级管理机制，管委会重点抓资源配置、统筹协调与战略制定，产业功能区重点抓产业发展和项目引培促建，街道（乡镇）重点抓保障工作，各级分工明确，高效运转。同时，进一步深化"小政府大服务"理念，将党工委管委会 24 个机构优化为 16 个，执法队伍从 13 支整合为 8 支，机构个数从五城区的 1/3 降到 1/4。机构设置更加注重向产业治理需求倾斜，设置产业发展部门 3 个，产业推进模式由传统的招商、促建、企业服务三段模式，正式向全链条全生命周期服务模式转变。

### 2. 深化商事制度改革，积极打造国际化营商环境

成都自创区先后制定《关于深化营商环境综合改革的实施意见》，出台优化营商环境"二十条"，积极推动园区国际化、市场化、法治化和便利化营商环境建设。推进企业登记服务向街道和科技孵化器延伸，在高新南区、高新西区各街道增设企业登记服务窗口，实现线下"全域通办"；在高新南区、高新西区、高新东区政务大厅和中国—欧洲中心增设企业注册登记智慧服务终端，创新推出"扫码办事"服务，推进线上"一网通办"，有效激发了市场主体活力和社会创造力，助推经济高质量发展（图 8-2）。

图 8-2　成都自创区中国—欧洲中心

### 3. 优化创新要素配置，强化要素供给侧改革

成都自创区围绕产业创新需求，持续优化创新人才、土地、资金三大要素配置。人才方面，聚焦"四派"人才创新动能转化，修订"金熊猫"人才政策和人才安居办法，以城市发展需要为导向推动人才引进门槛从学历向专业转变、人才政策焦点从落户向安居转变、人才评价标准从数量规模向效用发挥及创新动能形成转变。土地方面，强化以产出为导向的土地资源配置模式，推动供地策略从供地为主向供房为主转变、供地门槛评判标准从投资规模向企业创新实力转变、土地效果评价机制从企业承诺制向考核评价机制转变，形成产业用地"即供即用"指导意见、项目用地全生命周期管理办法等制度。资金方面，强化以服务产业发展为导向的资金配置模式，一方面改变过去发展资金单一依赖财政预算的模式，根据产业发展和新城建设资金所需，通过PPP筹资建设、政府债、专项债、企业债、美元债等多种渠道，大力度拓展资金来源；另一方面优化资金配置结构，转变配置策略，全方位系统梳理产业政策，资金进一步向创新项目倾斜。

### 4. 完善产业发展机制，着力打造产业生态

成都自创区围绕产业引进、产业培育、产业服务三大环节，持续优化完善发展机制。产业引进方面，以全景式招商地图为指引，形成"投资促进部门牵头、4个功能区产业局全员参与"的产业引进机制，围绕"信息获取、跟踪促进、上会决策"3个阶段，优化投资促进工作体系。产业培育方面，以本土创新型企业

培育为导向，召开产业培育大会，出台产业培育 18 条政策，"四级"梯度企业培育体系得到广泛认可。产业服务方面，明确"以企业全方位需求为导向，以创新能力提升为目标"的服务机制，开展千企大走访大调研，打造一站式企业服务平台，建立"高新沙龙"委领导与企业面对面交流机制，高新服务品牌得到越来越多的企业认同。

## 三、示范重点和主要举措

### 1. 大力推进双创升级，积蓄创新驱动发展新动能

构建企业梯度培育体系。成都自创区为实现产业从"做大"到"做强"新跨越，制定《关于深化产业培育实现高质量发展若干政策意见》，围绕电子信息、生物医药、新经济等主导产业和产业功能区建设，完善企业全生命周期梯度培育链条，构建以"种子期雏鹰企业、瞪羚企业、独角兽企业、平台生态型龙头企业"为重点的企业四级梯度培育体系，助推新经济发展和新动能培育。设立 100 亿元的新经济创投基金及每年 2 亿元的新经济应用场景专项资金，为孵化项目、初创企业搭建便捷高效的投融资对接平台。截至 2018 年年底，已培育出新潮传媒、医联、壹玖壹玖等 3 家独角兽企业，储备极米科技等 30 余家潜在独角兽企业和 60 家瞪羚企业，筛选培育 520 家种子期雏鹰企业。

构建"1+1+2"企业全生命周期网络培育精准孵化服务体系。成都自创区以"菁蓉汇"智慧园区服务平台为基础平台，以"高新创 E+"网络孵化系统为全要素服务网，以双创（孵化培育）产业地理服务平台和双创（孵化培育）企业成长性评价系统为数据分析平台，形成"1+1+2"全生命周期的网络培育企业精准孵化服务体系（图 8-3）。其中，智慧园区服务平台已完成智慧园区体系大屏图像化展示系统，可跟踪企业成长轨迹并做出评价；"高新创 E+"已接入孵化器 29 家、写字楼 8 家；双创（孵化培育）产业地理服务平台已完成主导产业企业数据库、双创企业和资源数据库等三大数据库建设，累计收录 13.7 万余家；双创（孵化培育）企业成长性评价系统已通过六大维度、101 项具体指标，已对 2820 家企业进行了成长性评价和分析。

图 8-3　成都自创区菁蓉国际广场

积极深化国际双创合作。成都自创区持续探索国际开放合作新机制，主动布局和融入全球创新链，积极链接世界创新高地。2018 年，成都自创区新增韩国大田大学、韩国西原大学、紫荆谷香港创新中心等 5 家离岸创新创业基地，新增优晨泛娱乐国际加速器、四川电信电子竞技＋产业融合孵化器等对韩孵化器 2 家。举办中欧创新创业投资峰会、中美国际跨学科创新创业发展论坛、加拿大华创会离岸创新创业基地在线路演 5 场，以及 2018 中美韩医美产业国际创新合作高端对接会、韩国首尔中韩创新创业园推介会、中韩人工智能论坛等 10 余场国际活动。分别在美国波士顿和圣地亚哥举办"成都之夜"——成都自创区生物产业专场推介会，有力推动了国际创新资源双向开放和互动。

积极打造创新创业活动品牌。成都自创区立足"品牌活动国际化、行业活动专业化、特色活动众创化"的精品定位，开展 2018 年全国双创活动周成都主会场活动、成都高新区产业培育大会、成都全球创交会、中欧投资论坛等大型活动，以及双创五大品牌活动的主题宣传。2018 年，共举办各类创新创业活动 150 余场，其中创业夜市 42 场、创业学堂 50 场、创业集市 12 场、创业旅游 3 场，参与人次逾 10 万人（次）。

### 2. 积极推动科技成果转化，促进产学研协同创新

高标准共建国家技术转移西南中心。成都自创区按照科技部和四川省政府要求，与四川省科技厅合作共建国家技术转移西南中心，探索科技成果挂牌拍卖等交易模式，构建以市场为导向的新型科技成果评价机制，实现线上线下相结合的技术交易，已成为全国技术转移"2+N"体系的重要中心。2018 年，成都自创区

全年登记技术合同1046份，登记金额561亿元，占全省总量的55.87%，完成量位居全省第一。

探索产学研协同创新新模式。成都自创区率先探索科技成果确权校地分享"事业合伙人"新理念，与四川大学共建成都前沿医学中心，大力推动高校科技成果本地创造、本地转化，得到上级部门和业界高度认可。经济推进重大新药创制国家科技重大专项成果转移转化试点示范基地建设，成立了中西部首个省级药物与器械临床研究GCP联盟，推动京东方与电子科技大学共建西南首个国家级"芯火双创"基地，出光兴产与电子科技大学合作共建OLED有机发光材料性能评测中心。联合魏于全院士、百年聚集团建设百年壹号研究院，以"政府+团队+企业+资本"新模式，打造产业园区与一流团队合作新标杆。打造高新技术服务超市，开发创新信用券、生长力评价、政策匹配系统等工具，粘合实验室前端和产业化后端，形成完备的创新服务体系。

密集开展科技成果对接活动。成都自创区大力开展"一校一带"科技成果系列对接会活动。2018年，在电子科技大学成功举办"机器人专场""重点实验室专场"等8场科技成果对接活动，吸引了43位电子科技大学专家到场分享最新科技成果，30余家投融资机构和200余家重点企业踊跃参加，有效推进了高校科技成果转移转化。

### 3. 强化聚焦招才引智，进一步夯实智力支撑

加大人才招引力度。成都自创区坚持"人才是第一资源"的发展理念，积极实施开放有效的人才政策，集聚一大批高水平创新创业人才。制定出台《成都高新区实施"金熊猫"计划打造全球人才活力区行动纲要》《成都高新区实施"金熊猫"计划促进人才优先发展的若干政策》等人才政策，创造了7个全国首创政策点和20余个全国领先政策点。持续推进"天府人才行动"——"海外行""城市行""校园行"活动。2018年，承办全市"蓉漂人才荟"——走进清华大学系列活动，组织百余家企业赴美国、英国、爱尔兰、北京、上海等地开展各类招聘活动30场，服务企业578家（次），招引"蓉漂"人才4000余人，其中海外人才约300人。引进蓉归派、学院派、创客派、海归派"四派"人才860人，柔性引进诺贝尔奖获得者1人、"蓉漂计划"人才87名、省"千人计划"人才70名、主导产业急需紧缺人才4000余名，评选产生"金熊猫计划"人才225名（图8-4）。

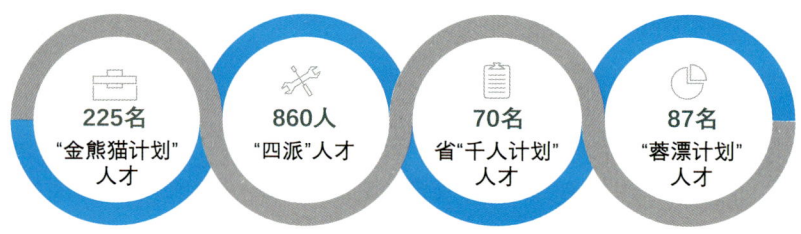

图 8-4 成都自创区高水平人才集聚

建设海外人才离岸创新创业基地。成都自创区积极鼓励支持海外人才离岸创新创业，形成了集离岸基地、离岸人才、离岸项目、离岸基金为一体的政策支撑体系，增强了对海外人才的吸引力和影响力。2018 年，依托北美猎聘、爱尔兰中国海外服务中心、蜂巢聚创基金会等海外机构，在美国波士顿、纽约、英国伦敦、爱尔兰都柏林等创新创业人才集聚地新建了 10 个离岸基地，进一步加强了海外资源渠道建设。截至 2018 年年底，成都自创区已经在欧美等地建立了 30 个海外人才离岸基地。

打造全方位人才服务生态链。成都自创区坚持把人才服务工作放在重要位置，2018 年，围绕电子信息产业、生物医药产业等功能区建设，新建了 5 个新型人才工作站，为高层次人才创新创业提供一站服务。开工建设 12 个项目，354 万平方米人才公寓，做到了"高品质、惠房价、保刚需、严考核、成建制"。举办全市首个"蓉漂人才日"系列活动，组织开展或参与蓉漂高峰汇、金熊猫投融资对接会、家在成都·智汇高新——外籍人才感知成都行、智汇高新人才职业生涯发展规划、青年人才特大型招聘会等 5 场主题活动，进一步提升了成都自创区"蓉漂"吸引力。

### 4. 做优做强科技金融，强化金融服务支撑能力

加快集聚各类金融资源。成都自创区坚持把金融作为推动创新创业的重要引擎，建设天府国际金融中心，着力通过金融创新助力科技创新（图 8-5）。2018 年，诺安资本、诺安资管、国宝人寿和益航资管等金融牌照机构落户成都自创区，全年新增各类金融机构 142 家，总数达 1055 家。成功开展自贸区商业保理试点，并制定全国首个金融科技认定标准。依托盈创动力打造投融资综合服务平台，推动 APP 上线运营，完成市内 22 个区（县）沟通对接，促成 9 个省内地方工作站设立，成功挂牌成立"苏州工作站"。持续提升金融国际化水平，积极促进企业境外上市和并购，制定和出台 VIE 上市认定标准，获得资本项目收入结汇支付审核便利化试点，助推帮助韩投基金完成西部首笔境外投资审批。

图 8-5　天府国际金融中心

持续探索丰富科技型企业融资服务模式。成都自创区围绕不同阶段科技型企业发展需求，在风险补偿、银政企合作等方面持续探索新举措和新机制，着力构建多层次、多元化、便利化的科技投融资体系。设立统一的风险补偿资金池，推广"成长贷""壮大贷""新创贷"等政策性贷款产品，推出"期权贷""股改贷"，出资参与"园保贷"。积极召开投融资对接会，2018 年，累计为 180 余家科技型企业提供低成本贷款近 10 亿元。形成涵盖企业全生命周期的股权投资服务体系，全年累计引导社会资本对 90 余家企业进行股权投资 98 亿余元。

强化多层次资本市场服务。建立企业改制上市联席会议制度，启动深交所西部基地，积极引导企业赴"新三板""四板"市场挂牌。2018 年，新增上市及过会企业 3 家，总数达 35 家。创建"政府+保险+企业"服务模式，与太平洋保险公司合作，提供不低于 100 亿元的保险额度，打造国内首个生物医药领域保险超市和专业险种创新基地，通过 13 万元政策补贴，撬动商业保险保额超过 7000 万元。

### 5. 强化知识产权保护，探索知识产权与新经济融合发展

加快构建知识产权保护体系。成都自创区高度重视知识产权工作，与四川省知识产权局共建中国（四川）知识产权保护中心，在菁蓉汇、天府软件园、天府生命科技园、天府新谷 4 个专业园区设立了知识产权保护与服务工作站，成立海外知识产权维权联盟，形成多维度知识产权保护协作机制（图 8-6）。持续推进国家知识产权示范园区新一轮示范建设，以"优秀"等次通过国家知识产权服务业集聚发展试验区验收，顺利进入示范区建设。积极开展打击商标侵权的"溯源"行动，与检察院一起成立了全国医药知识产权区域协作检察保护联盟。截至 2018 年年底，成都自创区万人有效发明专利拥有量达 148.7 件，有效发明专利累计 14 151 件，占成都市的 39.3%；累计获得中国专利（外观设计）优秀奖 22 项。

图 8-6　天府软件园

健全知识产权评价体系。积极打造成都高新知识产权评价中心，制定《成都高新知识产评价中心管理办法（试行）》，先后引进专利评价、商标评价、版权评价、贯标研究、知识产权运营基金、知识产权大数据等专业服务机构 19 家（实体入驻 7 家、挂牌入驻 12 家），探索制定知识产权评价团体标准。

提升知识产权运用能力，探索新经济融合发展模式。成都自创区围绕新经济发展，积极探索知识产权与新经济融合发展模式。以菁蓉汇为核心规划建设集聚区，打造集知识产权管理、评价、服务、金融、保护等于一体的知识产权新经济服务中心，探索建设国家知识产权新经济示范园区。围绕生物医药、电子信息等主导产业，积极开展医疗美容和 5G 产业专利导航，为企业培育、招才引智、产业发展提供参考。积极开展知识产权质押融资需求对接，累计助力 90 家（次）企业通过知识产权质押获得 12.42 亿元资金。

### 6. 培育新型产业创新组织，积极探索业界共治新模式

联合高校院所共同建设新型产业创新组织。成都自创区广泛与国内外知名高等院校、科研院所合作，建设各类新型产业创新组织 20 余个。其中，与清华大学共建清华四川能源工业大数据创新中心；与英国布鲁内尔大学、英国国家物理实验室共建中英智慧质量工程技术研究院；与哈尔滨工业大学合作建设机器人及智能装备产业技术研究院；与西南交通大学共建综合交通大数据应用技术国家工程实验室、四川先进轨道交通装备创新中心，有力提升了自创区科技创新水平，支撑高新技术产业发展。

积极探索产业发展业界共治新模式。成都自创区探索将"业界共治"理念融入产业生态圈建设中,成立生物医药、网络安全等产业共治理事会,构建由政府、企业、市场、专家等多方参与、共同治理的产业发展新模式,推动市场主体从被管理、被服务的对象转变为自我管理、自我服务的主体,有效提高资源配置效率,提升产业推进和企业服务专业化水平。

### 7. 着力促进产城融合发展,积极建设公园型城市

高标准编制城市规划。成都自创区贯彻落实"公园城市"理念,按照"一尊重五统筹"的城市工作新要求,坚持以科学规划为战略势能和策略动能,推动城市可持续发展。完成"一区四园"四级规划体系,聚焦"东进"战略部署,完成天府奥体城和绛溪河公园概念性规划及城市设计。聚焦"中优"系列部署,高标准编制瞪羚谷公园社区、应龙湾天府公园社区、骑龙湾公园社区规划。贯彻落实TOD综合开发理念,完成6个站点TOD城市设计,在全市率先启动陆肖站示范站点建设。

高效率推进城市建设。成都自创区坚持围绕"人城产"融合发展,聚焦城市高质量发展、高品质生活、高合作治理,推动区域公共服务均等化向更高的水平发展,加快建设优质共享的公共服务设施,不断增强园区承载力、集聚力和吸引力。大力构建五级绿化体系,规划铁像文旅环等特色绿道环,建成绿道70千米。有序推进清水河公园等近130万平方米公园建设,高标准建设交子公园二期、新川之心东区等,建成大源水系绿地链,建成区绿地面积达3349万平方米,人均公园绿地面积达9.68平方米,宜居宜业、可持续发展的现代化新城形象加速显现。

## 分报告 9
# 西安国家自主创新示范区

——"硬科技"与"软环境"并重,
打造"一带一路"创新之都

导读:

西安自创区充分发挥本地高校院所优势,聚焦发展"硬科技",着力培育电子信息、先进制造、生物医药和现代服务业四大主导产业,加快发展下一代汽车、人工智能、物联网等三大战略性新兴产业,积极打造以"硬科技"为核心的现代产业体系,大力优化营商环境和创新创业生态,以西安大市场统筹科技资源服务平台建设,积极融入"一带一路",成为新兴产业发展的策源地和全球新兴产业链中的关键节点。

# 分报告 9
## 西安国家自主创新示范区

## 一、基本情况

2015年8月,国务院批复同意西安高新区建设国家自创区。按照《国务院关于同意支持西安高新技术产业开发区建设国家自主创新示范区的批复》(国函〔2015〕135号),要求全面实施创新驱动发展战略,充分发挥西安创新资源集聚优势,积极开展创新政策先行先试,激发各类创新主体活力,着力研发和转化国际领先的科技成果,打造一批具有全球影响力的创新型企业,努力打造"一带一路"的创新之都,把西安高新区建设成创新驱动发展引领区、大众创新创业生态区、军民融合创新示范区、对外开放合作先行区。

西安自创区辖12个街镇,面积1079平方千米(图9-1)。2018年,西安自创区实现地区生产总值1576.96亿元,同比增长12.2%;完成规模以上工业增加值

图9-1 西安自创区空间示意

505.48亿元，同比增长11.8%；实现财政一般公共预算收入105.37亿元，税收占比85%；完成固定资产投资930.51亿元，同比增长14.1%；全年专利申请总量超过30 000件，实现技术合同交易415亿元；新认定高新技术企业363家，累计通过高新技术企业认证2794家；培育独角兽企业1家，硬科技独角兽企业1家，独角兽种子企业32家，雏鹰企业865家，瞪羚企业104家，民参军企业15家；拥有各类人才近50万人，科技型企业从业人员达到40余万人，拥有中高级职称的专业技术人才数量和拥有本科及以上学历人员数量均居全国高新区第1位；累计引进和培养国家级人才计划高层次人才79人；企业留学归国人员和外籍常驻人员10 106人，位列全国高新区第4位，其中有5400余名留学人员直接创办科技型企业近1000家。

## 二、政策创新与机制体制改革

### 1. 健全政策体系，支持硬科技产业创新驱动发展

制定"硬科技八条"。西安科教资源密集、军工院企集聚、创新创业活力强劲，"硬科技"实力已成为西安一张新的名片。2017年11月，西安自创区公布了发展硬科技产业的相关措施，涵盖支持硬科技产业技术创新平台建设、加快建设硬科技承载园区、全面推进军民融合深度发展、持续增强产业基金引导撬动作用等内容。设立每年5亿元的硬科技产业发展资金和总规模500亿元的硬科技产业基金，极大地调动了科技界、产业界、投资界群体的积极性，"硬科技"技术企业大量涌现，一批新的增长点、增长极、增长带加速形成。

**专栏9-1 硬科技**

**什么是硬科技？**

硬科技主要是指在人工智能、航空航天、生物技术、光电芯片、信息技术、新材料、新能源、智能制造等领域中，以自主研发为主，需要长期研发投入、持续积累形成的高精尖原创技术，具有较高技术门槛和技术壁垒，被复制和模仿的难度较大，有明确的应用产品和产业基础，对产业的发展具有较强的引领和支撑作用，是推动世界进步的动力和源泉。

> 硬科技"八路军"
>
> 西安硬科技"八路军",即八个当前最核心的硬科技,主要是指目前发展势头良好、潜力巨大的八大产业——航空航天、光电芯片、新能源、新材料、智能制造、信息技术、生命科学、人工智能。

形成"3+N"三次创业政策体系。西安自创区深入贯彻落实中共中央关于全面深化改革的战略部署,积极推动创新驱动发展,加快打造世界一流高科技园区。以系统工程的思维方式,实施"三次创业战略",通过政策组合拳的方式,对创新要素、创新环境、创新机制、创新载体进行全方位聚焦支持。"三次创业"政策体系通过综合运用落户奖励、贡献奖励、效益奖励、房租补贴等方式,对在西安自创区成长的广大科技型企业和金融总部、非金融总部企业、国内外知名孵化器管理公司等企业给予全面支持。按照"有限聚集、阶段支持、协同推进、同类整合、标准统一"的原则,2018年2月,西安自创区对原有政策进行重新整合、修订,形成新的"三次创业"系列优惠政策,进一步完善"三次创业"政策体系(表9-1)。

表9-1 西安自创区"三次创业"政策体系

| 序号 | 政策 | 出台时间 |
| --- | --- | --- |
| 1 | 《西安国家自主创新示范区鼓励企业自主创新的若干政策》 | 2018年 |
| 2 | 《西安国家自主创新示范区加快高层次人才加快集聚的若干政策》 | 2018年 |
| 3 | 《西安国家自主创新示范区加快金融业发展的若干政策》 | 2018年 |
| 4 | 《西安国家自主创新示范区金融支持产业发展的若干政策》 | 2018年 |
| 5 | 《西安国家自主创新示范区科技企业梯度培育的若干政策》 | 2018年 |
| 6 | 《西安国家自主创新示范区实施创新券的若干政策暨"领创八条"》 | 2018年 |
| 7 | 《西安国家自主创新示范区优化创新创业环境的若干政策》 | 2018年 |
| 8 | 《西安国家自主创新示范区推进军民融合产业发展专项政策》 | 2018年 |

**2. 优化管理体制机制,加快推进"放管服"改革**

深化管理体制机制改革。西安自创区建立了"小政府大社会、小机构大服务、干部能上能下、人员能进能出"的管理体制和运行机制,在全市机关、事业单位中率先推行全员劳动合同制和干部职务聘用制,采取量化考核和民主评议相结合的干部综合考评制度，形成鼓励激励、能上能下的用人导向。

持续推动行政效能变革。西安自创区按照"一厅办公、一口受理、一表填报、一网提交、一次办结"的思路，建设综合服务大厅，全面实施"多证合一、多项联办"改革。在全市率先成立行政审批服务局，分五批发布群众企业办事"最多跑一次"事项465项。全面取消非行政许可审批类别，行政许可事项由原有的59项减少至28项，营商环境进一步优化。

推进"放管服"改革。西安自创区建立"权责清单"和"公共服务事项清单"的动态管理机制，提高清单工作制度化、规范化水平，抓好省、市行政审批事项的承接落实。出台《西安高新区关于促进民营经济发展的十条措施》，建立民营企业项目落地推进机制，成立由管委会主任为组长的项目落地推进工作领导小组，全面统筹项目落地工作的组织实施。积极推行企业投资项目承诺制，坚决落实清理规范投资项目报建审批有关要求，精简合并投资项目报建审批事项，将社会投资项目审批周期压缩至20天，政府投资项目压缩至40天；支持区内重点项目建设，探索实施"冬防期"动土试点工作。提高工商登记注册便利化，放宽注册资本登记、企业住所登记、企业名称登记和企业集团登记等条件，支持个体工商户转型登记；继续深入推进"多证合一""先照后证""一址多照"，探索实施"一照多址"改革。

## 三、示范重点和主要举措

### 1. 以"硬科技"为核心，加快建设现代产业体系

着力培育有"硬"个性的主导产业。西安自创区紧紧围绕国家重大战略需求和西部地区经济社会发展需要，突出"硬科技"特征，形成电子信息、先进制造、生物医药和现代服务业四大主导产业，四大主导产业收入占自创区产业总收入的比重超过61%，近五年年均增长30%。在电子信息领域，聚集了三星、华为、美光、英特尔、中兴、紫光国芯等一批国内外行业领先企业，聚集了研发及测试、设备与终端制造、工程服务、运营服务、系统集成和增值服务等机构超过300家，从业人员近10万人。在生物医药领域，依托生物资源和研发优势，形成了以现代中药、化学药、生物制药、医疗器械为重点的产业集群，实现营业收入近800亿元，已成为中西部地区重要的生物医药成果转化和产业化基地。截至2018年年底，已有30

多个国家和地区在西安自创区创办外商投资企业 1000 多家，其中世界 500 强及全球著名跨国公司超过 100 家。

加快培育壮大战略性新兴产业。西安自创区加快发展下一代汽车、人工智能、物联网等三大战略性新兴产业，与阿里巴巴、科大讯飞、知盛数据等国内知名企业携手合作，一批重大人工智能产业项目先后落地（图 9-2）。高标准规划建设新能源汽车科技创新谷，打造引导与展示汽车产业智能化和未来发展概念的重要平台，推动汽车产业与高端移动终端、人工智能等深度融合。出台《西安国家自主创新示范区关于鼓励企业自主创新的若干政策》，在知识产权创造奖励、政策补助等方面给予企业大力扶持，为企业创新发展保驾护航。同时，设立 20 亿元战略性新兴产业发展专项、100 亿元战略性新兴产业引导基金，积极撬动社会资本。

图 9-2　西安软件新城

### 2. 以西安大市场统筹科技资源，构建自主创新体系

推进统筹科技资源服务平台建设。西安自创区紧抓统筹科技资源改革示范基地核心区建设契机，以西安科技大市场为平台，围绕技术交易、设备共享、政策服务、合作交流等领域，建立了一套较为完善的科技服务机制。截至 2018 年年底，西安科技大市场线上平台已开设知识产权店铺 111 家，展示可运营专利 1.4 万余件；建设大数据检索分析系统，收录专利文献 1.1 亿余件，累计注册用户近 2 万人，累计访问量超过 5 百万人次。在线下运营服务体系方面，积极推进 2018 年度平台挂牌交易项目的征集、评估、评审工作，依托平台丝路创新创业产权保护竞价系统，开展各类知识产权维权保护宣讲培训活动，利用人才大市场举办各类招聘活动 70 余场，

服务企业近 2000 家，参会人才超过 4 万人。

探索技术经理人等科技成果转化新模式。2018 年，西安自创区紧紧围绕"1+3"服务体系构建展开技术转移工作。在"1"环境建设方面，规范科技成果挂牌线上线下技术交易流程，征集入库项目 7138 项，共有 12 家技术经理人机构参与对接成功 76 个项目，实现项目对接额 1.02 亿元。在"3"级管理体系构建方面，从会员管理、教育培训、业务指导 3 个方面入手，完善会员管理制度、教育培训体系、业务指导规划等总体建设。已发展单位会员 72 家、个人会员 253 人，认定初级技术经理人 175 名、中级技术经理人 17 人，认证技术经理人机构 53 家。

强化创新要素集聚和平台建设。西安自创区积极谋划与重点高校院所协同创新，深化探索协同创新机制，加大力度建设创新型公共服务平台，进一步集聚创新资源要素。例如，与西安交通大学合作共建丝路学院、西安大数据研究院、英国生物港，与卢秉恒院士合作共建增材制造国家创新中心；与北京理工大学携手共建北理工军民融合（西安）创新基地；与西北工业大学合作设立空天动力研究院和西工大军民融合科技创新示范创新基地；与北京大学光华管理学院合作共建了自创区供应链管理服务平台；与西安光机所共建陕西光电子集成电路先导技术研究院；与省、市两级政府共同发起设立陕西省第一只集成电路专项产业基金——陕西省集成电路产业投资基金。

积极培育各类创新主体。西安自创区探索科技企业孵化培育、军民融合、合作嫁接、院（校）企分离、改造升级 5 种创新模式，不断推动企业成为统筹科技资源和科技创新的主体。已累计注册企业超过 8 万家，其中科技型中小企业占 80%；2018 年新认定高新技术企业 363 家，累计认定高新技术企业 2794 家；培育独角兽企业 1 家、种子独角兽企业 32 家、雏鹰企业 865 家、瞪羚企业 104 家。聚集重点实验室、工程技术中心、企业技术创新中心等创新平台 272 个，其中国家级创新平台 38 个。与知名企业、高校院所联合建设陕西空天动力研究院、CGO 实验室、特种飞行器研究院、陕西半导体先导技术中心、陕西省膜分离技术研究院等新型创新研发平台，投入政策资金超过 2 亿元，撬动社会资本超过 10 亿元。2018 年完成技术成果交易额 415 亿元，占西安市成果交易额的 40%（图 9-3）。

图 9-3　西安自创区梯度培育各类自主创新主体

### 3. 打造特色双创活动品牌，完善创新创业生态

塑造"秦英汇""创咖云"等活动品牌。"秦英汇"是西安市第一个双创品牌，包含大赛类、展示类、氛围类、训练类和分享类等 5 个类别，旨在通过塑造城市双创 IP、汇聚创业精英，进一步提升城市"双创"形象；"创咖云"致力打造"让创新创业更简单"的一站式服务平台，以可视化的大数据视角，提供全天候 24 小时不间断服务。此外，西安自创区还举办创业高新行、导师大咖秀、双创活动周、金牌训练营、天使投资会等活动，组织"百万大学生留西安就业创业 5 年行动计划""梦回长安—百万校友回归"双百万招才引智活动，推动更多高校校友、创业英雄带团队带项目创业。打造西安创业咖啡街区 2.0 版——嘉会坊，按照"科技硅坊、商业坊、休闲坊、旅游坊、示范坊"定位，构建活力社群交流、智能信息交互、潮流生活方式三大核心体系，营造"'5+2'天天有时尚、'白 + 黑'时时有创意"的双创氛围。

建设近 500 万平方米双创载体。截至 2018 年年底，西安自创区拥有各类双创载体 110 家，其中国家级孵化器和众创空间超过 30 家，建成众创空间聚集区和特色区 80 个，累计建成双创载体面积近 500 万平方米，在孵企业超过 4000 家，创业孵化从业人员已超过 10 万人，开展各类双创活动 500 余场次。

创新科技金融支撑硬科技。西安自创区与深交所信息公司、陕股交中心共同搭建了"陕西科技企业投融资常态化网上路演平台"，面向全国 3200 家机构，8000 多名投资人实现了"7+24"全天候的项目对接平台，与平安银行、华夏银行等合作推出了"园信通"等信用金融服务产品。开展全国首批投贷联动试点，鼓励试点银行探索创业投资和银行信贷相结合的创新型融资模式，截至 2018 年年底，各试点银行为区内 24 家企业提供投贷联动服务，贷款总额 3.16 亿元，投资总额 2.21 亿元。同时，西安自创区支持延长石油获批跨境双向人民币资金池业务，支持迈科集团通过海外协议付款业务，支持招商银行在陕西自贸区首次应用区块链技术为区内企业

叙做美元跨境支付业务。

**4. 积极融入"一带一路",加强国际合作交流**

发挥"双自联动"效应。西安自创区在全省率先开展"国地税融合""54证合一"办理模式,在全国首推周末不休假"5+2"延时服务工作模式,发布"最多跑一次清单"465项,在全省首推政务服务"容缺办理"。紧密联合西安海关开展了一系列通关便利化创新,不断刷新西安关区贸易通关速度,对区内企业实现365天×24小时通关服务。在西安高新综保区试点第一票"无纸化"、第一票"通关一体化"、第一票"区港联动"、第一票"区区联动"、第一票"跨关区流转"。在全国率先开展特殊区域外集成电路研发检测企业全程保税业务试点,将企业研发的集成电路货品通关时间从将近3个工作日压缩到不到3小时,提升通关效率95%。在陕西自贸区成功开展艺术品区外保税展示业务,推动陕西自贸区文化艺术品保税展示交易等新型业态在陕西创新发展。

以全球化思维提升产业发展水平。西安自创区坚持更高水平"引进来",积极融入"一带一路"建设,主办2018"一带一路"硬科技产业投资高峰论坛、2018首届丝路商业航天大会等重大活动,加速汇聚全球优质产业创新资源。先后聚集三星、美光、应用材料、强生、霍尼韦尔、华为、中兴、比亚迪、法士特等一大批国际、国内龙头企业,拥有Intel研发中心、IBM研发中心、GE创新中心等世界500强研发中心40多个。在产业龙头引领下,众多以创新研发为特征、处于产业价值链高端、拥有国际前沿技术水平的国内外知名企业纷纷落户西安自创区,带动本地产业跨越升级,使得西安的全球竞争能力大幅提升。

创新离岸孵化器建设模式。西安自创区以国际化视野拓展创新创业升级思路,加强与"一带一路"沿线国家合作,扩宽园区海外招商渠道,与Plug&Play、Founder Space等国际著名孵化器公司建立合作,与以色列创意联合会、阿联酋迪拜工商会、泰国数字创新园等行业机构加深合作,不断提升自创区与海外产业资源的对接能力,以及全球创新要素和资源的整合能力。

**分报告 10**

# 杭州国家自主创新示范区

——发力数字经济，打造"全国数字经济第一城"，建设具有全球影响力的"互联网+"创新创业中心

**导读：**

杭州自创区充分发挥国家自创区试点政策和省市"1+X"政策先行先试优势，充分发挥国家自创区与中国（杭州）跨境电子商务综合试验区叠加作用，坚持产业引领、创新驱动、产城融合、民生优先四大战略，深入实施数字经济"一号工程"，全面推进数字产业化、产业数字化和城市数字化协同融合发展，积极打造全国数字经济第一城，深化改革创新，促进创新人才链、资本链、服务链和价值链深度融合，不断增强内生发展能力，综合实力跨上新台阶，在加快经济转型升级、提升自主创新能力、优化创新创业生态等方面取得了重大进展。

## 一、基本情况

2015年8月，国务院批复同意支持杭州、萧山临江2个国家高新区建设国家自创区。按照《国务院关于同意杭州国家级高新区建设国家自主创新示范区的批复》（国函〔2015〕136号），要求全面实施创新驱动发展战略，充分发挥杭州创新资源集聚优势，积极开展创新政策先行先试，以科技创新和"互联网+"推进转型升级，全面提高自主创新和辐射带动能力，打造具有全球影响力的"互联网+"创新创业中心，努力把杭州国家级高新区建设成为创新驱动转型升级示范区、互联网大众创业集聚区、科技体制改革先行区、全球电子商务引领区和信息经济国际竞争先导区。

杭州自创区以杭州高新区（滨江）和杭州萧山临江高新区为核心区。2015年获批后，组织编制了《杭州国家自主创新示范区发展规划纲要（2015—2020年）》，提出了建设国家创区的奋斗目标、重点任务和保障措施；超前谋划了《杭州国家自主创新示范区空间布局规划》，提出要以滨江、临江2个国家高新区为核心，按照"一区十片、多园多点"的空间布局建设国家自创区，并以此指导杭州市及所辖各区、县（市）、市级园区"十三五"发展规划编制和实施，构建全域创新发展格局（图10-1）。2018年，杭州自创区实现地区生产总值1655亿元，同比增长8.90%，

图 10-1　杭州自创区空间示意

占全市比重为 12.25%。

## 二、政策创新与体制机制改革

### 1. 出台"黄金 12 条",构建"1+X"政策体系

落实先行先试政策,出台"黄金 12 条"。杭州自创区为进一步推广实施中关村"6+4"先行先试政策,结合自身实际,大胆探索适应本地区科技创新和产业发展需求的政策措施,出台了《关于进一步支持大众创新创业建设国家自主创新示范区的实施意见》,包括鼓励科技人员创业、鼓励企业创新发展、鼓励众创空间发展、鼓励创业投资四大版块 12 条等含金量高、突破力度大的先行先试政策。

省市区三级共振,制定"1+X"政策体系。"1"为浙江省委、省政府制定的《关于加快杭州国家自主创新示范区建设的若干意见》(浙委发〔2015〕27 号),从统筹空间布局和平台载体建设、推进创新型产业和企业发展、深化科技和人才体制改革、强化政策和环境支撑等方面,提出了推进杭州自创区建设的具体意见和重大举措。"X"为杭州市制定的《关于发展众创空间推进大众创业万众创新的实施意见》《关于加强工业和科技重大创新项目统筹管理的意见》《关于促进科技、金融与产业融合发展的实施意见》《关于加快建设知识产权强市的实施意见》《杭州"创新创业新天堂"行动实施方案》等配套文件,在科技金融、知识产权运用和保护、人才集聚、信息化与工业化融合、互联网创新创业等方面,积极开展政策先行先试。2018 年 3 月,杭州高新区(滨江)发布新一轮"1+X"产业政策,其中"1"是指一个综合性产业扶持政策,未来三年将安排超过 150 亿元的产业扶持资金;"X"是指包括加强人才工作、促进领军企业跨越发展、支持瞪羚企业加快发展、促进科技企业创新创业、扶持文化创意产业发展、加强知识产权工作、推进企业上市和并购重组、支持科技型企业融资、促进招商引资、推进产业国际化及人才激励等具体配套政策。

### 2. 省市区多方联动,推进全面创新改革

省市联动设立工作领导小组。在省级层面,杭州自创区建设工作由浙江省科技体制改革和创新体系建设领导小组负责,具体由浙江省科技厅负责与科技部对接、省级部门协调工作。在市级层面,杭州市成立了由市委、市政府两位主要领导挂帅的杭州市国家自创区建设工作领导小组,办公室设在市科委,日常工作由市科委牵

头负责。

推进全面创新改革试验。杭州市贯彻全国、全省科技创新大会精神,在省委全面深化改革领导小组指导下,建设杭州省级全面创新改革试验区,制定了《杭州市全面创新改革试验实施方案》。2017年以来,杭州市20多项省级全面创新改革试验任务稳步推进,9个重点突破的专项改革试点项目全面落地,在科技成果转化、高层次人才引进等方面制定了一批政策法规,在促进大众创业万众创新、建设高层次创新载体(平台)等方面建立了一批试点,在健全政府管理服务、培育企业创新主体等领域出台了一系列举措,以科技创新为核心的全面创新为区域经济发展提供了强大的内生动力(图10-2)。

图10-2　杭州市委市政府推进全面创新改革试验区建设动员大会

持续推行商事制度改革。2013年以来,杭州自创区商事制度改革实现了从"1.0版本"到"3.0版本"的升级。2013年的"1.0版本",主要是推出包括注册资本认缴登记制、先照后证、五证一章联发等9项改革举措。2015年启动的"2.0版本",在全省率先试点五证合一改革,实行市场监管部门一窗受理、一表申请、一照打天下,极大地缩短了办事时间,降低了创业成本。2016年的"3.0版本"模式,推出企业名称自主申报、个体户两证合一等改革新举措,同时开展全程电子化工商登记,实现申请人足不出户、身在异地均可办理业务,完成由"群众跑腿"向"数据跑腿"的转变。此外,杭州自创区还通过同步打造跨境电子商务信用体系、加强跨境电商品牌培育、建立跨境电商消费维权机制等,引导推动跨境电商健康有序发展。

## 三、示范重点和主要措施

### 1. 壮大发展数字经济产业集群,打造全国新经济样板

依托龙头企业培育数字经济产业集群。杭州自创区把加快发展数字经济列为"一号工程",把信息化和信息产业作为加快经济发展方式转变和实现经济社会可持续发展的"新引擎""新动力",突出主攻方向,发挥特色优势,抢占技术和产业制高点。围绕建设全国数字经济最强区,坚持数字产业化、产业智慧化,做大做强电子信息制造业、软件服务业、大数据和云服务产业,培育一批百亿级数字经济产业和数字经济龙头企业,打造万亿级数字经济产业群。围绕建设创新驱动转型升级示范区,运用先进适用技术对传统优势产业进行改造提升,实现转型升级、创新发展。涌现阿里巴巴、华三通信、海康威视、浙江中控、聚光科技等一大批行业领军企业,形成了电子商务、"人工智能+"等一大批具有全球竞争力的"互联网+"产业集群(图10-3)。

图 10-3 杭州自创区人工智能小镇

"三位一体"建设智慧e谷。杭州自创区通过推进智慧技术、产业和应用"三位一体"建设,全力打造智慧e谷。先后出台《加快示范应用推进杭州高新区(滨江)"智慧城市"项目建设工作实施方案》《滨江区智能交通管理系统建设三年规划(2015—2017年)》等方案,以示范项目为突破口,强化政府数据资源的开发利用和整合共享。通过"无线滨江、智慧安防、智慧交通、智慧城管、智慧社区、智慧医疗、智慧节能、智慧教育"等领域的应用示范,创新优化智慧城市建设和运营

的商业模式，形成一批可复制、可推广的智慧城市解决方案，培育一批"高、精、专"的领军企业（图10-4）。

图10-4　杭州自创区智慧e谷大楼

加快建设全球电子商务引领区。杭州自创区聚焦跨境电子商务交易、支付、物流、通关、退税、结汇等环节，在技术标准、业务流程、监管模式和信息化建设等方面加强先行先试，实现跨境电子商务信息流、资金流、货物流"三流合一"，逐步形成一套适应和引领全球跨境电子商务发展的管理制度和规则，在全球电子商务发展中初步占据重要话语权。围绕电子商务服务、互联网金融服务、第三方支付、智慧物流、跨境电子商务、云计算和大数据、网络信用体系建设等领域，建成覆盖43个部门、8大数据主题的中国（杭州）跨境电子商务大数据平台，为杭州打造跨境电子商务创新、数据、服务中心，建设网上丝绸之路枢纽和打造国际网络贸易中心奠定重要基础。

**2. 加快推进重大创新战略，建设浙江"创新第一区"**

谋划建设多个创新战略。浙江省、杭州市在杭州城西高标准规划建设杭州城西科创大走廊，建设国家科技成果转移转化示范区和面向全球的技术转移枢纽，促进国内外创新资源要素向杭州集聚，提升杭州自创区自主创新能力。杭州市与嘉兴市、上海松江区等谋划合作共建G60科创走廊，推动科技资源共享、产业创新协作、创新要素融合。浙江省、杭州市、浙江大学、阿里巴巴集团等共同出资，成立以网络信息、人工智能为研究方向的"之江实验室"，助力杭州建设成为国家级科技创新策源地

（图10-5）。浙江省、杭州市分别提出"湾区（杭州湾）发展"战略、"拥江（钱塘江）发展"战略，以建设杭州自创区为引领，在杭州湾沿岸、钱塘江沿线规划实施一批重大创新项目，持续增强自主创新能力。

图10-5　之江实验室落户杭州人工智能小镇

聚焦建设高水平产业创新平台。杭州自创区积极牵手大院大所、知名高校和重点企业，加快建设产学研协同创新平台，开辟出一条高效协同创新路径（图10-6）。

图10-6　浙江大学航空高端装备中心

建成国家通信产业园、国家软件产业基地、国家集成电路设计产业化基地、信息产业国家高技术产业基地等 16 个与网络信息产业相关的国家级产业基地；搭建包括微软软件开发工具创新服务平台、英特尔软件创新服务平台等 10 多个公共技术服务平台；与浙江大学探索设立基金、举办创业大赛等多种形式合作；与中国计量大学合作建立杭州高新区（滨江）知识产权人才培育基地。

企业自主创新能力不断提升。杭州自创区积极贯彻落实《中国制造 2025 杭州行动纲要》《杭州市制造业创新中心建设实施意见》《杭州市重大产业和关键技术突破创新工程项目管理实施办法》等政策意见，先后推进与阿里巴巴、华为、科大讯飞、航天八院、中兴通讯、中电海康等行业龙头企业的战略合作，在重点细分行业组织实施一批重大创新项目，加快突破关键共性技术（图 10-7）。近年来，杭州自创区全社会 R&D 占 GDP 比例始终保持 13% 以上，科技活动经费支出增速保持 20% 左右。2018 年，杭州自创区发明专利申请量达 7299 件，同比增长 11.23%，万人发明专利拥有量达到 314 件，位居全省第一、全国领先，成为名副其实的浙江"创新第一区"。

图 10-7 杭州自创区华为研发基地

### 3. 实施"大孵化器"战略，建设互联网大众创业集聚区

加快建设基于互联网特色的孵化器。截至 2018 年年底，杭州自创区累计建成市级以上科技企业孵化器、众创空间数量超过 300 家，孵化总面积超过 500 万平方米。其中，国家级孵化器和众创空间分别达 32 家和 55 家，位居省会城市首位。围绕建设互联网大众创业集聚区，杭州自创区加快网络信息基础设施建设，营造互联网创

新创业"零成本"环境，形成基于互联网创新创业的杭州特色、浙江模式。2018年，杭州自创区新登记企业11.9万家，同比增长12.5%，年末在册市场主体超过111.5万户。其中，小微企业占企业总数95%以上，成为经济保持激情与活力、生成新动能的重要基础保证。

"双创示范"工作成效显著。杭州自创区针对小微企业缺资金、缺经验、缺场地、负担重等共性问题，围绕创业创新空间、公共服务、融资支持、税费减免、体制机制创新等重点方面，形成了具有杭州特点的"小微企业创业创新基地城市示范"工作体系。围绕中央资金整合市、区两级资金，聚焦"双创示范"扶持小微企业创业创新。打造众创空间、孵化器、小型微型企业创业创新示范基地、特色小镇等空间载体，为小微企业创业创新提供场地。基于"互联网+"打造小微企业公共服务，形成了"服务券、活动券、创新券、云创券"小微企业公共服务体系。通过设立引导基金、培育创业品牌活动等调动政府、市场和社会力量聚焦双创示范，服务小微企业。积极落实小微企业税收优惠、推进商事制度改革、简化行政审批事项等，为小微企业减费降负，释放双创活力（图10-8）。

图10-8　杭州自创区国家级双创示范基地——大创小镇

打造海外高层次创新创业基地。杭州自创区海外高层次创新创业基地已逐步成为全国引进海外留学回国人才的重要品牌和主要载体之一。基地已集聚留学回国创新创业人才4000余人，培育了一批能够突破关键技术、发展高新产业、带动新兴学科的领军人才，培养造就了一支规模宏大、结构优化、布局合理、素质优良的高层次人才队伍。截至2018年年底，杭州自创区集聚留学回国人才创办企业640余家，其中上市企业6家，年收入超亿元企业19家，超千万元企业47家，培育了一批具有创新研发能力和国际视野的高科技企业。杭州硅谷孵化器投资并孵化海外高科技创业企业39家，杭州硅谷孵化器母基金已完成11家硅谷优秀基金的投资，成功推动了30多家海外优秀高科技企业落户杭州（图10-9）。

图10-9　杭州硅谷创新中心

物联网、互联网特色小镇成为创业热土。杭州自创区已建设滨江互联网小镇、滨江物联网小镇等20余个特色小镇，占浙江省的28.6%，杭州市的50%，居杭州市各区县首位。滨江物联网小镇主攻物联网产业，围绕云计算、大数据、移动互联网等物联网基础性支撑产业，集聚了海康威视等一批具有国际竞争力的物联网产业龙头骨干企业。2017年，物联网产业销售收入突破500亿元，集聚企业100家，建设孵化空间41.1万平方米，集聚物联网研发人才2.5万人。滨江互联网小镇围绕互联网平台经济，积极发展互联网新业态、新模式、新应用，培育形成从互联网技术研发到应用的产业链条，集聚企业92家，其中高新技术企业38家，拥有省级重点研究院9家，省级以上企业技术中心、研发中心13家，专利授权量2000多件。

科技金融发展成效显著。为发挥民营资本优势，浙江省成立科技成果转化引导基金，杭州市成立天使引导基金，设立跨境创投基金，杭州自创区贯彻落实国家推进科技金融结合的试点政策，跟踪国内外科技金融先进城市的举措，不断丰富创业投资引导、天使投资引导、硅谷创新引导、科技型中小企业周转、科技担保等方式，加大力度吸引国内外资本来杭集聚，更好服务科技型中小微企业创新创业（图10-10）。截至2018年年底，杭州自创区创业投资引导基金规模10.7亿元，天使投资引导基金规模7.84亿元，硅谷引导基金规模3.68亿元，科技型中小企业周转资金1亿元，政策性担保注册资本2亿元。创投、天使基金累计投资项目926个，带动社会联合投资额27.58亿元，累计15家企业成功上市，13家企业被上市公司并购，15家企业新三板挂牌。

图10-10　杭州自创区科技金融服务中心股权融资路演

**4. 发布多轮人才计划，打造人才生态最优区**

加快推进"人才新政"。杭州自创区坚持"创新是第一动力、人才是第一资源"的发展理念，细化落实杭州市"人才新政27条"和人才"若干意见22条"，不断深化"5050计划"，加快实施人才新政30条等积极、开放和有效的人才政策，不断完善"人才+资本+项目"引才机制，积极鼓励海外留学人员回国创新创业，在新一代信息技术、互联网等领域引进一批领军型创新人才和创业团队。

人才工作成效明显。"名校名院名所"建设工程扎实推进，西湖高等研究院正式招生，西湖大学通过教育部专家组评审，北大信息技术高等研究院、北航杭州创新研究院、奥克兰大学中国创新研究院落地，之江实验室、阿里达摩院先后设立（图10-11）。人才工作国际化持续推进，建设国际人才创业创新园，外国人签证、停居留等7项出入境便利政策获批，杭州进入"外籍人才眼中最具吸引力的中国城市"

前三，人才净流入率居全国第一。数字经济领域人才支撑发展明显，2018年自主申报的高层次专家人数达121人，88%的人才资源汇聚在企业，高层次人才对重点产业和未来产业的发展支撑作用越来越明显。

图 10-11　阿里巴巴达摩院落户余杭

**5. 积极链接全球科创平台，提升国际化发展水平**

搭建多领域多功能国际科技合作平台。杭州自创区搭建了中英 HITECH 创新创业论坛、中以科技合作平台、滨江国际医创论坛等5个国际科技合作平台，协助国际企业对接国内资本、产业链、市场，持续引进国外先进创新成果落地转化。建立企业"走出去"发展机制，鼓励科技创新型龙头企业积极"走出去"，在境外设立研发机构、构建营销网络、投资高端科技和新能源领域，加快融入全球产业链，代表中国参与国际竞争（图 10-12）。

境外投资持续快速增长。2018年，杭州自创区累计59家企业申请投资备案，其中新设项目47个，增资项目12个，技术研发类项目31个，占全部投资总额的90%，新设海外营销网络17个，分布于美国、中国香港、新加坡等15个国家（地区）。涉及行业不断拓展，外经规模不断扩大。

图 10-12　杭州自创区中英国际论坛

## 分报告 11
## 珠三角国家自主创新示范区

——构建开放型区域协同创新格局，支撑粤港澳大湾区建设

导读：

　　珠三角自创区以建设国家科技产业创新中心为核心任务，精准聚焦创新驱动发展"八大抓手"，大力推动与广东自贸区"双自联动"，积极推进政策先行先试，探索协同创新新模式，着力培育创新型产业集群，加快发展高水平大学、新型研发机构、重点实验室，加快培育高新技术企业，区域创新体系整体效能不断提升，创新创业环境加速优化，"1+1+7"开放型区域协同创新格局加快形成，有力支撑粤港澳大湾区建设。

## 一、基本情况

2015年9月，国务院批复同意支持广州、珠海、佛山、惠州仲恺、东莞松山湖、中山火炬、江门、肇庆8个国家高新区建设国家自创区。按照《国务院关于同意珠三角国家高新区建设国家自主创新示范区的批复》（国函〔2015〕154号），要求全面实施创新驱动发展战略，充分发挥珠三角地区的产业优势和创新资源优势，积极开展创新政策先行先试，激发各类创新主体活力，着力培育良好的创新创业环境，全面提升区域创新体系整体效能，打造国际一流的创新创业中心，努力把珠三角国家高新区建设成为我国开放创新先行区、转型升级引领区、协同创新示范区、创新创业生态区。

珠三角自创区以广州、珠海、佛山、惠州仲恺、东莞松山湖、中山火炬、江门、肇庆8个国家高新技术产业开发区为核心，总面积为126.03平方千米（图11-1）。2018年，珠三角自创区实现地区生产总值8.11万亿元，占全省地区生产总值的比重达到83%；高新技术企业存量超4.3万家，占全省高新技术企业总数的95%。

图11-1　珠三角自创区空间示意

## 二、政策创新与机制体制改革

**1. 大力推动"双自联动",政策先行先试取得新突破**

出台"双自联动"实施方案。2016年11月,广东省自创办和省自贸办联合印发了《珠三角国家自主创新示范区与中国(广东)自由贸易试验区联动发展的实施方案(2016—2020年)》,提出19条"双自联动"重点举措,明确了14条试点任务,推动改革和创新双轮驱动发展,实现"1+1＞2"放大效应。广州市、珠海市分别出台"双自联动"实施方案,有效加快了珠三角自创区和广东自贸区联动融合发展(图11-2)。

图11-2 广州南沙自贸区

开展先行先试政策探索。珠三角各地市不断加大创新驱动发展支持力度,新政策新举措不断推出。2018年3月,广州市政府正式印发《关于珠三角国家自主创新示范区(广州)先行先试的若干政策意见》,在支持境外资本参与创新创业投资和成果转化活动开展生物材料检验检疫监督管理改革试点、引进和激励海外高层次人才、创新金融手段促进科技成果转化、支持新型研发机构发展、打造特色价值创新园区体系等多个方面提出了具有突破性意义的政策举措。东莞市印发《东莞市人民政府支持东莞松山湖建设国家自主创新示范区的政策措施》,涉及股权投资、产业发展、信用管理、创新创业等领域的政策创新内容。

**2. 加强顶层设计,建立省市区联动推进机制**

健全组织领导机制。2016年,广东省委、省政府召开了创新驱动发展大会和珠三角自创区工作推进会议，系统部署和推进珠三角自创区建设。广东省全面深化改革加快实施创新驱动发展战略领导小组第五次会议决定，在领导小组下设立珠三角自创区建设工作办公室，由时任副省长袁宝成担任办公室主任，办公室设在省科技厅，负责加强对珠三角自创区的指导和协调。珠三角各地市均成立了由市委书记或市长任组长的自创区建设工作领导小组，并设立专职机构。

创新工作推进机制。2016 年 4 月，广东省政府印发《珠三角国家自主创新示范区建设实施方案（2016—2020 年）》，明确珠三角自创区建设的目标定位、建设任务和保障措施等，研究起草了"三部两院一省"共同推进珠三角自创区建设战略合作协议。同时，省自创区办每年制定珠三角自创区年度工作要点，建立年初有目标、年中有检查、年末有评估的工作推进机制，每年年初召开工作推进会，年中由省领导带队前往各地市开展督导检查工作，年末进行评估总结，确保各项工作落到实处。

## 三、示范重点和主要举措

### 1. 大力发展高新技术产业，产业转型升级成效显著

培育打造创新型产业集群。2018 年，珠三角自创区高新技术产业发展势头良好，形成了产值超万亿元的珠江东岸高端电子信息产业带和珠江西岸先进装备制造产业带，工业机器人、3D 打印、LED 等战略性新兴产业取得新进展。广州个体化医疗与生物医药、惠州云计算智能终端、佛山高端装备、中山健康科技、珠海智能电网装备、江门 LED 绿色光源等创新型产业集群优势突出，成为带动各区域发展的强大力量（图 11-3、图 11-4）。

大力实施智能化技术改造。珠三角自创区充分结合产业发展需求，大力实施工业转型升级攻坚战，积极开展专项督查、加强政策宣贯、强化技改服务、降低政策门槛等举措，新一轮技术改造成效显著，有力支撑产业转型升级。2018 年，珠三角自创区实施技术改造规上工业企业 6336 家，智能化技术改造示范企业 360 家，新增机器人应用 19 650 台（套），有力推进工业向高端化、智能化、绿色化迈进。佛山市作为珠三角唯一的制造业转型升级综合改革试点城市，积极推动智能化改造和设备更新，全年完成工业技术改造投资 577.37 亿元，连续 5 年总量居全省首位，累

计超过一半规模以上工业企业开展技术改造。江门市出台了"机器人应用""技改事后奖补"等专项资金实施细则,技改投资额增速居珠三角第2位,仅次于深圳。

图11-3　广州高新区科学城

图11-4　珠海高新区南方软件园

**2. 加快建设高水平科研机构,自主创新能力持续提升**

大力发展高水平大学。珠三角自创区积极支持高校深化科研体制机制改革,加强重点学科建设,优化学科专业结构,完善高校考核评价体系,高水平大学、理工科大学和理工类学科专业建设取得积极进展。中山大学、华南理工大学进入世界一流大学建设名单,暨南大学的药学(自定)、华南师范大学的物理学和广州中医药大学的中医学进入世界一流学科建设名单。截至2017年年底,广东省高校共有63个学科入围ESI排名前1%,有5个学科进入前1‰,18个学科入选国家"双一流"建设。东莞市出台了《加快推进东莞理工学院高水平理工科大学建设的实施意见》,5年投入35亿元,以超常规举措支持东莞理工学院创建高水平理工科大学。

加快建设新型研发机构。广东省在全国率先出台《广东省科学技术厅关于新型研发机构管理的暂行办法》,规范和明确新型研发机构的功能定位,推动新型研发机构健康持续发展。珠三角自创区积极推进产学研深度融合,推动地方政府、高校院所、企业及社会各界合作共建新型研发机构。截至 2018 年年底,珠三角自创区经省政府批准认定的新型研发机构共 180 家(图 11-5)。其中,东莞松山湖高新区建有新型研发机构超 10 家,吸引了 10 多个省份的创新科研团队落户,引进孵化了近 200 家科技企业,吸引了王立军院士的"大功率半导体激光器及相关仪器设备产业化"、侯洵院士的"垂直结构大功率半导体照明芯片产业化"等一批重大科技成果到莞转移转化。佛山高新区组建了广工大数控装备协同创新研究院、华南智能机器人研究院等智能制造类新型研发机构,有效引领制造业转型升级。

图 11-5  广东华中科技大学工业技术研究院

积极建设实验室。以培育创建国家实验室、打造国家实验室"预备队"为目标,珠三角自创区在再生医学与健康、先进制造科学与技术、材料科学与技术领域启动建设了首批 3 家广东省实验室,并积极筹建和申报国家实验室。截至 2018 年年底,珠三角自创区已建成国家级重点实验室 29 家,2018 年新建省级重点实验室 7 家,基本实现了重点发展领域全覆盖。

加大核心技术攻关。2018 年 8 月,广东省政府出台《关于加强基础与应用基础研究的若干意见》,全面系统部署基础与应用基础研究工作,设立基础与应用基础研究基金,着力提升原始创新能力。珠三角自创区积极推进实施重点领域研发计划,实行全面开放申报和并行资助新模式,试行"揭榜"制,主动对接国家重大科技项目，有效组织了一批重点领域研发项目（图11-6、图11-7）。持续实施"粤港科技创新联合资助计划"，深化珠三角自创区与港澳地区创新合作。2018年，珠三角自创区发明专利授权量5.17万件，同比增长16.46%，其中肇庆、珠海、东莞等地区发明专利授权量同比增长均达35%以上，深圳有效发明专利数、PCT国际专利申请量24 994件，继续保持全国大中城市第一，区域自主创新能力和国际竞争力不断提高。

图11-6　中国（东莞）散裂中子源

图11-7　国家超级计算广州中心天河二号

**3. 着力集聚创新资源要素，创新创业环境不断优化**

完善创业孵化育成体系。珠三角自创区加快实施孵化器倍增计划和提质增效行动，修订完善孵化器后补助政策，推动孵化载体专业化、国际化发展，基本形成"众创空间—孵化器—加速器"全孵化链条，龙头企业、投资机构、高校科研院所等成为孵化载体建设的主力军。2018年，珠三角自创区建有孵化器876家、众创空间

779家，其中，国家级科技企业孵化器103家，国家备案众创空间214家，占全省的比例均超90%。广州高新区打造了华南地区面积最大的孵化器集群，建成孵化器80家，总孵化面积达460万平方米，建设了中欧创新孵化中心、中欧岭南创新创业科教园孵化器、中以生物产业孵化基地等一批新型孵化器。惠州仲恺高新区积极探索"异地孵化、惠州加速"模式，在北京中关村、美国波士顿等地设立异地孵化器。

加快发展科技金融服务。珠三角自创区将科技金融作为加快科技成果转化和培育战略性新兴产业的重要支撑，以开展普惠性科技金融试点为重要抓手，出台普惠性科技金融、企业挂牌上市等多项政策措施，搭建覆盖全省线上和线下相结合的科技金融服务平台，积极打造服务创新驱动的金融服务体系。截至2018年年底，珠三角自创区在中国证券投资基金业协会备案的私募股权及创业投资机构3332家，管理资本规模1.7万亿元，有力支撑了实体经济发展。广州高新区持续探索科技与金融紧密结合的新路径，打造"一核多支点"广州金融创新服务区。佛山高新区"千灯湖创投小镇"成为省级唯一涉及各类基金业态的特色小镇。

建设高水平人才队伍。珠三角自创区大力推进人才发展体制机制改革，加快建设粤港澳人才合作示范区，不断健全高层次人才引进培养体系，大力实施"珠江人才计划""广东特支计划"等重大人才工程，创新人才队伍建设成效显著。2018年，珠三角自创区新增引进省创新创业团队31个、新增引进领军人才15个。广州高新区相继发布"美玉10条""港澳青创10条""海外尖端人才8条"等人才政策，包括项目支持、人才资助、荐才奖励、一人一策、国民待遇、出入境便利、"一对一"服务等内容，不断强化对高层次尖端人才的扶持力度。惠州仲恺高新区围绕"人才强区"战略，实施"恺旋人才计划"，推出"双凤计划"，开展"盼凤还巢"活动，人才招引成效显著。

### 4. 加大高新技术企业培育力度，推动企业发展量质齐升

深入实施高新技术企业培育计划。珠三角自创区将高新技术企业作为实施创新驱动发展战略的"牛鼻子"，开展高新技术企业树标提质行动，不断完善企业奖补、研发准备金等政策和服务体系，持续做大高新技术企业增量，着力将数量优势转化为发展优势。2018年，珠三角自创区高新技术企业存量超4.3万家，比2017年新增近2.3万家；通过国家科技型中小企业评价并入库的企业总数达26 554家，占全省的比重超过94%。其中，深圳高新技术企业存量达1.44万家，广州达1.17万家，

高新技术企业作为引领区域创新发展"牛鼻子"的作用更加凸显。

推进规上工业企业研发机构建设。珠三角自创区积极出台支持企业研发机构建设和研发投入的激励性政策，引导规模以上工业企业建设技术创新中心、重点实验室等研发平台，形成模式多样、布局优化的企业研发创新体系。积极推进粤港澳联合实验室建设，支撑服务大湾区国际科技创新中心建设。支持和鼓励企业与高校、科研院所、新型研发机构深化产学研合作，构建协同创新联合体。截至2018年年底，珠三角自创区规上工业企业设立研发机构比例超过40%。

### 5. 强化辐射带动作用，构建区域创新一体化格局

引领珠三角创新一体化发展。珠三角自创区作为全国第2个以城市群为单位的国家自创区，持续探索具有全国示范意义的区域协同创新一体化发展新路径新模式。广东省委、省政府出台《广深科技创新走廊规划》，形成"一廊联动、十核驱动、多点支撑"的创新局面，广州、深圳的龙头带动作用更加凸显，珠三角自创区"1+1+7"的区域创新格局加速形成。同时，按照国家粤港澳大湾区建设规划部署，珠三角自创区加快推进粤港澳大湾区创新合作，全力支撑打造国际科技创新中心。

辐射带动城市群协同创新发展。珠三角自创区充分发挥国家高新区产业和创新优势，积极推进"广佛肇""深莞惠""珠中江"城市群协同发展，三大经济圈内各城市已基本建立以市长联席会议为代表的跨区域发展协调机制，在重大创新平台建设、创新资源开发共享、科技成果相互转化、知识产权保护、创新人才联合培养等方面先行先试。

积极参与粤东西北地区振兴发展。珠三角自创区建立了与粤东西北高新区对口帮扶机制，形成"中山火炬+潮州""东莞松山湖+韶关"等高新区合作格局，通过产业共建、创新资源共享等方式推动省内高新区协同发展。

**分报告 12**

# 郑洛新国家自主创新示范区

—— 以"四个一批"为抓手,打造具有国际竞争力的中原创新创业中心

**导读:**

郑洛新自创区作为河南省实施创新驱动发展的"试验田",自获批以来,充分发挥国家政策叠加和区位交通枢纽优势,以扶持一批创新引领型企业、搭建一批创新引领型平台、培育一批创新引领型人才、引进一批创新引领型机构等"四个一批"为抓手,积极推进体制机制改革和政策创新,研究制定"1+N"政策体系,着力推进政策落实"最后一公里",大力促进创新能力跨越式提升,全力构建创新引领型高地,已成为中原地区高新技术产业发展的重要载体。

## 一、基本情况

2016年4月，国务院批复同意郑州、洛阳、新乡3个国家高新区建设国家自创区。按照《国务院关于同意郑洛新国家高新区建设国家自主创新示范区的批复》（国函〔2016〕63号），要求全面实施创新驱动发展战略，充分发挥郑洛新地区的区位和交通枢纽优势，积极开展创新政策先行先试，激发各类创新主体活力，着力培育良好的创新创业环境，深入推进"大众创业、万众创新"，全面提升区域创新体系整体效能，打造具有国际竞争力的中原创新创业中心，努力把郑洛新国家高新区建设成为开放创新先导区、技术转移集聚区、转型升级引领区、创新创业生态区。

郑洛新自创区区域面积20.9平方千米，实际管辖面积247平方千米（图12-1）。截至2018年年底，集聚创新引领型企业、人才、平台、机构总数均占全省的50%以上；R&D经费占比达1.85%，高于全省0.54个百分点；技术合同成交额达127亿元，占全省的84.8%；万人发明专利拥有量达9.6件，是全省的2.7倍；高新技术产业增加值占规上工业增加值比重达51.9%，高于全省11.8个百分点，呈现良好的发展质量和增长态势。

图12-1　郑洛新自创区空间示意

## 二、政策创新与体制机制改革

### 1. 建立"1+N"政策体系,大力推进政策落实

以"30条意见"为核心构建"1+N"配套政策体系。为支持郑洛新自创区建设发展,加快落实国家赋予的先行先试政策,破解制约河南省创新驱动发展面临的创新主体不强、平台不多、人才不足、机制不活、环境不优等问题,2016年8月,河南省委、省政府出台《关于加快推进郑洛新国家自主创新示范区建设的若干意见》(以下简称30条意见),从激发创新主体活力、推进开放式创新、集聚海内外人才资源、创新科技管理体制机制、优化创新创业环境等方面提出了30条具有突破性、前瞻性、实用性的政策。围绕"30条意见",省直有关部门制定出台了一系列支持郑洛新自创区建设的配套政策,初步构建了有效支撑郑洛新自创区发展的"1+N"政策体系。郑、洛、新三地结合各自特点,纷纷出台了支持自创区建设的相关政策意见(表12-1、表12-2)。

表12-1 郑洛新自创区"1+N"政策体系(省级有关政策)

| 政策 | 发布时间 | 发文机关 |
| --- | --- | --- |
| 《关于加快推进郑洛新国家自主创新示范区建设的若干意见》 | 2016年8月 | 河南省委、省政府 |
| 《郑洛新国家自主创新示范区科技成果转化引导基金实施方案》 | 2016年12月 | 河南省政府办公厅 |
| 《关于充分发挥检察职能保障和促进郑洛新国家自主创新示范区建设的意见》 | 2016年10月 | 河南省人民检察院 |
| 《关于支持郑洛新国家自主创新示范区建设的意见》 | 2016年10月 | 河南省地税局 |
| 《河南省国家自主创新示范区建设专项资金管理暂行办法》 | 2016年10月 | 河南省财政厅、省科技厅 |
| 《保障和支持郑洛新国家自主创新示范区建设的意见》 | 2016年12月 | 河南省审计厅 |
| 《关于支持郑洛新国家自主创新示范区建设的意见》 | 2016年12月 | 河南省地税局 |
| 《郑洛新国家自主创新示范区辐射区遴选认定办法》 | 2016年11月 | 自创区领导小组 |
| 《郑洛新国家自主创新示范区考核评价暂行办法》 | 2016年11月 | 自创区领导小组 |
| 《河南省国家自主创新示范区财政资金奖补具体实施细则》 | 2017年5月 | 河南省财政厅、省科技厅 |

续表

| 政策 | 发布时间 | 发文机关 |
|---|---|---|
| 《关于郑洛新国家自主创新示范区高层次人才职称评价有关问题的通知》 | 2017年6月 | 河南省人力资源和社会保障厅 |
| 《加强郑洛新国家自主创新示范区专利创造运用保护暂行办法》 | 2017年8月 | 河南省知识产权局 |
| 《关于深化郑洛新国家自主创新示范区重点领域科技体制改革实施方案》 | 2017年6月 | 自创区领导小组 |
| 《关于印发〈郑洛新国家自主创新示范区2017年度创新引领型企业专项行动计划〉等四个专项行动计划的通知》 | 2017年6月 | 自创区领导小组 |
| 《2017年度郑洛新国家自主创新示范区创新引领型产业集群专项实施方案》 | 2017年6月 | 自创区领导小组 |
| 《郑洛新国家自主创新示范区辐射区遴选实施方案》 | 2017年6月 | 自创区领导小组 |
| 《关于郑洛新国家自主创新示范区核心区与省直部门建立直通车制度的实施意见》 | 2018年4月 | 河南省人民政府办公厅 |
| 《关于公布郑洛新国家自主创新示范区首批辐射区辐射点遴选结果的通知》 | 2018年11月 | 河南省人民政府办公厅 |

表12-2 郑洛新自创区"1+N"政策体系（市级有关政策）

| 政策 | 发布时间 | 发文机关 |
|---|---|---|
| 《郑州国家自主创新示范区建设实施方案》 | 2016年8月 | 郑州市委、市政府 |
| 《关于加快推进郑州国家自主创新示范区的若干政策意见》 | 2016年8月 | 郑州市委、市政府 |
| 《郑州市国家自主创新示范区发展规划纲要（2016—2025）》 | 2017年3月 | 郑州市人民政府 |
| 《郑洛新国家自主创新示范区洛阳片区建设实施方案》 | 2016年7月 | 洛阳市人民政府 |
| 《关于加快推进洛阳国家自主创新示范区建设的若干意见》 | 2016年12月 | 洛阳市委、市政府 |
| 《郑洛新国家自主创新示范区洛阳片区发展规划纲要（2018—2025）》 | 2018年6月 | 洛阳市人民政府 |
| 《关于成立洛阳国家自主创新示范区建设等领导小组的通知》 | 2016年11月 | 洛阳市人民政府办公厅 |
| 《关于激发大院大所大企业创新活力助推国家自主创新示范区建设的若干意见》 | 2017年9月 | 洛阳市人民政府办公厅 |

续表

| 政策 | 发布时间 | 发文机关 |
|---|---|---|
| 《郑洛新国家自主创新示范区新乡片区建设实施方案》 | 2016年12月 | 新乡市委、市政府 |
| 《关于加快推进郑洛新国家自主创新示范区新乡片区建设的若干意见》 | 2016年12月 | 新乡市委、市政府 |
| 《郑洛新国家自主创新示范区新乡片区2017年建设推进计划》 | 2017年3月 | 新乡市委办公厅 |
| 《新乡自创区2018年建设推进计划》 | 2018年4月 | 新乡市人民政府 |
| 《关于支持郑州国家自主创新示范区建设的意见》 | 2017年2月 | 郑州市地税局 |
| 《关于充分发挥检察职能服务保障郑州国家自主创新示范区的意见》 | 2017年3月 | 郑州市人民检察院 |
| 《郑州市国家自主创新示范区建设专项资金管理暂行办法》 | 2017年6月 | 郑州市科技局、郑州市财政局 |
| 《关于〈充分发挥检察职能依法保障和促进洛阳国家自主创新示范区建设〉的意见》 | 2016年12月 | 洛阳市检察院 |
| 《洛阳市审计局关于保障和支持郑洛新国家自主创新示范区洛阳片区建设的意见》 | 2018年1月 | 洛阳市审计局 |
| 《关于支持郑洛新国家自主创新示范区建设的意见》 | 2017年3月 | 洛阳市税务局 |
| 《洛阳国家自主创新示范区建设专项资金管理暂行办法》 | 2017年7月 | 洛阳市财政局、洛阳市科技局 |
| 《关于激发大院大所大企业创新活力助推国家自主创新示范区建设的若干意见》实施细则 | 2018年7月 | 洛阳市科技局 |
| 《关于加强洛阳国家自主创新示范区和国家自由贸易试验区知识产权工作的意见》 | 2018年9月 | 洛阳市知识产权局 |
| 《关于支持新乡国家自主创新示范区建设的意见》 | 2017年2月 | 新乡市地方税务局 |
| 《关于新乡国家自主创新示范区建设新政措施》 | 2017年2月 | 新乡市工商局 |
| 《关于充分发挥检察职能保障和促进新乡国家自主创新示范区建设的意见》 | 2016年10月 | 新乡市检察院 |
| 《新乡国家自主创新示范区技术转移奖补实施细则（试行）》 | 2017年6月 | 新乡市科技局 |
| 《新乡国家自主创新示范区科技企业孵化器考核奖补办法（试行）》 | 2017年5月 | 新乡市科技局 |

续表

| 政策 | 发布时间 | 发文机关 |
|---|---|---|
| 《新乡国家自主创新示范区科技合作交流活动奖补实施细则（试行）》 | 2017年7月 | 新乡市科技局 |
| 《新乡国家自主创新示范区新型研发机构奖励性后补助资金实施细则》 | 2017年10月 | 新乡市科技局 |

推进政策落实"最后一公里"。为推进政策落实，郑洛新自创区将"30条意见"分解为120多项政策点，细化到各相关单位，同时督导各单位按照要求抓好落实，依法用足国家和省现有各类税收优惠政策，并在自创区内选择郑州大学等高校和科研院所6家单位，开展政策贯彻落实试点。郑洛新自创区获批以来，为核心区企业减税、免税、退税50多亿元。例如，2018年5月，洛阳高新区召开郑洛新自创区政策兑现大会，为429家企业、41个平台、360名人才和23个机构兑现奖励2.24亿元。

支持三地开展特色试点示范。郑洛新三地市结合本地特色，积极谋划实施郑洛新自创区重大亮点工程和创新政策。郑州市成功获批国家促进科技和金融结合试点城市、大数据综合实验区、跨境电子商务综合试验区；郑州高新区获批国家知识产权质押融资试点地区和国家知识产权示范园区，在全省率先推出新型产业用地（M0）试点，首次试行工业用地兼容商业用地新政策。洛阳市获批国家小微企业创业创新基地城市示范，制定出台大院大所大企业"金十条""人才新政30条"等创新政策。新乡市获批国家专利质押融资、专利保险试点城市。

**2. 举全省之力建设自创区，积极推动管理体制机制改革**

全省合力推进自创区建设。河南省委、省政府高度重视郑洛新自创区建设，明确将郑洛新自创区作为全省实施创新驱动发展战略的核心载体，在"三区一群"国家战略实施中发挥第一动力源的核心作用。成立郑洛新自创区建设工作领导小组，批准设立领导小组办公室（郑洛新自创区建设推进委员会），作为郑洛新自创区建设的常设机构，形成了专门机构、专门人员、专职从事自创区建设的工作机制，郑洛新三市及3个国家高新区也相继建立了相应的工作机制。建立郑洛新自创区核心区与省直部门直通车制度，实现了与23个省直单位的184项管理事项直通，简化郑洛新自创区核心区在规划、项目、财政资金等方面的申报和审批手续，提高行政效率。

## 分报告 12
### 郑洛新国家自主创新示范区

推进管理体制机制改革。开展郑洛新自创区核心区管理体制和人事薪酬制度改革。新乡高新区2017年率先启动以"全员聘任制、绩效考核制、薪酬激励制"为核心的管理体制和人事薪酬制度改革，实施"大部制"、全员选聘、KPI指标管理、薪酬激励等一系列新机制，部门由原来的33个缩减至12个，科室从122个缩减为59个，通过绩效考核末位淘汰，实现"能者上、庸者下"的选人用人机制，极大地激发了广大干部职工的干事创业热情。郑州高新区于2018年7月启动开展人事薪酬和管理体制改革，按照大部制、扁平化、高效能的原则，创造性地建立起"两级两类四板块"新型组织管理架构，其中，行政事业类人员专注于党政事务和社会事务管理，办事处聚焦基层党建、社会管理、城市管理和服务群众；市场化类的专业化机构和园区运营中心专注于经济发展和科技创新，负责对应办事处辖区服务企业、推动创新、发展产业，实现了市场化专业园区运作与社会化政府管理服务的有机融合。

深化"放管服"改革。通过促进市级经济管理权限下放郑洛新自创区核心区，精简办事项目，优化办事流程，充分赋予核心区更大的行政自主权。新乡市将3465项经济行政管理权限通过下放、委托、派驻等形式赋予新乡高新区。郑州市按照"以授权为主、以委托为辅"的原则，将4982项权责事项以授权和委托的形式赋予郑州高新区。其中，市级权责事项采取委托形式进行赋权，并刻制二号公章交高新区管委会使用；县（市、区）级权责事项采取整体授权的方式予以落实；在行政强制权行使方面，郑州高新区按照有关规定可实行联合执法。

启动《郑洛新国家自主创新示范区条例》立法工作。从法律层面确立郑洛新自创区管理体制、明确法律地位和管理权限，在创新主体培育、成果转移转化、人才引进培养、对外开放合作、科技金融结合等方面建立法律制度保障，为自创区持续健康发展提供法律支撑。郑州市以市政府令的形式出台了《郑州高新技术产业开发区暂行规定》（郑州市人民政府令第231号），从体制机制、规划建设、创新发展、服务保障、监督责任等方面，对高新区发展建设进行了规范与保障，最大限度解放和激发创新活力，有力推动郑州高新区高质量发展。

推进科技体制重点领域和关键环节改革创新。郑洛新三市按照因地制宜、先行先试、重点突破、稳步推进的原则，深入推进投融资体制、国企改革等方面的创新。发起设立总规模13亿元的郑洛新自创区成果转化引导基金和创新创业发展基金，成立5家科技特色支行，开展"科技贷"和专利质押融资贷款业务，引导金融资本支持科技型中小企业662.81亿元，有效缓解科技型中小企业融资难、融资贵的问题。持续探索国企改革，先后开展混合所有制改革试点、市场化选聘职业经理人试点、国有资本投资公司试点，取得积极成效。中船重工七二五所实行"一所两制"管理模式，在保持研究所军工科研职能不变的前提下，剥离出优势产业，注册成立双瑞科技产业集团和各科技产业公司，实现科学研究和成果转化"双轮驱动"。

## 三、示范重点和主要举措

### 1. 培育创新引领型产业集群，构筑中高端产业新体系

以"三个突出"实施创新引领型产业集群专项。以"突出重点产业、突出重点环节、突出重点企业"为原则，针对郑洛新三市的优势特色产业，实施创新引领型产业集群专项。由省内创新龙头企业牵头，围绕产业链上下游重点环节，加强关键技术节点识别，系统规划创新路径，组织产业链上下游企业及相关高等院校、科研机构等协同攻关，科学配置创新资源，力争通过全链条关键核心技术突破带动产业整体发展。首批启动实施了轨道交通装备、新能源汽车及动力电池、物联网及信息安全、智能装备、新型药物及医疗器械、超硬材料及制品、钛钼金属材料、硅材料及光伏等8个创新型产业集群专项共29个课题。其中，中铁工程装备集团牵头实施了"新型盾构机/TBM成套装备产业链关键技术研究及产业化"项目，研制的直径15.8米盾构机"春风号"已下线用于深圳春风隧道工程，是我国自主设计制造的最大直径泥水平衡盾构机。洛阳LYC轴承牵头实施的"高速铁路轴箱轴承产业技术协同创新与升级"项目，研制的高速铁路轴箱轴承已完成80万公里台架试验，实现了高铁轴承国产化重大突破（图12-2）。

图12-2　洛阳LYC轴承有限公司生产的亚洲"巨无霸"轴承下线

装备制造、新材料两大优势主导产业形成全国竞争力。郑洛新自创区依托本地优势资源

和国家战略布局，大力发展矿山、冶金等大型成套装备及核心零部件。郑州以中铁盾构、辉煌科技等龙头企业为引领，发挥盾构及掘进技术国家重点实验室、中铁设计院等技术优势，积极发展轨道交通高附加值环节，引领"中国地铁城"建设。洛阳是我国在中部地区打造的以国有大中型企业为主体的重工业产业基地，是全国首个国家先进装备制造业标准化试点城市，全国首批新材料产业国家高技术产业基地，拥有世界最大的矿业装备和水泥装备制造商、国内最大的特种机器人及智能装备研发生产企业。依托军工企业与国企改制，新乡装备制造业呈现出"专、精"特点，数字化、智能化趋势明显，起重机、过滤器、公路养护设备、汽车零部件等特色领域业内领先。新材料产业领域，郑洛新自创区是我国重要的超硬材料研发生产基地和耐火材料关键技术发源地，超硬材料占全国市场六成以上。

电子信息、新能源汽车及动力电池、生物医药等产业快速崛起。郑洛新自创区通过外引内培相结合方式，依托富士康、汉威电子等龙头企业，发挥解放军信息工程大学、中电科27所等科研院所优势，初步构建了以北斗导航、物联网、智能终端为主导的电子信息产业集群，在信息安全、智能测控、北斗导航等领域具有较强实力。新能源汽车和动力电池产业发展迅速，新能源客车产量占全国的1/3以上，拥有国家新型电池及材料高新技术产业化基地，动力电池领域具有全国影响力。生物医药产业实现从仿制到自主研发的转变，产品涵盖生物制药、现代中药、化学制剂等多个领域，形成华兰生物高档血液制品、拓新生化核苷（酸）类产品等一批具有全国影响力的"专新特"领域。

**2. 培育引进创新引领型平台，完善技术转移转化体系**

稳步推进重大创新平台建设。依托郑州大学建设的省部共建食管癌防治国家重点实验室已列入科技部建设计划，郑州大学第一附属医院获批全国首个"互联网医疗国家工程实验室"，国家光伏（光电）产品质量监督检验中心落户洛阳。深入实施研发机构全覆盖工程，2018年新布局重点实验室、工程实验室、工程技术研究中心、临床医学研究中心等省级以上创新平台325家。截至2018年年底，郑洛新自创区拥有国家重点实验室11家，占全省的78.6%；国家工程技术研究中心8家，占全省的80%；国家企业技术中心43家，占全省的48.9%；国家工程实验室27家，占全省的71%；国家工程研究中心7家，占全省的87.5%；拥有省级重点实验室135家、工程技术研究中心697家、企业技术研究中心496家、工程实验室280家、工程研究中心 68 家（图 12-3）。

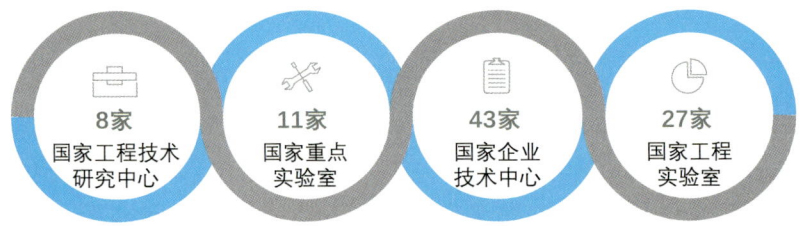

图 12-3　郑洛新自创区 2018 年创新平台建设成效

大力发展新型研发机构。郑洛新自创区聚焦产业发展需求，通过省部会商、院地合作、联合共建等多种方式，积极对接中科院、"双一流"高校、央企研发机构等高端创新资源，引进和建设了郑州中科新兴产业技术研究院（中科院过程所郑州分所）、郑大产业技术研究院、郑州信大先进技术研究院、洛阳中科信息产业研究院、河南电池研究院有限公司等一批新型研发机构，成为集聚创新资源、培育源头技术的新生力量。截至 2018 年年底，郑洛新三市新型研发机构占全省的六成左右。洛阳市投入 3 亿元支持洛阳尖端技术研究院建设，突破石墨烯防腐涂料、红外隐身材料等产业发展核心关键技术。洛阳市与中科院自动化所合作设立"机器人与智能装备创新研究院"、与中科院计算所合作设立"中科信息产业研究院"，采取市场化方式开展产学研合作，允许科研人员及团队以现金出资方式占孵化企业绝大部分股权，充分调动了科研团队能动性，提高了技术成果转化效率（图 12-4、图 12-5）。

图 12-4　郑州中科新兴产业技术研究院

图 12-5　洛阳机器人与智能装备创新研究院

形成以国家技术转移郑州中心为枢纽的技术转移转化新格局。国家技术转移郑州中心是科技部批复设立的全国第二家区域性国家技术转移中心,是河南省全力打造的集科技研发、技术交易、成果转化、对外开放合作等功能为一体的综合性科技服务中心。郑洛新自创区大力引进浙江大学郑州技术转移中心、上海交大中原研究院技术转移中心、西安交大郑州技术转移中心、浙江大学中原技术转移中心等,推动各大高校科研成果向郑洛新自创区转移、落地和实施,形成以国家技术转移郑州中心为枢纽的跨区域、跨领域、跨机构的技术流通与转化格局。2018年,郑洛新三市万人发明专利拥有量达 9.6 件,是全省平均水平的 2.7 倍;技术合同交易额达 126.8 亿元,占全省的 84.7%。

**3. 深入推进"大众创业、万众创新",专业化众创空间建设成绩突出**

创业孵化载体建设量质齐升。郑洛新自创区积极建设众创空间、科技企业孵化器、大学科技园等创业平台,集聚了一批建设主体多元化、功能定位专业化的创新创业综合体。截至 2018 年年底,郑洛新自创区内省级以上孵化载体达 205 家,占全省的 56.3%,其中,国家级孵化载体有 52 家,占全省的 65%,包括国家级孵化器 20 家、国家大学科技园 2 家、国家备案众创空间 26 家、国家备案专业化众创空间 4 家。成功举办第七届中国创新创业大赛先进制造行业总决赛、郑州创新创业大赛、(洛阳)国际创业创新大赛、洛阳创业之星创业大赛、中国青年创业创新大赛、直通硅谷(洛阳)创新创业大赛等系列活动,创新创业氛围持续活跃(图 12-6)。

图 12-6　第七届中国创新创业大赛先进制造行业总决赛颁奖合影

### 专栏 12-1　汉威电子漫威众创空间：民营企业内部创业先行者

　　河南汉威电子股份有限公司是我国最具影响力的物联网企业之一，目前已形成以传感器为核心，涵盖智慧城市、智慧环保、智慧安全、智慧消防、智慧公用、智能家居六大产业应用的物联网产业生态圈。漫威众创空间以"传感器+"为行业导向，整合开放汉威电子在传感器和物联网领域的研发资源、行业专家资源、资本资源，对产业生态圈的项目进行精准孵化。

　　一是以机制创新驱动企业内部创业。启动"淘青春梦之队创业计划"，通过内部创业项目众筹、股权投资、创业容错机制等机制创新鼓励技术人员创业。二是构建专业研发资源共享平台。配备高水平的研究测试实验室、大量基础及高端研发检测设备（光谱分析仪、精密配气系统、激光调阻机、金相显微镜、粒度分析仪、数控加工中心等），为入孵企业提供基础技术研发、产品验证试验支撑等服务。三是量身布局打造产业中试推广平台。服务于以"互联网+"及物联网技术改造传统产业的创业企业，推动在智慧市政领域的产业布局。四是完善专业创业辅导培训及投融资服务。为入孵企业提供业务模式诊断、经营管理策略、技术方案诊断、技术难题攻关、融资等全方位创业培训、咨询和投融资服务。五是通过紧密校企合作定向培养和孵化专业人才。与郑州大学共同建立汉威郑大研究院，定向培养企业亟须人才，针对创新研究成果进行深度孵化。

　　多层次人才队伍进一步完善。郑洛新自创区围绕重点产业领域，坚持更加积极、更加开放、更加有效的人才战略,积极实施"智汇郑州·1125聚才计划""河洛英才计划""牧野人才计划"等人才计划,采取柔性引进方式,以区内企业、园区、产业基地为依托,加大院士工作站建设力度,柔性引进一批产业领军人才。2018年,自创区新培育中原学者4人,新增国家创新人才推进计划2人,郑洛新三市引进人才团队、项目近500个,投入资金超3亿元,新建院士工作站29个,首建科学家工作室12个,涉及信息安全、环境监测、新材料、生物医药等领域(图12-7)。

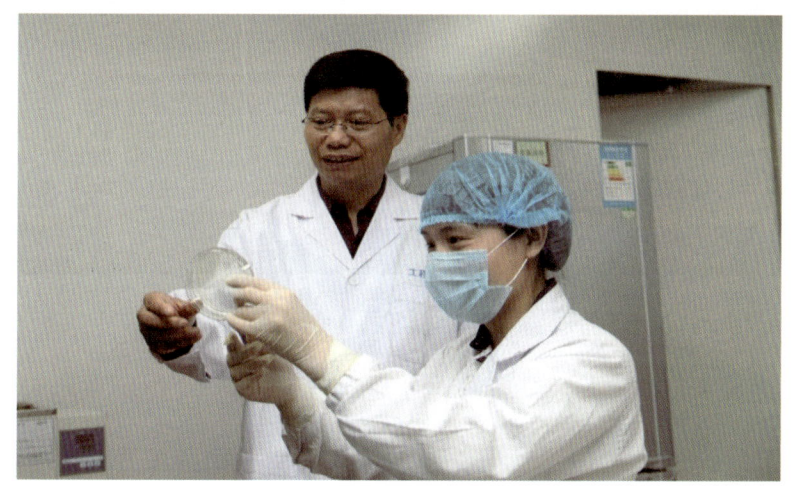

图12-7 "中原学者"田克恭

**4. 实施企业分类培育,形成创新型企业发展梯队**

科技型中小企业培育成效显著。郑洛新自创区积极贯彻落实国家科技型中小企业政策,构建河南省科技型中小企业评价新体系,加大科技型企业培育力度。截至2018年年底,郑洛新三市国家科技型中小企业入库数量达2918家,占全省国家科技型中小企业的59%。大力发展高成长企业,从人才、市场、资金、服务等方面给予企业多方支持,培育出一批拥有核心技术优势、掌握战略制高点的科技小巨人和隐形冠军企业。积极开展高新技术企业培育工作,组织"高企培育中原行",以"讲师团"对全省科技企业进行政策培训,对首次认定高新企业给予最高50万元配套奖补。2018年,郑洛新三市新增高新技术企业638家,总数达1920家,增长49.8%,占全省比例达到57.8%,其中郑洛新自创区核心区新增高企254家,总数达到1369家,增长22.8%。

推动创新龙头企业平台化发展。实施创新龙头企业能力提升和培育工程,2018

年新培育创新龙头企业 34 家,总数达到 50 家,占全省的 50%。中铁装备研发的超大型泥水盾构装备正式下线投入使用。中航光电为"复兴号"动车组、C919 大型客机等配套连接器及线缆组件。积极支持大企业平台化发展,郑州汉威电子、洛阳中信重工、洛阳普莱柯生物入选国家级专业化众创空间,形成一批资源共享、创新众包、创业自由的大企业生态圈(图 12-8)。

图 12-8　郑洛新自创区汉威电子

**分报告 13**

# 山东半岛国家自主创新示范区

——蓝色经济助力新旧动能转换，管理体制改革成全国标杆

**导读：**

　　山东半岛自创区围绕建设全球有影响力海洋科技创新中心、培育壮大"名片产业"两大核心任务，以构建引领创新发展的新体制、新机制和探索实现率先发展的新路径、新模式为保障，以构建开放发展和创新创业的新格局为路径，积极探索体制机制改革，大力营造创新创业环境，"大部制"和"双轨制"全国示范，成为引领和支撑全省新旧动能转换的核心引擎。

## 一、基本情况

2016年4月,国务院批复同意济南、青岛、淄博、潍坊、烟台、威海6个国家高新区建设国家自创区(图13-1)。按照《国务院关于同意山东半岛国家高新区建设国家自主创新示范区的批复》(国函〔2016〕64号),要求全面实施创新驱动发展战略,充分发挥山东半岛地区的创新资源集聚优势,积极开展创新政策先行先试,激发各类创新主体活力,着力培育良好的创新创业环境,深入推进"大众创业、万众创新",全面提升区域创新体系整体效能,打造具有全球影响力的海洋科技创新中心,努力把山东半岛国家高新区建设成为转型升级引领区、创新创业生态区、体制机制创新试验区、开放创新先导区。

图 13-1　山东半岛自创区空间示意

山东半岛地区是我国北方重要的城市群,是山东省经济社会发展的龙头区域。获批以来,山东半岛自创区坚持以蓝色经济引领转型升级,2018年,实现地区生产总值5012.7亿元,同比增长9%;财政收入1205.7亿元,同比增长8.3%;工业增加值11 129.7亿元,同比增长14.5%;出口总额1610.9亿元,同比增长13.5%;工商注册企业数106 397家,同比增长34.7%;高新技术企业1843家,同比增长31.1%。

## 二、政策创新与体制机制改革

### 1. 强化顶层设计,科技创新政策体系不断完善

加强政策顶层设计。山东半岛自创区获批以来,山东省委、省政府先后出台《关于加快山东半岛国家自主创新示范区建设发展的实施意见》《关于深化科技体制改革加快创新发展的实施意见》等一系列政策文件,围绕山东半岛自创区建设开展顶层设计和系统部署,建立健全创新发展政策支持机制,出台了企业创新普惠性激励、"创新券"负面清单、科技成果转化补偿、"人才特区"等一系列先行先试政策。

设立国家自创区发展建设专项资金。为加快山东半岛自创区建设,山东省设立国家自创区发展建设专项资金,采用因素分配和定向定额补助相结合的方式,赋予各国家高新区更大自主权,并创新财政支出方式,灵活运用以存引贷、以奖代补、贷款贴息、风险补偿等方式,鼓励和引导社会资金支持山东半岛自创区发展。

出台支持企业创新的普惠制政策。山东省财政出台了一系列投入力度大、含金量高的普惠制政策。积极引导企业建立研发准备金制度,对已建立研发准备金、研发投入持续增长的企业给予研发经费后补助。实施"小升高"培育计划,对首次通过高新技术企业认定的小微企业给予10万元补助。

深化开展科技创新券试点。山东半岛自创区深入推行科技创新券试点,全面体现"以赛代评""以奖代补"的财政资金改革方向,大幅降低初创企业和创客团队的研发成本,为高层次人才、草根创业者扫清资金障碍,提高科技资源利用率。建立"创新券"负面清单,鼓励企业与高校开展联合技术攻关,激发企业的创新热情和创造活力。

### 2. 深化"大部制"和"双轨制"改革,体制机制改革全国示范

以"大部制"改革为核心推动高新区管理机构改革。山东半岛自创区以济南高新区"大部制"改革为示范,因地制宜地推动各国家高新区机构改革,积极破除行政化运作模式,打造全新的行政架构,实现行政管理由"层级审批管理"向"保姆式"服务转变。济南高新区通过"大部制"改革,把职能相近、业务相近的部门整合到一起,既避免重复检查"扰民",又促进了行政资源的集约利用,构建起高效精干的管理体系。青岛高新区推行事业部制改革,建立扁平化决策、开放式运行的工作机制,有效地实现了行政效能的提升。

> **专栏 13-1　济南高新区"大部制"改革**
>
> 　　济南高新区在不突破市编委核定的机构个数、编制总量和领导职数的前提下，按照"大部制"管理思路，进一步优化整合相关职能，以"看齐中关村""看齐新加坡"为标准，加强招商引资、行政审批、项目建设、服务业管理、审计监督等职能，按照项目引进、投资建设、达产运营、发展升级的要求设置组织机构。
>
> 　　将规划、国土、建设、环保、消防、人防等建设类职能进行整合，构建"大建设"体系；将发改、科技、经信、商务等部门的工业类经济职能整合，构建"大经济"体系；将发改、商务、科技、金融等部门的服务业职能整合，构建"大服务业"体系；将涉及民生的公共服务职能整合，构建"大社会管理"体系；加强行政审批与服务，提高行政审批效率，构建"大审批"体系；加大投入过程中的财政资金审计监督，构建内外协同、全面覆盖的"大审计"体系；加强战略研究和宣传策划能力，为高新区发展提供智库支持，构建"大战略"体系；引入先进、成熟管理科学与实践成果，保障高效运转，实施"大人力资源"体系。

积极推动"双轨制"人事制度改革。山东半岛自创区积极探索企业化运行管理模式，创新人才管理、聘任、考核机制，统筹使用各类编制资源，完善员额制、全员聘任制等制度，打破行政事业人员身份界限，积极探索灵活的用人机制和分配机制。济南高新区大力推行"双轨制"人事制度改革，实行全员企业化管理、全员KPI考核，推行全员绩效工资，实现薪酬管理由"铁工资"向"活薪酬"转变，并将KPI考核结果作为职务调整、岗位变动，以及续聘、解聘的重要依据。

> **专栏 13-2　济南高新区"双轨制"人事制度改革**
>
> 　　济南高新区积极推行"双轨制"人事制度改革，打破现有的人员身份区别，实行能上能下的全员绩效考核制度，建立激励机制从而激发人员活力。
>
> 　　根据用人机制改革方案，管委会机关、事业单位在编在岗人员，全部实行干部编内任职与岗位聘职相分离、干部人事档案管理与合同聘用管理相分离的"双轨运行"管理机制，封存管理全部人员职务、职级、工资、身份等信息。

> 针对编制内职务空缺，根据岗位绩效考核实际情况，严格按照规定晋升职务或专业技术等级，并将其记入档案，作为在编人员晋升、交流、调整档案工资和办理退休时的重要依据。
>
> 对于改革实施后的编外工作人员，将面向社会公开招聘，签订劳动合同，实行岗位聘用，聘用期满、重新竞聘，不纳入编制管理。岗位聘任主要采取直接聘任、竞争聘任、双向选择和社会招聘等方式进行，通过调整一批、交流一批、聘任一批来化解矛盾，吸引人才，激发活力。

不断深化"放管服"改革。山东半岛自创区深入推进放管服改革攻坚工作，通过权力的"减法"，换取市场活力的"加法"、优化服务的"乘法"，推动政府治理体系现代化。济南高新区在全省率先实行"零收费"制度，一次性取消工商、国税、地税和质监等部门19项收费，深入推进"三证合一、一照一码"、"先照后证"、"一址多照"、众创空间"席位注册"改革，促进科技型企业快速增长。青岛市削减行政审批473项，50多项行政管理事项下放给青岛高新区，营造了便利化的营商环境，大大降低了创业成本。淄博、潍坊两家高新区被列为全国"证照分离"改革试点工作重点关注单位。淄博高新区在全省率先开发使用"证照分离共享数据平台系统"，在全省率先开展建设项目前置审批区域化评估评审。烟台高新区积极探索投资建设项目"并联审批""拿地即开工""标准地"，市区两级重点项目"容缺受理、承诺审批""区域内环境影响评价"等创新做法，最大限度压缩审批时限，提高审批效率。

打造"互联网+"政务服务模式。山东半岛自创区加快政务服务流程再造，整合设立综合窗口，变多头管理为统一管理，形成"前台统一受理、后台分类审批、统一窗口出件"的政务服务模式，全力打造"审批事项少、办事效率高、服务质量优"的政务环境。潍坊高新区加快推进"互联网+政务服务"，全面开发"实体大厅+网上大厅+移动客户端+自助终端"相融的四位一体新模式（图13-2），在全省率先启动企业登记全程电子化试点，实现了政务管理的全程在线，为群众提供便利化的服务。

图 13-2 潍坊高新区"互联网+政务服务"四位一体新模式

## 三、示范重点和主要举措

### 1. 聚焦蓝色经济，打造以海洋为特色的创新型产业集群

蓝色经济引领全国。山东半岛是我国最大的半岛，集聚了全国 60% 的海洋科研机构、70% 的海洋人才，建有 18 个海洋特色产业园，海洋经济生产总值占全国的 1/5，海洋科技资源和经济实力居全国首位。现代海洋产业体系完善，海洋生物医药、海工装备、海洋化工、海洋渔业、海产品加工产业等产业规模位居全国之首。建有世界最大的海藻加工生产基地、亚洲最大的海洋胶原蛋白生物制品及生物医药生产基地（图 13-3、图 13-4），海工平台设计制造及总装能力达到世界一流水准，成功打造了从修造船、船用柴油发动机、船舶电力推进系统到港口及船用机械的完整产业链，拥有全省 80%、全国 15% 的专业远洋渔船，水产品加工业居全国第一。

实施创新型产业集群培育工程，打造"名片产业"。山东半岛自创区着力实施创新型产业集群培育工程，6 家国家高新区各自重点聚焦 1~2 个主导产业，集中力量打造区域性的产业"名片"。济南云计算、青岛机器人、淄博新材料、潍坊动力装备、烟台化工新材料、威海海洋生物及制品 6 个产业集群产值超过千亿元规模。潍坊半导体发光、济南智能输配电、烟台海洋生物与医药 3 个产业集群列入国家创新型产业集群试点。威海高新区规划 18 平方千米的医疗器械与生物医药产业园、11 平方千米的电子信息与智能制造产业园，获批国家（医疗器械）新型工业化产业示范基地、"中国制造 2025"试点园区、绿色制造园区。

实施"透明海洋"等重大科技创新工程，突破产业关键核心技术。山东半岛自创区高度重视科学技术对产业的驱动作用，实施了透明海洋、信息安全、特种新材料等一批科技创新工程，形成了产业全链条、一体化的创新布局，取得了一批关键核心技术突破。其中，"透明海洋"科技创新工程重点在海洋监测、深水技术、资源开发等海洋高技术领域组织攻关，先后填补 2 项国内空白，实现 3 个国际第一，打破 2 项国外技术垄断，加速我国海洋智能装备的国产化。烟台中集来福士深水半潜式钻井平台形成系列化、批量化生产能力，已交付深水半潜式钻井平台占世界 78% 的市场份额，自主设计建造的"蓝鲸 1 号"在南海实现全球首次成功试开采可燃冰。浪潮集团成功研制 64 路高端容错服务器。青岛四方机车研发的具有完全自主知识产权的中国标准动车组"复兴号"实现商业运营，高铁小镇加速集聚高速铁路创新资源，打造全球性技术创新中心。

图 13-3　青岛蓝色生物医药产业园孵化中心

图 13-4　烟台国家创新药物孵化基地

### 2. 积极布局重大创新平台，打造具有全球影响力的海洋科技创新中心

形成各具特色、联动发展的海洋创新格局。山东半岛自创区围绕打造全球海洋科技创新中心，加快布局一批引领主导产业发展的重大创新平台。青岛高新区加快推进海洋国家实验室、国家深潜基地、载人深潜器、海洋综合考察船等重大海洋科

学基础设施集群建设，积极打造全球一流海洋科学中心。济南高新区建成全国首个应用型量子通信专网，与青岛海洋国家实验室共建海洋智能计算与大数据联合实验室，打造"全国大数据应用创新中心"。淄博高新区集中打造全链条布局的新材料创新大平台，在新材料产业化领域形成研究开发、企业孵化、成果转化、技术交易、产业集群一体化的创新模式。烟台高新区围绕海工装备、生物医药等产业需求，集中打造生物医药创新中心和海洋工程装备创新中心。潍坊高新区积极推进虚拟现实产业创新平台建设，加快推进潍柴国家燃料电池技术创新中心创建工作。威海高新区积极搭建产业跨界协同创新平台、校企地协同创新平台、国际协同创新平台，全力打造"医工协同创新中心"。

构建以大院大所为依托的融通创新体系。山东半岛自创区依托航天513所，与欧空局、法国航天局、白俄罗斯物理科学院建立了深度合作关系，推动嫦娥五号近摄像机、亚太九号卫星、白俄罗斯卫星等重大项目落地。济南高新区加快建设中科院山东产业创新协同中心，量子通信产业化等首批项目已经入驻。烟台高新区全力打造校地合作示范基地，引进中标院绿色技术与标准创新研发基地、"双一流"高校创新协同中心等一批科技成果转化平台。青岛高新区与海尔集团、山东大学开展三方创新创业战略合作，建立三方融通创新工作机制，形成了3类国家双创示范基地融通创新的政企校协同双创新格局（图13-5）。威海高新区积极对接中科院及相关高校院所，推进中国科学院与威高集团共同签署实施"中国科学院—威高研究发展计划"。淄博高新区依托清华大学共同建设MEMS研究院，搭建了6英寸硅基

图13-5　中科青岛研发城

MEMS 中试代工研发平台，自主研发继电器、陀螺仪、加速度计等 MEMS 产品。

**3. 以创业中国示范工程为抓手，优化创新创业生态**

加快完善专业化创业孵化服务体系。山东半岛自创区积极推进专业化众创空间建设，大力完善创业孵化服务体系，积极营造良好的创新创业环境。从产业链条型、大企业资源开放型、投资驱动型、综合生态型、孵化链条型、"互联网+"创业平台型、活动聚集型、培训辅导型八大类型中遴选出 15 家孵化能力突出且具有代表性的品牌众创空间（图 13-6）。2018 年，山东半岛自创区拥有科技企业孵化加速载体 60 多家，专业化众创空间 3 家，总孵化面积 1100 万余平方米，累计孵化企业近万家。青岛高新区实施"千万平方米"孵化载体建设工程，构筑从众创空间、孵化器到加速器、产业园区的科技孵化链，着力打造"蓝贝"创新创业文化品牌，全面实施"蓝贝创客计划"，连续发布"蓝贝创新创业指数"（图 13-7）。

图 13-6 山东半岛自创区盘谷创客空间

图 13-7 青岛高新区蓝贝国际创新创业大赛

积极开展创业中国示范工程。山东半岛自创区积极构建人才制度改革示范区，加快集聚高层次创新创业人才，截至 2017 年年底，拥有市级以上高层次人才 2000 余名，省"泰山系列"人才 454 名，省级以上高层次人才占全省比重超过 38%。青岛启动"创业青岛千帆启航工程"，实施创业主体培育、创业载体提质、创业金融升级、服务体系网络、创业文化示范五大工程。潍坊高新区启动"创业中国·蓝色智谷"工程，以蓝色智谷为核心载体，统筹全区创新资源，实施创新创业扶持政策示范、创新创业环境建设、创业人才集聚等八大工程。青岛"创业青岛千帆启航工程""创业中国·蓝色智谷（潍坊）"高新区引领行动先后纳入创业中国示范工程。

支持大企业构建开放式创新创业生态圈。山东半岛自创区积极支持引导龙头企业平台化发展，打造大企业创新创业生态圈。浪潮集团充分发挥数据存储优势，积极搭建大数据平台、大数据创新应用中心，培养大数据、云计算领域应用人才，提高行业自主创新能力。迪尚集团通过"互联网+"转型升级，打造双创平台，成功获批国家双创示范基地。韩都衣舍改变传统型组织体系，积极向"平台+个人"方向转变。海尔集团通过变革组织架构，建设互联网工厂，搭建海创汇众创空间，成功实现平台化转型，集聚了 5000 多家外部一流资源、30 亿元创投基金，诞生了 2000 多家创客公司。

积极开展科技服务试点示范。山东半岛自创区各国家高新区围绕不同重点，积极开展科技服务试点。烟台高新区、威海高新区、淄博高新区、潍坊高新区先后列为国家知识产权示范园区。烟台高新区建立中国（烟台）知识产权保护中心，成为全国第二家获批设立的区域性专利保护机构。济南高新区在省科技厅、省知识产权局支持下，建设山东知识产权交易中心。青岛高新区重点开展海洋新兴产业组织创新示范，淄博高新区重点开展科技企业孵化体系的示范，潍坊高新区重点开展科技金融结合方面的示范（图 13-8），烟台高新区重点开展海洋领域科技成果转移转化的示范。

图 13-8　山东省 3D 打印暨先进制造创新服务平台

### 4. 深化开放合作，积极融入"一带一路"

成立"丝绸之路"高科技园区联盟。2016 年 7 月，烟台高新区在全国率先成立"丝绸之路"高科技园区联盟，为"一带一路"沿线国家高科技园区开展技术双向转移、科技项目及人才培养提供了合作平台。截至 2018 年年底，该联盟已连续举办 3 次"丝绸之路高科技园区联盟"年会，成员单位包括 12 个国家及地区的 54 家高校、科研院所和科技园区，带动山东半岛自创区与"一带一路"沿线国家及地区全部建立了贸易往来，相互投资项目达 1000 多个，成为我国与"丝绸之路"沿线国家及地区交流合作的重要载体。烟台高新区中集海洋工程研究院与乌克兰巴顿焊接研究所共建中集巴顿焊接技术研究中心，成功举办"山东—乌克兰科技合作成果展""第一届中国（烟台）海工装备研讨会"，获批科技部中欧海洋工程示范型国际科技合作基地。

打造东亚海洋合作核心区。山东半岛自创区加快推进中铁·青岛世界博览城建设，打造以海洋合作为主题的综合性展示交流平台，不断提高青岛国际海洋技术与工程设备展览会、蓝色经济国际高峰论坛等平台影响力。积极探索与韩国在船舶、海洋工程装备、海洋生物医药、滨海旅游等产业链对接，大力开展海洋特色园区和海洋科技研发平台等方面合作，为大规模引进跨国企业、高层次研发机构战略合作发挥了示范带动作用。烟台高新区依托中韩（烟台）产业园加强对韩合作，全方位承接韩国科技和产业项目转移。

积极开展对德交流合作（图 13-9）。山东半岛自创区以"中德中小企业合作区"

为引领，积极推进对德合作的网络化、机制化、常态化、常效化。以商会、行业协会、驻德中方机构为依托，以企业为主体，加大扶持力度，建设覆盖全、内容广、机制活的对德合作网络体系。依托德累斯顿—济南产业合作办公室、中德中小企业协同创新中心、淄博瀚海慕尼黑科技园，重点面向智能制造、生物制药及医疗设备、信息技术、半导体及新材料等新兴产业领域开展技术交流。烟台高新区加快建设中德工业设计中心，成立欧洲分中心和德国专家委员会，组建山东省工业设计研究院，高标准打造工业设计小镇。

图 13-9　青岛高新区引进德国 KUKA 等机器人企业

## 分报告 14

# 沈大国家自主创新示范区

——以新一代信息技术与制造业深度融合为主线，加快引领东北创新驱动振兴发展

**导读：**

沈大自创区紧跟国家战略导向，充分发挥辽宁产业基础优势和科技资源优势，聚焦实体经济发展，大力推进以装备制造业为重点的传统工业转型升级，推动新一代信息技术与制造业深度融合培育，因地制宜开展政策创新，在人才、科技、金融等方面大胆突破，大力开展东北亚开放创新合作，建设东北亚国际科技合作示范基地，走出了一条以自主创新增添老工业基地内生动力与活力的特色发展之路。

## 一、基本情况

2016年4月，国务院批复同意沈阳、大连2个国家高新区建设国家自创区。按照《国务院关于同意沈大国家高新区建设国家自主创新示范区的批复》（国函〔2016〕65号），要求全面实施创新驱动发展战略，充分发挥沈大地区的区位和创新资源集聚优势，积极开展创新政策先行先试，激发各类创新主体活力，着力培育良好的创新创业环境，深入推进"大众创业、万众创新"，全面提升区域创新体系整体效能，打造东北亚科技创新创业中心，努力把沈大国家高新区建设成为东北老工业基地高端装备研发制造集聚区、转型升级引领区、创新创业生态区、开放创新先导区。

沈大自创区规划面积共480.8平方千米，以沈阳高新区、大连高新区为两大核心主体，以沈阳和平区、沈阳铁西区中德装备园、大连金普新区为三大联动区，辐射带动沈大高速沿线的6个国家高新区，形成"两核引领、三区联动、一带支撑、多点辐射"的发展格局（图14-1）。2018年，沈大自创区实现地区生产总值2714亿元，占辽宁省地区生产总值的10.7%；实现高新技术产业产值2684.2亿元，占规模以上工业总产值的68.3%。

图14-1 沈大自创区空间示意

## 二、政策创新与体制机制改革

### 1. 出台先行先试政策，形成创新政策区域示范机制

辽宁省政府先后出台《辽宁省人民政府关于建设沈大国家自主创新示范区的实施意见》和《辽宁省沈大国家自主创新示范区"三年行动计划"（2017—2019年）实施方案》等文件，在省级层面形成支持沈大自创区创新发展的政策体系。沈阳、大连两市和自创区各片区充分发挥主体作用，着手制定和组织实施三年行动计划，因地制宜确定先行先试的重点方向和任务，陆续实施"人才政策24条""科技创新若干政策""众创十二条""金融八条"等，在人才、科技、金融等方面大胆突破，初步形成了各具特色的创新政策区域示范机制。

### 2. 推动全面深化改革，着力优化营商环境

积极推进多领域改革试验。沈大自创区是东北地区改革之先，在政府管理和机构改革、户籍制度改革、预算管理制度改革、农村土地征收改革等方面走在区域前列（图14-2）。率先出台推进全面创新改革试验、供给侧结构性改革总体方案，在推动创新驱动发展方面做出重要探索。率先开展国有企业改革，支持国有企业发展混合所有制经济，支持国有企业员工创新创业，打通国有企业、传统产业和创新资源之间的互动通道。率先建立协同创新机制，将向国家争取开展的先行先试政策扩展到辽宁全省高新区。

图14-2 沈大自创区在改革方面走在前列

打通"政产学研金介用"合作通道。沈大自创区深化科技管理体制改革，充分发挥市场配置的导向作用，形成企业主导、利益共享、风险共担的"政产学研金介用"合作体系。探索科研院所转制改革和体制创新，赋予高校院所科技成果所有权、处置权、收益权和分配权，科技成果转化收益按不低于70%的比例分配给研发团队，最大限度实现科研成果市场价值，打通科技与经济结合通道。与中国科学院、中国工程院、清华大学、北京大学等"两院十校"建立长期稳定的合作交流机制。

深入推进"放管服"改革。沈大自创区不断创新服务方式,全力营造审批事项最少、审批成本最低、审批效率最优的营商环境,实现"一站式审批、一条龙服务"。沈阳高新区建立132个与营商环境相关的规章制度,行政事项审批时限压缩到法定时限的40%以下,整合社会保险和统计登记,实现"五证合一、一照一码"。大连高新区加快商事制度等各项改革,对权责清单实施动态管理,推广"双随机、一公开"(随机抽取检查对象,随机选派执法检查人员,抽查情况及查处结果及时向社会公开)监管机制,持续健全事中事后监管制度体系。

## 三、示范重点和主要举措

### 1. 以高端装备制造与新一代信息技术为引领,高技术产业蓬勃发展

高端装备制造业升级发展。沈大自创区以实施重大科技创新工程为抓手,大力推进以装备制造业为重点的产业创新转型发展,积极培育机器人、洁净能源等战略性新兴产业。2018年,沈大自创区高端装备制造业销售收入占装备制造业比重达48.2%。沈阳高新区全力构建全链条、贯通式的产业创新体系,初步形成以机器人及智能制造、集成电路、汽车零部件、民用航空等为核心的智能装备制造业集群,在工业机器人、IC装备等高精领域创新能力优势突出,建成软件及系统集成、智能机器人、数字医疗设备、IC装备等高新技术产业化基地,积极打造东北地区重要的智能制造示范引领区(图14-3)。

图14-3 沈大自创区大族赛特维自主研发智能焊接生产线

启动实施"IT+"战略,推进发展动能转换升级。大连高新区以国际化和"IT+"为特色,通过外引内培相结合的方式,推进产业高端化、规模化和集群化发展,建

成首批国家软件产业基地、全国首个软件及信息服务外包千亿产业集群和全国首个国际服务外包保税研发测试中心，云计算、大数据、互联网、文化创意、工业设计、信息安全等新兴领域快速发展，中国华录集团已经成为国内领先的智慧城市技术产品供应商和文化创意企业，文思海辉是全国最大的软件外包企业。

生命健康、新能源、新材料等新兴产业蓬勃发展。生命健康领域，沈阳高新区持续加大生物医药产业创新投入，生物疫苗、生物制药等领域优势明显，建立全国最大的止血药生产基地，拥有全国最大人用狂犬疫苗生产商；数字医疗、基因检测等特色领域高端发展（图14-4）。新能源领域，大连高新区清洁能源产业快速发展，建成大连中科院大学洁净能源国家实验室，引进中国科学院大学能源学院；金普新区形成以新能源汽车整车及核心零部件制造为主导，以储能应用、燃料电池等为支撑的新能源汽车产业集群。新材料领域，沈阳材料科学国家研究中心落户沈阳高新区，聚焦高端金属材料、纳米材料、冶金材料等潜力领域开展技术突破，已成为国内纳米材料发展高地。

图14-4　沈大自创区生物医药产业基地

集聚一批领军企业。沈大自创区大力实施"华腾计划""育龙计划""种苗计划""百千万"等企业培育工程，企业发展成效显著。2018年，沈大自创区高新技术企业总数超1200家，聚集IBM、惠普、埃森哲等世界500强企业235家。科技型企业实现规模稳步增长和创新实力持续提升，沈阳新松机器人、东软医疗等重点企业产值增速达15%以上，大连融科储能、新源动力等高科技企业产值实现倍增，埃森哲、文思海辉、索尼等软件和信息技术服务企业营业收入增速超过30%。东软集团多层CT、PET/CT、核磁共振等高档数字化医疗设备创造多项国内第一；新松机器人的双臂协作机器人、高精数控公司的高档数控系统等一批高新技术产品居于全国同行业领先水平。沈阳中德装备园集聚德国宝马、西门子、西屋、史太白等众多国际知名高端智能制造企业，华晨宝马工厂拥有宝马公司全球先进的整车工厂、发动机工厂及德国本土外唯一的研发中心（图14-5）。大连金普新区光洋科技的工业机器人、光纤总线数控系统、自动化PCB柔性全自动检测线等一批高新技术产品居于全国同行业领先水平。

图14-5　华晨宝马铁西工厂

**2. 科技资源高度集聚，协同创新取得重要进展**

积极探索新型研发模式。沈阳、大连两市是辽宁创新资源最密集、创新体系最完备、创新活动最活跃、创新成果最显著的区域，汇集全省76%以上的高新技术企业、74%的科研成果、60%的高等院校和大批科技人才。沈大自创区着眼新兴产业发展趋势，在人工智能、洁净能源、海洋科技、生命科学等领域积极谋划布局一批集成果产出、成果转化、企业孵化、创投基金为一体的新型研发机构。中科院机器人与智能制造创新研究院、中科院沈阳产业育成中心、辽宁重大装备制造协同创新中心、大连先进制造与智能控制产业技术研究院等新型研发机构，以及大连中科院大学洁净能源国家实验室、大连医科大学附属第一医院临床干细胞研究国家重点实验室等创新平台相继建设运营。

推进产学研协同创新。沈阳高新区依托东北大学、中科院金属所、沈阳材料科学（联合）实验室等高水平创新平台，以及富创、拓荆、中科仪等重点企业，承担17项国家重大科技专项（02专项）。大连高新区通过技术引进、联合研发、资源共享等措施，促进区内企业与大连理工大学等17所高等院校、中科院大连化学物理研究所等20家重点科研机构、国家燃料电池及氢源技术工程研究中心等22个国家级创新平台开展实质性合作，促进重大科技项目联合攻关。

在 IC 装备、软件信息等领域形成一批创新成果。沈阳高新区带头攻克 12 英寸 PECVD 设备等 1500 余项具有国际影响力的技术成果，在金属材料、机器人、IC 装备、智能控制等方面成为全国技术高地。大连高新区软件和信息服务业发展居全国第 3 位，大连理工大学、中科院大连化物所等院校综合科研实力居全国前列，特种船舶设计制造、大飞机数字化装配系统、全钒电池材料和储能技术处于国际领先水平。

**3. 集聚要素营造氛围，构筑东北最具活力的双创引领区**

集聚创新智力打造"人才特区"。沈大自创区围绕特色产业发展需求，积极实施"盛京人才计划""海创工程""科创工程"等各类人才计划，完善人才引进、培养和服务政策，累计引进智能制造、IC 装备、生物医药等主导产业急需的高层次创新人才千余人次。大连理工大学、中科院金属研究所和中科院大连化物所被评为国家创新人才培养示范基地，大连高新区科技人才规模 17.5 万名，其中软件行业人才集聚度居全国高新区前列。"科创工程"首批科技人才创业项目实施两个月即吸引 28 所高校院所科技人员 100 余项科技成果注册落地（图 14-6）。

图 14-6 沈大自创区人才培养创新实验室

构建多层次科技金融服务体系。沈大自创区围绕重大科技成果转化和产业化，积极聚集金融服务资源，激发各类金融资本活力，初步形成了涵盖银行金融机构、股权投资机构、多层次资本市场等全要素的科技金融服务体系。沈阳高新区通过政府适度让利和有限参与，积极与社会资本共同设立各类基金，探索打造覆盖企业种子期、成长期和成熟期的"全生命周期"基金服务体系；设立盛京汇投资中心，以低于市场价一半以上的价格为企业提供流动性债权资金服务及定制化金融服务。大连金普新区设立中小微企业发展信贷风险补偿专项资金及应急转贷专项资金，已累计为75家企业审批发放风险贷款7.98亿元；完成应急转贷项目90笔、金额10亿元，为企业节省资金3000万元。

"官助民办"构建创业孵化体系。沈阳高新区持续构建面向市场的开放式创业孵化管理模式，通过组建专业化公司、建设小微创业企业苗圃、大数据创新基地、文化创意基地等，形成覆盖"创业苗圃+孵化器+加速器+产业化创新基地"全链条服务体系，建成19家国家级科技企业孵化器和众创空间，孵化面积达135万平方米，成功打造"浑南创客"品牌，被确立为全国首批大众创业万众创新示范基地。大连高新区实施"创业大连·高新区示范引领工程"，积极引导社会资本创建、共建创业孵化载体，建成31家众创空间、11家市级以上孵化器。截至2018年年底，沈大自创区共建成众创空间、孵化器等双创载体147家，孵化面积达到270余万平方米，在孵企业和团队超过6000个。

打造东北科技大市场、"科技指南针"等创新服务标杆（图14-7）。沈阳高新区全力建设东北科技大市场，打造促进技术创新、成果转化和科技资源统筹利用的科技创新服务平台。大连高新区充分发挥"科技指南针"效用，搭建全市首家科技创新资源综合服务平台，汇集各类技术专利、科研设备、创新基地、人才团队、金融资本和信息服务等科技创新要素。此外，沈阳和平区与浪潮集团合作

图14-7　东北科技大市场

建设东北地区唯一的大数据双创平台；中德装备园库卡机器人工程示范中心等产业研发平台相继落户。

**4. 深化区域开放合作，打造"一带一路"东北亚开放门户**

高端链接中关村、上海张江等科技创新高地。沈大自创区围绕新一轮东北振兴发展需求，在产业融合、创新创业等方面加强开展开放合作，努力在更大范围、更广领域、更深层次参与全球创新。沈阳高新区积极引进中科合创（沈阳）科技成果评价中心，与北京技术市场协会合作开展技术经纪人培训，引导一批科技成果到沈阳落地转化（图14-8）。大连高新区积极加强与上海市的对口合作，举办"上海－辽宁沿海经济带投资推介会"，设立国家技术转移东部中心大连分中心，推动两地行业协会、产业技术创新联盟开展对接，推动两地技术产业合作与人才交流对接。

图14-8　京沈合作·和平创业联盟

强化东北亚经济科技合作。沈大自创区立足区域开放门户位势，积极融入"一带一路"、中蒙俄经济圈，稳步推进对外科技、贸易合作。联合俄罗斯成立中俄科技转化中心，建成系统生物学与中药国际合作研发中心等10余家国家级国际科技合作基地，链接英国、荷兰、波兰、芬兰等科技尖峰区域，高标准共建先进机器人学与机构学国际联合研究中心、能源创新实验室和建筑创新中心等一批国际科技合作机构。深度拓展东北亚合作，搭建东北亚国际航运中心等高水平载体，建设中韩（沈阳）协同科技创新中心、中韩（大连）技术创新产业园。大连高新区索尼信息系统中国区总部、日立咨询大连研发中心、CDK Global全球共享中心等投入运营，法国 Gemalto 研发中心及创新实验室、比利时 Eurofins 亚太区食品安全检测中心等国内外行业领军企业相继入驻。大连金普新区构建口岸保税物流体系，设立 14 个国际交易市场，成为与东北亚国家经贸往来和开放合作的前沿阵地。

持续深化对德合作。沈大自创区以中德装备园为切入点，实现中德制造业深度对接，形成汽车及零部件、机器人和智能装备、先进机械制造、工业服务四大产业协同发展的良好局面。中德装备园是国务院批复的全国首个以中德高端装备制造产业合作为主题的战略性平台，集聚宝马、西门子、库卡、纽卡特、思爱普、品奇巴马克等优质德企 55 家，举办高端装备制造业引资引技引智专场招商、推介对接等活动 16 次，接待国内外来访团组 60 多个，与德国国际合作机构、德国商会、德国中小企业联合会等商会协会及中介机构建立长效合作机制。沈阳德国企业服务中心、德国中小型企业产业园、沈阳中德（工业 4.0）创新中心、中德史太白技术转移双创基地等项目先后落地建设，形成"德国技术—沈阳孵化—沈阳制造—国际化发展"链条。

不断探索中以合作新模式。大连高新区充分发挥区位优势及"中以高技术产业合作重点区域"平台效应，持续与以色列深入开展科技合作和资源链接。建成中以国际创新孵化器、高技术转移加速器、国际创新研究院，设立中以产业引导基金，构建中以交流培训平台，形成"三点一线一面"的合作模式。中以国际创新孵化器入孵企业达 56 家，与以色列 TechnoPlus、Trendlines、CTZ、施拉特孵化器签署合作协议，成功探索"母子加速器"模式，形成中以众创空间、孵化器、加速器三级孵化链条体系。国际创新研究院成功组织 3 次交流培训，推进大连高校与以色列特拉维夫大学等院所开展科研人员互访交流。

**分报告 15**

# 福厦泉国家自主创新示范区

——着力培育新一代信息技术产业，构建以两岸融合创新为特征的开放发展格局

导读：

　　福厦泉自创区积极落实创新改革"试验田"任务，省市双级发力，发挥"多区叠加"政策优势，深化与自贸区的"双自"联动，在海峡两岸协同创新、人才引进、创新创业服务等方面深入改革创新，先后遴选出两批 38 项改革创新政策、机制创新举措和先进经验做法，复制推广至全省。围绕两岸创新合作，建设台湾青年创业就业服务中心、海峡两岸青年创业孵化基地等两岸青年众创空间，构建以两岸融合创新为特征的开放发展格局。

## 一、基本情况

2016年6月，国务院批复同意福州、厦门、泉州3个国家高新区建设国家自创区（图15-1）。按照《国务院关于同意福厦泉国家高新区建设国家自主创新示范区的批复》（国函〔2016〕106号），要求全面实施创新驱动发展战略，深入推进大众创业、万众创新，发展新经济，培育新动能。要充分发挥福厦泉地区的区位优势和生态优势，促进高端人才与大众创业万众创新结合，把创新驱动发展战略深入到各个领域、各个行业，更多激发全社会创造潜力和调动科研人员积极性，全面提升区域创新体系整体效能，打造连接海峡两岸、具有较强产业竞争力和国际影响力的科技创新中心，努力把福厦泉国家高新区建设成为科技体制改革和创新政策先行区、海上丝绸之路技术转移核心区、海峡两岸协同创新和产业转型升级示范区。

图15-1 福厦泉自创区空间示意

福厦泉自创区经两年多的建设,发挥了较好的引领示范和辐射带动作用,已成为全省创新发展的主引擎。2018年,福厦泉三市高新技术企业3161家,占全省的83.2%;科技小巨人企业1264家,占全省的69.3%;技术合同成交额达108.4亿元,占全省的97.7%;每万人口发明专利拥有量达55.7件,提前完成"十三五"每万人口发明专利拥有量的目标任务。2018年12月,福厦泉自创区建设做法和经验得到全国政协副主席万钢同志的充分肯定和批示,获科技部印发全国科技系统宣传交流。

## 二、政策创新与体制机制改革

### 1. 强化创新主体政策扶持,完善要素配套政策体系

深化企业扶持政策和服务模式创新。福建省出台《福建省企业研发经费投入分段补助实施办法(试行)》,规定除了规模以上高企,规模以下高企也纳入补助范围,加大财政对自主创新的支持力度;规定科技小巨人企业在享受企业研发费用税前加计扣除政策的同时,可获得与享受加计扣除政策实际减免的所得税额同等额度的财政资金奖励。福州高新区围绕企业技术研发、企业上市、技术改造、工业企业品牌建设、高层次人才引进、知识产权、金融服务等方面,制定奖励、补助措施,出台总部经济、集成电路、生物医药、LED、地球空间信息等产业专项扶持政策(图15-2)。厦门高新区提出创新型产品首购制度、集成电路产业链保税监管、创新药物上市许可持有人制度、简化技术先进型服务企业认定试点等多项政策创新。泉州高新区设立科技型企业贷款风险补偿资金池,开展全产业链金融服务创新试点,建立小微企业还贷续贷无缝对接机制,引导金融机构加大对科技型企业信用贷款投放,泉州银行的"无间贷"获得中国银监会推广。

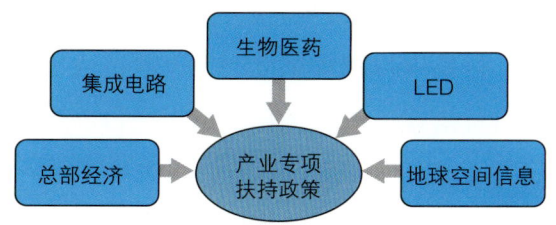

图15-2 福州高新区出台产业专项扶持政策

出台研发创新平台支持政策。福厦泉自创区把建设高水平科技研发创新平台作为提升自主创新能力的重要举措。福州高新区围绕推动物联网产业发展,大力支持

窄带物联网开放实验室建设，按投资总额的 30% 给予补助，最高可达 1000 万元。厦门高新区积极支持台湾创新主体在厦门单独或与大陆创新主体合作开展重大创新平台建设，对获得国家重大科研项目立项和资金支持的项目给予 50% 的科研经费配套；创新生物医药产业技术公共服务平台共建共享模式，通过企业为主建设、政府出资扶持的方式，搭建生物医药产业链关键节点上的产业技术公共服务平台，提供仪器设备共享和开放服务。泉州高新区结合民营经济活跃优势，建立"一院一策"创新平台引进机制，在人才引进、平台建设、成果转化、规划用地、专项资金等方面给予特殊支持，大力引进高校院所，鼓励共建新型研发机构。

完善创新创业创造政策体系。福州高新区出台推动新一轮创新发展 10 项政策，涵盖扶持企业技术研发、引进高层次人才和加快物联网等 49 条举措；支持培养技能型人才，对开办紧缺人才对口专业的职业院校、开展技能型人才培训企业和个人、校企合建的实训平台给予不同程度的奖励补助。厦门高新区围绕提升创新创业生态环境、创新改革科技管理体制机制和深化两岸融合创新等方面提出 69 项创新政策措施，创新技术先进型服务企业认定办法，创新电子钱包兑付、双向补贴等科技服务补贴方式，支持小微企业向非关联单位、外地服务机构购买服务。泉州高新区出台实施人才"港湾计划"、促进专利运用和保护等 40 项政策措施，建立高层次人才编制"周转池"制度，提高人才医疗保健待遇；设立"数控一代"创业引导资金、新兴产业股权投资基金等一批基金，引导和推动社会资本参与科技创新。

**2. 深化科技管理体制改革，鼓励科技成果转化**

完善科技管理体制改革顶层设计。2016 年 8 月，福建省委、省政府发布《关于实施创新驱动发展战略建设创新型省份的决定》（以下简称《决定》），明确构建更加高效的科研体系、建立健全成果转化激励机制等科技管理体制改革工作。根据《决定》，福厦泉三市分别出台相应的实施意见，深入推进高校院所科研体制改革、科技成果"三权"改革、科技项目管理制度改革、科技成果产业化奖励、鼓励科技人员离岗创业等工作，实行搭建市级统一项目申报平台、建立科技成果市场定价机制、对企业引入科技成果给予奖励、建设科技信用体系等创新举措。

鼓励创新孵化载体建设，创新科技成果转化服务模式。福州高新区分级配套奖励"双创"载体，对国家、省、市不同级别的创新创业示范中心、孵化器、众创空间，给予不同程度的奖励补助。厦门高新区创新科技企业孵化器异地建设模式，鼓励有条件的众创空间、孵化器、加速器,在美国硅谷、以色列等地设立境外分支机构;创新科技成果转化线上服务模式,建成由民营资本投资的全国性线上技术交易平台暨国家级科技成果转化服务(厦门)示范基地——"科易网"(图15-3),创新在线技术交易价格评估系统、"活动帮"、"科易宝"等服务,科易网"互联网+技术转移"新模式已在全国推广。泉州高新区构建集成"数控一代"科技孵化器、公共技术服务平台功能的科技创新中心,打造融合"应用研究—技术开发—产业化应用—企业孵化"于一体的科技创新链,促进创新要素资源整合,加快推进科技成果产业化。

图15-3　国家级科技成果转化服务(厦门)示范基地——"科易网"

> **专栏15-1**　福厦泉自创区制度改革政策清单(部分)

福建省:
《福厦泉国家自主创新示范区建设实施方案》
《福厦泉国家自主创新示范区建设专项资金管理办法》
《福建省企业研发经费投入分段补助实施办法(试行)》

《福建省人民政府办公厅关于加快高水平科技研发创新平台建设发展六条措施的通知》

《福建省人民政府办公厅关于印发省级高新技术企业扶持办法的通知》

《福建省人民政府关于进一步推进创新驱动发展七条措施的通知》

《福建省科学技术等5部门关于印发〈福建省实验室建设方案〉的通知》

《关于深化项目评审、人才评价、机构评估改革的实施意见》

福州市：

《福州市人民政府办公厅印发关于扶持"双创"工作的八条措施的通知》

《福州市人民政府关于印发福州市促进科技成果转移转化若干措施的通知》

《福州市科技成果购买补助项目管理办法》

《福州市级科技企业孵化器管理办法（试行）》

《福州高新区关于支持科技创新的十条措施》

厦门市：

《中共厦门市委 厦门市人民政府关于贯彻关于贯彻〈中共福建省委、福建省人民政府关于实施创新驱动发展战略建设创新创新型省份的决定〉的实施意见》

《厦门市人民政府关于印发厦门市促进科技成果转移转化若干规定的通知》

《中共厦门市委 厦门市人民政府关于进一步激励人才创新创业的若干措施》

《厦门市科创红包管理办法（试行）》

《厦门市加快生物与新医药产业发展的若干措施实施细则》

泉州市：

《泉州市人民政府办公室关于大力鼓励社会资本建设和发展新型研发机构的意见》

《泉州市人民政府办公室关于加快企业自主创新能力提升若干措施的通知》

《中共泉州市委 泉州市人民政府关于实施人才"港湾计划"的若干意见》

《泉州市人民政府关于促进高校、科研机构科技创新能力和服务地方发展能力提升的实施意见》

《关于进一步完善市级财政科研项目与资金管理等政策的若干意见》

**3. 优化正向激励，形成统筹协调合力**

福建省委、省政府出台《福厦泉国家自主创新示范区建设实施方案》，明确福厦泉自创区要以推动科技创新为核心，聚焦增强企业自主创新能力、发挥高校科研院所作用、加速成果转化、提升产业核心竞争力、推动体制机制改革、提高开放创新水平六大关键环节和核心任务。省政府和福厦泉三市均成立了主要领导挂帅的自创区建设工作领导小组及办公室，明确统筹机制和组织框架，将自创区建设任务纳入政府年度绩效考核目标。采取正向激励的方式，按照创新政策、创新投入、建设任务、创新能力、国家对高新区排名5个方面对3个国家高新区进行考核评估，发挥专项资金引导作用，根据考评结果，省级专项资金奖励部分按50%、30%、20%比例给予分档奖励。

## 三、示范重点和主要举措

**1. 加快培育新产业新业态，推进高新技术产业集群发展**

以构建特色园区为抓手、以重大项目建设为引擎，大力推动高新技术产业发展壮大。福州高新区重点建设福建大数据产业园、马尾物联网产业园，建成开通国家级互联网骨干直联点、数字福建云计算中心。厦门高新区建成集成电路产业基地、生物医药港，特宝生物肝炎治疗国家一类新药"派格宾"获批上市，成为福建省近十年来首个治疗类国家一类新药。泉州高新区重点建设泉州芯谷、智能装备产业园等一批特色产业园和基地，国际信息园建设的华东南最大的高可用数据中心已投入运营，投产标准机柜总数达4600个。福州京东方8.5代面板、英孚集团8英寸晶圆项目（一期）、福建博奥医学检验中心、厦门联芯集成电路、电气硝子8.5代液晶面板、天马二期第6代低温多晶硅及彩色滤光片生产线、泉州嘉泰数控（二期）扩建、晋华存储器、安溪光生物研究院与植物工厂等一批重大项目也在加快推进建设。

新业态层出不穷，成为促进产业转型升级的新动力。厦门高新区的互联网、人工智能、新材料等新业态蓬勃发展，诞生了美图、美亚柏科、三五互联、科华恒盛、亿联网络等多个互联网"单项冠军"，集聚云之声、云脉、易联众等人工智能骨干企业，覆盖智能数据应用、智能识别系统、智能交通、智能教育等多个领域，汇集芯光润泽、烯成、泰启力飞等新材料骨干企业，第三代半导体、石墨烯等业态快速发展。

福州高新区积极培育发展物联网、地球空间信息等新业态，建成马尾物联网产业园，重点发展智能家居、交通、管网和车联网等物联网应用服务，建成全省首个地球空间信息国家专业化众创空间。泉州高新区智能制造新业态特色凸显，通过实施"数控一代"计划，推动区内制造企业智能化升级，建成30多个数字车间、智能工厂和自动化生产线。

光电显示、半导体照明、软件信息、集成电路、微波通信等高新技术产业集群发展。厦门高新区形成半导体照明、软件信息、集成电路等产业集群，是国内光电显示产业发展最迅速的地区之一、世界最大的高质量节能灯生产基地；软件产业基地"成长性"全国排名第7位；集成电路产业链不断发展壮大，集聚联芯、紫光、三安等113家企业，产业规模居全国第5位。福州高新区已形成光电显示及配套下游整机制造的产业集群，集聚华映光电、华映显示、JVC电子、LG电子、日立数字媒体等国内外知名企业。泉州高新区拥有微波通信国家火炬计划特色产业基地，已形成完整的微波通信产业链，培育了先创、泽仕通、火炬电子等一批全国知名的龙头企业，对讲机产品占全国市场份额的60%、出口份额的80%，卫星电视接收机和高频部件产量全国领先。

**2. 强化企业创新主体地位，加快重大创新平台建设**

以企业为主体推进科技创新。福厦泉自创区始终把扶持企业技术创新摆在重要位置，积极引导创新要素向企业集聚，推动企业自主创新能力持续提升。在福州高新区，新大陆科技研发的第二代二维码解码芯片技术达到国际先进水平，是全国唯一掌握二维码识读引擎核心技术的企业；福大自动化研发的IAP工业自动化通用技术平台属全国首创。在厦门高新区，清源科技在国际上首次实现SiC器件在大功率并网逆变器的应用，构建SiC"材料—芯片—器件—并网光伏逆变器"的产业链；优迅高速芯片推出国内首款性能先进的全系列10G光通信"中国芯"，填补国内空白。在泉州高新区，联拓科技研发出我国具有自主知识产权的世界第一款数字对讲机芯片，打破国外企业垄断，推动中国对讲机产业"模转数"进程；钧石能源是全球三大太阳能薄膜电池生产企业之一，技术开发能力在国际上处于先进水平。

持续加强创新平台建设。福厦泉自创区立足区域产业特色，集聚一批国字号重大创新平台，建设一批产业技术重大研发平台，不断提升产业创新能力。福州高新区引进华为、微软等国内外行业领先企业，建设窄带物联网开放实验室，加快推进中科院海西研究院三期、国家专利审查协作福建分中心、国家健康医疗大数据平台（福州）、力普国家级环保重点实验室等一批高水平创新平台建设。厦门高新区推出首批19个重大基础性平台类和20个龙头企业创新平台建设项目，加速建设厦门稀土所、厦门生物医药产业协同创业中心等平台，厦门大学能源与石墨烯创新平台已形成40项可产业化成果。泉州高新区采取"一院一策"等方式，突破单位性质、编制、指标和地域等限制，引进高水平大学院所共建重大创新平台，中科院海西研究院泉州装备制造研究所、泉州华中科技大学智能制造研究院、福建（泉州）哈工大工程技术研究院等重大平台建设取得明显进展。

科技服务平台持续完善。福厦泉自创区瞄准新型显示、集成电路、物联网、石墨烯新材料、高档数控机床、机器人等重点领域，支持龙头企业联合高校、科研院所和产业技术创新联盟等，建设一批指向明确、富有特色的产业技术服务平台。积极构建覆盖福厦泉自创区、辐射全省的福建科技大市场。推进大型科研设施仪器开放共享，省大型科研设施仪器管理服务平台收录福厦泉三市30万元以上仪器2379台，占全省的80.1%；入网单位达247家，占全省的83.4%（图15-4）。加快建设厦门大学科技园、福州大学科技园等国家大学科技园，厦门大学能源材料化学、福州大学海西环境与能源光催化等国家级和省级"2011协同创新中心"在服务产业升级方面取得良好成效。

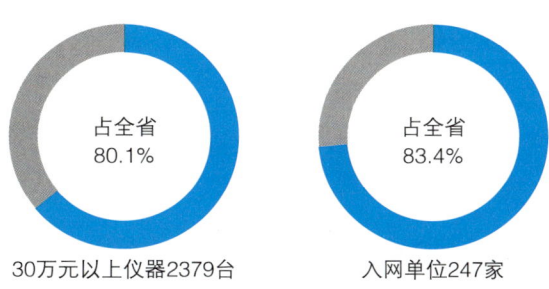

图15-4　福厦泉三市支持省大型科研设施仪器管理服务平台建设

知识产权工作成绩显著。福厦泉自创区通过设立专项资金，积极引入国内高端专业机构开展区域产业专利导航，支持建设知识产权密集型区域，建立完善知识产权专员制度，发布知识产权公共服务包及其路线图，打造"知创福建"知识产权公共服务平台，加快培育知识产权密集型产业龙头企业。截至2018年年底，福厦泉三市专利申请总量达12.8万件，占全省的77.1%；专利授权总量达7.9万件，占全省的77.3%；培育国家知识产权示范企业29家、优势企业95家，省知识产权优势企业303家（图15-5）。福厦泉自创区3个国家高新区均获批国家知识产权试点园区。

图15-5 福厦泉三市2018年知识产权情况

**3. 发挥龙头企业引领作用，加大科技中小企业培育力度**

龙头企业的产业引领作用日益凸显。福厦泉自创区着力培育细分领域"单项冠军""隐形冠军""产业创新龙头"，引领带动产业集群发展壮大。福州高新区依托福大自动化、网龙等重点企业，着力发展工业控制、动漫游戏、信息安全、金融等领域的嵌入式和应用软件研发；支持国脉科技、新大陆等物联网企业拓展市场，加快NB-IOT商用局布点建设，推进"国家新型工业化产业（物联网）示范基地"建设。厦门高新区积极开展产业招商、精准招商，新引进中科院沈阳自动化所等科研院所到高新区设立研究机构，新落地国科大（厦门）环境监测研究院等10家新型研发机构；先后促成通富微电子先进封测项目等290余项先进制造业领先企业项目落地建设。泉州高新区加快实施"数控一代"示范工程，全市已有2000多家规模以上企业参与"数控一代"、智能化改造，撬动社会资金本投入1260亿元，规模以上企业装备数控化率达45%以上，减少劳动用工约30%；部分国产装备实现了对进口装备的替代，为使用企业降低购置成本约50%。

高新技术企业和科技小巨人企业日益壮大。福厦泉自创区将科技企业培育作为一项系统工程，按照"科技型中小企业—省级高新技术培育企业—国家级高新技术企业"的发展梯次，成立省级高新技术企业培育库，设立省级高新技术企业培育专项资金，明确入库企业奖补标准。完善高新技术企业培育长效机制，强化科技、经信、财政、国税、地税等部门协调和省市县三级联动，分类指导，优化服务，引导各类科技型企业成长为高新技术企业。在福厦泉自创区带动下，福厦泉三市高新技术企业和科技小巨人领军企业群体日益发展壮大，2018年集聚高新技术企业3161家，占全省83.2%；科技小巨人企业1264家，占全省的69.3%（图15-6）。

图 15-6　福厦泉三市科技企业培育成效

**4. 优化提升双创载体平台，创新创业生态不断完善**

创业孵化链条日益完善。福厦泉自创区加大对众创空间建设的扶持力度，完善创新创业公共服务，积极支持各国家高新区建设国家大众创业万众创新示范基地、国家小型微型企业创业创新示范基地和省级小微企业创业基地，推动各国家高新区分别打造一家有影响力和带动力的省级示范创业创新中心。截至 2018 年年底，福厦泉三市已培育国家备案众创空间 47 家，占全省的 90.38%；国家级孵化器 12 家，占全省的 85.71%；设立省级各类台湾青年就业创业基地近 20 个，吸引来闽就业创业台湾青年 1.2 万多人。

双创服务持续升级。福州高新区全面优化人才创新创业环境，促成国家海峡人力资源服务产业园等项目落地，设立运营"紫荆海峡科技产业投资母基金""华新新兴产业投资基金""车库咖啡两岸天使投资基金"等创业创新系列基金，资金总规模达 226.8 亿元。厦门高新区积极与银行、律师事务所、会计师事务所、人力资源服务机构、投资机构等合作，结成产业服务联盟，打造产业服务平台，为园区企业了解政策、交流互动、跨界融合提供有效服务。充分发挥国家 LED 技术应用产品质量监督检验中心等第三方检验检测机构作用，为中小企业提供公共技术支撑，加速企业产品研发进程和创新能力提升。泉州高新区积极引入民营资本建设"园中园"，推动泉州丰富的民间资本投向科技创新领域，提升科技、金融、人才服务水平，增强各类公共服务平台和创新载体的综合服务能力。

科技金融支持力度不断加大。福厦泉自创区积极推进科技金融服务创新，拓宽抵质押品，创新免担保金融产品，推广"无还本续贷"模式，引导支持建行、农行等 8 家银行为科技型企业贷款开设绿色通道。福州高新区发挥马尾和马祖同宗同源的地缘优势，在税法对接、纳税服务等方面先行先试，建立对台服务立体式绿色通道；设立福州高新区科技支行信贷风险补偿基金；建设上海股权交易中心福州孵化基地，着力打造多层次资本交易中心。厦门高新区创立全国首家建行科技支行、知识产权特色支行；成立全国第二家科技保险支公司，开展12个品种的科技保险业务。泉州高新区创新产业链金融服务模式，建立以龙头企业为核心的金融服务共建链108条，支持80家核心企业带动800多家上下游企业实现融资。

**5. 积极推进开放合作，打造两岸融合创新发展新格局**

海峡两岸协同创新成果丰硕。福厦泉自创区发挥对台合作优势，扩大对台合作领域，全力引进台资、台企和台湾高端产业项目，带动形成了多个千亿元产业集群。福厦泉三市加快创建两岸新兴产业和现代服务业合作示范区，放宽台湾企业在自创区从事产业合作、贸易往来、金融服务、文化交流等现代服务业的资格限制。不断建设完善两岸青年创业孵化中心、厦门海峡科技创业促进有限公司、海峡科技大市场、两岸微电子学院、台湾青年创业就业基地等两岸合作载体和平台（图15-7），设立"台湾青年创业扶持启动资金"。引进台湾海洋大学、辅仁大学、阳明大学等台湾大学的育成中心设立联合办事处，集聚台湾特聘专家，组织举办"海峡论坛"、两岸创业大赛等交流活动。

图15-7 福厦泉自创区两岸合作载体和平台

积极链接中关村、硅谷等地创新高地。厦门高新区在中关村建立"厦门—中关村"异地孵化器，通过与企业、科研院所、创投机构合作，引进中关村科技成果和创业项目来厦落地；与瀚海国际合作在美国硅谷建立厦门火炬高新区（硅谷）国际创新创业基地，与以色列技术展示与交流中心开展精准对接，成立中以合作项目（厦门）孵化中心，累计孵化近100个合作项目。泉州高新区举办俄罗斯、白俄罗斯、乌克兰电子信息技术项目推介会，与香港生产力促进局建立企业转型升级一站通等战略合作，加强科技成果的引进和产业化。

**分报告 16**

# 合芜蚌国家自主创新示范区

——聚焦源头创新，建设有重要影响力的综合性国家科学中心和产业创新中心

导读：

合芜蚌自创区作为推进安徽"五大发展行动计划"的战略平台，充分发挥示范引领作用，坚持把深化体制机制改革作为创新发展的主动力，围绕绩效激励、人才引进、三权改革、人才管理等方面出台了一系列改革措施，着力探索创新驱动调结构转方式促升级的新机制，加快实施量子通信、新型显示、智能语音等领域科技重大专项，全力推进合肥综合性国家科学中心建设，形成了电子信息、新能源汽车、节能和高端装备制造、硅基新材料、公共安全等主导产业，为增强经济创新力和竞争力、加快建设现代化五大发展美好安徽提供了强有力支撑。

## 一、基本情况

2016年6月,国务院批复同意合肥、芜湖、蚌埠3个国家高新区建设国家自创区。按照《国务院关于同意合芜蚌国家高新区建设国家自主创新示范区的批复》(国函〔2016〕107号),要求全面实施创新驱动发展战略,深入推进大众创业、万众创新,发展新经济,培育新动能。要充分发挥合芜蚌地区的科教优势和产业优势,促进高端人才与大众创业、万众创新结合,把创新驱动发展战略深入各个领域、各个行业,更多激发全社会创造潜力和调动科研人员积极性,全面提升区域创新体系整体效能,打造具有重要影响力的产业创新中心,努力把合芜蚌国家高新区建设成为科技体制改革和创新政策先行区、科技成果转化示范区、产业创新升级引领区、大众创新创业生态区(图16-1)。

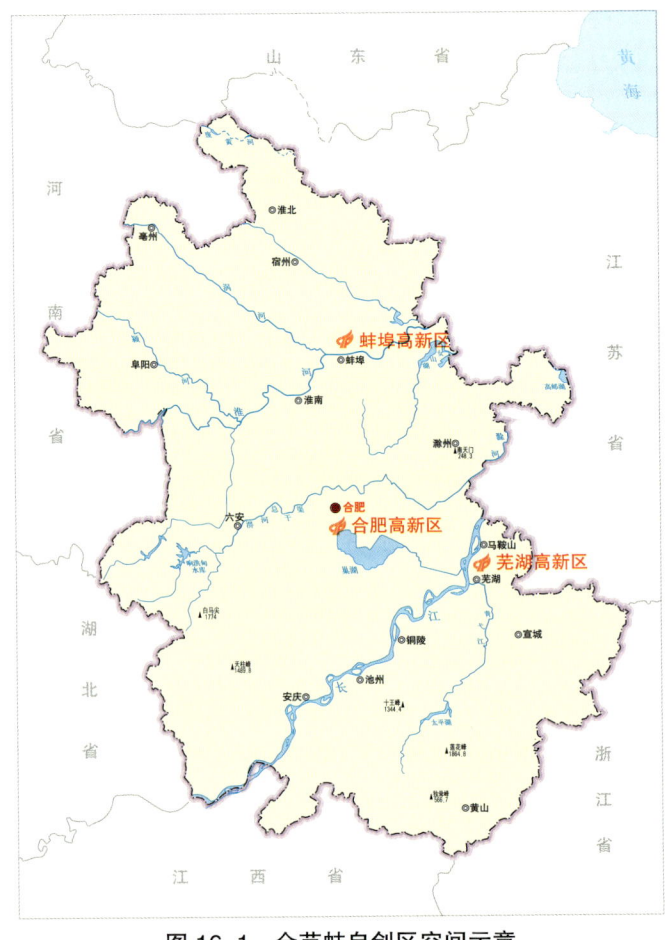

图16-1 合芜蚌自创区空间示意

按照国务院批复精神，安徽省进一步明晰合芜蚌自创区总体定位，即全面提升区域创新体系整体效能，创建有重要影响力的综合性国家科学中心和产业创新中心。2018年，合芜蚌自创区实现地区生产总值2324.3亿元，财政一般性预算收入237.1亿元，高新技术产业产值、增加值分别较上年同期增长15.3%和13.6%，拥有高新技术企业1210家，国家备案众创空间和国家级孵化器42个，新增注册企业9216家；共获得发明专利授权7972件，占全省64%，万人发明专利拥有量达19.8件；输出技术合同成交额213.2亿元，吸纳技术合同成交额173.52亿元。

## 二、政策创新与机制体制改革

### 1. 积极落实全省改革举措，探索先行先试政策创新

合芜蚌自创区围绕绩效激励、人才引进、三权改革、人才管理等改革方面，出台打造自创区升级版的工作方案，积极复制全创改首批13项可推广改革举措，合芜蚌三市共配套出台30多项政策。主要突破包括以下方面。

创新高校工资激励机制。进一步提高高校绩效工资总量调控和科研人员收入水平，不再比照公务员津贴补贴标准，科研人员平均工资水平比原来提高约20%。高校科研人员依法取得的科技成果转化奖励收入，不再纳入绩效工资。

简化海外人才引进管理。一是成功争取公安部在安徽省试点外籍人才出入境7条新政，比照北京中关村、上海张江标准，在放宽外籍人才申请永久居留条件、扩大签证或居留许可申请范围、为外籍高人才出入境提供便利等方面先行先试。二是简化"外国人来华工作许可"办理流程，实现一个部门办理。安徽省公安机关为海外高层次外国人签发有效期5年的工作类居留许可和受理永久居留权申请出现大幅增长，合肥也成为2017年、2018年"魅力中国——外籍人才眼中最具吸引力的中国城市"之一。

深化科技成果"三权"管理改革。将科技成果处置权、收益权、使用权全部下放给高校院所，赋予科研人员不低于70%的科技成果收益权，允许具有行政级别的科研人员依法享有科技成果转化收益，提高创新主体转化积极性。

创新人才管理机制。一是在高校推广编制周转池制度。2018年，对建立周转池制度条件的22所本科高校共核定周转池编制6130名。省属本科高校2018年使用

周转池事业编制招录引进高层次人才1454名，大大拓展高校人才引进和发展的空间，有力保障高校"双一流"建设。二是深化高校用人自主权改革。按照"一校一策"原则，明确周转池事业编制人才标准，配套实施与事业编制管理相衔接的岗位设置、职称评聘、人才招聘等政策，允许省属高校自主确定内设机构设置和人员配备，将教师和实验员系列职称评审权下放到高校，简化高校人才引进流程，2018年新增高级职称岗位近4000个。

### 2. 强化顶层设计，优化自创区管理体制机制

安徽省成立了以省委书记、省长为双组长，省有关部门和合芜蚌三市政府为成员单位的合芜蚌自创区建设领导小组，领导小组办公室设在省科技厅，定期研究解决重大事项和难点问题。为提高合芜蚌自创区建设领导小组工作效率，安设立了省创新办，由省科技厅厅长任主任、分管厅长任副主任，不定期组织省有关部门和合芜蚌三市政府、高新区等召开会议，协调解决有关事项。完善创新评价机制，以形成产业成果、科技成果、企业成果、改革成果作为评价导向，明确责任，强化督查，狠抓落实，有力、有序、有效推进自创区建设。

## 三、示范重点和主要举措

### 1. 聚焦前沿科技，精心培育引领型新兴产业

构建创新型现代产业体系。合芜蚌自创区围绕综合性国家科学中心和产业创新中心定位，加快建设新能源汽车、新型显示、机器人等一批重大新兴产业基地，扎实推进太赫兹芯片、精准医疗等一批重大新兴产业工程，组织实施量子通信与量子计算、智能汽车、石墨烯等一批重大新兴产业专项，加快构建创新型现代产业体系。大力发展研发设计、技术转移、创业孵化、检验检测、知识产权、科技咨询、科技金融、科学技术普及等科技服务新兴业态，广泛运用云计算、大数据、物联网、移动互联网等新技术创新生产服务模式，积极发展平台经济、分享经济，培育新的经济增长点。2018年，合芜蚌自创区战略性新兴产业产值同比增长15.0%，占规模以上工业产值的比重达50.1%，对合芜蚌三市战略性新兴产业的贡献率达47.3%。

以新技术、新模式加速产业结构转型升级。合芜蚌自创区坚持传统产业转型升级和新兴产业培育两手抓。传统产业改造有序推进，鼓励企业加大技改投入，促进

信息技术、智能技术在传统产业中的应用,鼓励企业实施"机器换人"、建设智能车间,促进传统产业绿色发展。新兴产业加速崛起,自创区以创新为指引,按照"龙头企业—产业链—产业集群—产业基地"梯次推进的发展思路,推动新兴产业向规模化、集群化方向发展。芜湖高新区围绕新能源整车和电池、电机、电控三大核心部件,加快推进奇瑞小蚂蚁、天弋锂电池、忠旺精铝新材料产业园、安川电机等核心项目建设,集聚60多家汽车整车及关键零部件企业,涉及新能源汽车、工程车、特种车、专用车,以及汽车模具、汽车电子等。

**2. 加快集聚高水平科技资源,重大科技成果不断涌现**

全力推进合肥综合性国家科学中心建设。合芜蚌自创区启动建设量子信息与量子科技创新研究院,加快改造提升现有大科学装置性能,新建天地一体化信息网络合肥中心、离子医学中心、分布式智慧能源创新平台等,开展先进光源、大气光学、聚变堆主机关键系统三大装置预研、规划和选址工作。合肥微尺度物质科学国家研究中心获批组建,科大讯飞公司获批建设认知智能国家重点实验室,合肥离子医学中心开工建设。

### 专栏16-1 合肥综合性国家科学中心

2017年1月,合肥综合性国家科学中心获得发展改革委和科技部联合批复。合肥综合性国家科学中心聚焦信息、能源、健康、环境四大领域,以成为国际一流水平的国家科学中心为目标,以量子信息科学为基石,以全超导托卡马克、同步辐射、稳态强磁场等大装置为重点,重点建设聚变堆主机关键系统综合研究设施、合肥先进光源、大气环境立体探测实验研究设施等世界一流重大科技基础设施集群,布局微尺度物质科学等一批前沿交叉研究平台,打造中科大先研院等产业创新转化平台,催生一批战略性新兴产业,构建全链条创新体系,在量子、核聚变能源等多个领域保持国际领先地位,成为代表国家水平、体现国家意志、承载国家使命的创新基础平台(图16-2至图16-4)。

图 16-2　合芜蚌自创区稳态强磁场装置

图 16-3　合芜蚌自创区 EAST 全超导非圆截面托卡马克装置

图 16-4　合芜蚌自创区合肥高新区同步辐射加速器

加速重量级科技成果研发转化。合芜蚌自创区聚焦量子通信、新型显示、智能语音等科技重大专项，加大专项经费支持力度，涌现出一批重大科技成果。研发出世界第一台超越早期经典计算机的基于单光子的量子模拟机、首台气体轴承斯特林制冷机工程化产品、超(超)临界电站锅炉启动系统再循环泵、首款多语种实时翻译机，全超导托卡马克装置世界首次实现百秒量级稳态高约束模运行，量子卫星世界首次实现千公里级量子纠缠分发，京东方10.5代TFT-LCD生产线、12寸晶圆驱动芯片制造项目实现量产。

探索新型市场化产学研模式。按照"市场化导向、多主体投资、多模式组建、企业化运作"方式，合芜蚌自创区加快推进新型研发机构建设。合肥高新区加强与中科院各科研院所及"双一流"高校对接，累计引进几十余家高校院所名企的新型研发机构，初步形成长效系统化的政产学研合作体系（图16-5）；积极牵手区内外知名企业，加速研发落地，紧盯在华投资世界500强、中国500强、行业10强、跨国公司、国内外知名品牌企业、上市公司、独角兽企业，鼓励其在合肥高新区设立研发中心及第二总部。芜湖高新区着力构建以企业为主体的协同创新体系，建有53个省级及以上研发机构，其中国家工程技术研究中心、国家级企业技术中心、国家工程实验室、国家级国际联合研究中心、国家博士后科研工作站各1个。

图16-5 合芜蚌自创区新型研发机构

深耕知识创造打造高端创新平台。合肥高新区持续深化协同创新平台建设，先后引进中科院工程热物理所、广州生物院、工业和信息化部五所等平台项目；积极争取合肥综合性国家科学中心七大平台落户，正式开工建设合肥离子医学中心，加快争创量子信息科学国家实验室。芜湖高新区按照"院士工作站—产业研究院—孵化器—加速器—产业基地"发展模式，构建"产业链+创新链"双向融合体系，截至 2017 年年底，已建设院士工作站 9 个，依托院士工作站的强大智力资源和科研平台，先后引进康爱而电气、赛瑞储能等关联企业入驻。蚌埠高新区与北京中科科技创新发展研究院合作建立了全省首个科技成果交易转化孵化中心，启动实施协同创新项目，加强与中科院、浙江大学等科研院校的合作，2018 年新设立院士工作站 2 个、博士后工作站 1 个。

**3. 积极完善创新创业生态，加快推进高水平创业**

开展"江淮双创汇"，营造双创氛围。合芜蚌三市组织开展"江淮双创汇"活动，着力构建低成本、便利化、全要素、开放式众创空间，探索新型孵化模式，持续推动大众创业、万众创新（图 16-6）。合肥高新区实施"创+"计划，推出"合创汇"创新创业服务品牌，引导社会力量利用老旧厂房改造新建创新型孵化器和众创空间，2018 年新增孵化器 2 家、众创空间 9 家，新增孵化面积 6.06 万平方米。截至 2018 年年底，合芜蚌自创区市级以上众创空间 125 个，初创企业人员 12 168 人，累计获得投融资的创业团队 532 个，拥有有效知识产权 2053 个。

图 16-6　合芜蚌自创区江淮双创汇启动仪式

加快引育高层次双创人才。合肥高新区获批科技部"创新人才培养示范基地"，2018 年评审选拔"江淮硅谷"创新创业团队 15 个，引进、培养市级以上高层次人才 101 人，组织开展各类人才培训班 180 次，培训人数超 1.2 万人次。芜湖高新区大力推进青年创业，促进国家级孵化器和青年创业园融合发展，按照"创业苗圃＋孵化器＋加速器"三步走的模式，完善孵化服务体系，利用高校驻境优势，分别与安徽师范大学、安徽工程大学等高校共建创意设计园、工业设计园、机电科技园；聚焦生物医药、新能源等战略性新兴产业领域，推进高层次人才团队建设，其中微波、毫米波模块芯片项目、数字化通信平台及智能交通监控、数据交换机项目等已签订股权增资协议，鼎瀚、天兵科技两个团队获批省高层次人才团队。

### 4. 推动金融与产业深度融合，加快科技企业培育

积极推动"科技＋资本＋产业"融合发展。合肥高新区首创产业投资、双创孵化的政府"双引导"基金模式，建设集基金湖畔大街、金融大厦、资本对接路演中心、众创空间、孵化器、加速器等为一体的"金融基金生态圈"，打造特色"基金小镇"。截至2017年年底，合肥高新区已集聚基金100余支，覆盖天使、VC、PE、Pre-IPO、新三板和四板、并购等类型，以公司制、有限合伙制、母基金等多种模式运作，引导基金投向智能制造、集成电路、生物医药等战略性新兴产业，撬动社会资本投向高新区企业。芜湖高新区通过引导企业与天使投资、风投基金合作，推进园区科技金融体系发展，已与IDG、绿野资本、经纬资本、诚毅资本、浙商创投等知名投资机构建立合作关系。

围绕企业梯度培育，推进企业上市融资。合肥高新区出台《关于加快企业股改上市的若干意见》，在全省首次明确所有奖励资金直接奖励企业核心管理团队，精准有效解决企业改制过程中的企业实际控制人和核心管理团队的负担，激发了企业股改上市的内在动力。截至2018年年底，合肥高新区本年新增上市企业3家，上市企业总数达到22家，约占合肥市上市企业（46家）总量的一半，占安徽省的1/5以上；新三板挂牌企业已达50家，占合肥市的50%，占安徽省的14.5%。蚌埠高新区持续优化科技金融工作，按照"一企一策"，量身定制上市挂牌帮扶方案，出台一系列强有力的优惠政策，推动企业对接多层次资本市场，截至2017年年底，已有12家企业登陆新三板，接近全市的一半。

### 5. 全力支撑长江经济带建设，加强国际开放创新合作

打造长江经济带重要战略支点。为贯彻国家长江经济带发展战略，促进长江流域园区合作交流，合肥高新区与上海张江高新区、武汉东湖高新区、重庆两江新区、南京高新区共同发起成立长江流域园区合作联盟，召集长江经济带覆盖的11个省

(区、市)共51家国家高新区(含苏州工业园)开展协同创新。芜湖高新区以新技术、新产业、新业态、新模式为核心,以知识、技术、信息、数据等新生产要素为支撑,在微电子、新能源汽车及核心部件、节能环保及高端装备制造等前沿领域持续发力,全面形成集创新型企业、创新型平台、创新型人才、创新型机制于一体的区域创新生态系统,努力增强发展新动能,提升创新能力,为芜湖打造长江经济带具有重要影响力的产业创新中心提供重要支撑。

强化与德国等国际产业创新高地合作。合芜蚌自创区加快"走出去、引进来"步伐,引资、引技、引智并重,在更高水平、更高层次上参与国际分工合作,打造内陆开放新高地。合肥高新区建设中德(合肥)国际创新园等国际科技合作平台10个,吸引大陆马牌轮胎、爱德夏、科希曼等一批德资智能制造领域企业入驻;建设中德智能制造国际交流与教育合作基地、中德智能制造成果转移与企业孵化基地两大创新平台和一个技术创新中心,建成"中国制造2025"和"德国工业4.0"深度结合集中区,中德两国科技创新、成果转化、产业发展合作的示范区。芜湖启动中德(芜湖)中小企业合作区建设,探索中德中小企业合作新模式、新途径、新举措,发挥创新引领和示范作用,结合芜湖产业基础,加快引进德国优势产业、资金、技术和人才,围绕汽车及新能源、工业机器人及智能制造、光电信息及平板显示等重点领域,培育发展一批竞争力强的"专精特新"中小企业,构建产业特点明显、创新能力强的外向型产业集群。

# 分报告 17
# 重庆国家自主创新示范区

——以大数据智能化赋能实体经济，建设中西部开放高地，打造具有重要影响力的西部创新中心

**导读：**

重庆自创区按照习近平总书记对重庆提出的"两点"定位、"两地""两高"目标和"四个扎实"要求，以"改革、创新、开放"为抓手，大力推进科技成果收益分配、产品远期风险采购、科技人才双向流动等改革创新试点，坚持内生增长和开放发展相结合，深入推动大数据智能化与实体经济融合，大力发展电子信息、装备制造、生物医药、集成电路、新能源及智能汽车等高新技术产业和新兴产业，主动融入全球产业链和创新链，加快完善创新创业环境，走出一条具有内陆开放特色的发展之路，成为西部地区重要的创新创业中心和高新技术产业中心。

## 一、基本情况

2016年7月，国务院批复同意重庆高新区建设国家自创区。按照《国务院关于同意重庆高新技术产业开发区建设国家自主创新示范区的批复》（国函〔2016〕130号），要求全面实施创新驱动发展战略，深入推进大众创业、万众创新，发展新经济，培育新动能。要充分发挥重庆的产业优势、体制优势和开放优势，着力建设技术创新体系、新型产业体系、制度创新体系和创新创业生态系统，激发市场主体活力，全面推进对内对外开放，打造具有重要影响力的西部创新中心，努力把重庆高新区建设成为创新驱动引领区、军民融合示范区、科技体制改革试验区、内陆开放先导区。

重庆自创区获批以来，重庆市委、市政府高度重视，组建重庆自创区建设领导小组，出台《重庆国家自主创新示范区建设实施方案（2016—2020）》，提出分三期全力推进重庆自创区建设（图17-1）。第一期以重庆高新区核心区、两江新区核心区共20平方千米为主，建成国家自创区核心引领区。第二期以重庆高新区拓展区、两江新区拓展区、璧山高新区共计187.268平方千米为主，建成国家自创区全面示范区。第三期以永川高新区、大足高新区、铜梁高新区、荣昌高新区、潼南高

图17-1 重庆自创区空间示意

新区等国家高新区与市级高新区为主,构建不同发展阶段园区协同创新一体化格局。2018年,重庆自创区营业收入达6699.85亿元,工业总产值为5853.93亿元,占全市地区生产总值比例达到28.7%,已成为重庆市创新驱动发展核心引擎,西部地区实体经济基础雄厚、创新创业生态优良、高新技术产业集聚、科技型中小企业高速成长的创新高地。

## 二、政策创新与体制机制改革

### 1. 强化体制机制保障,高效推进自创区建设发展

重庆市成立了由市政府主要领导任组长的重庆自创区工作领导小组,统筹推进国家自创区建设改革发展重大问题。建立重庆自创区领导小组成员单位联络员制度,充分发挥议事协调机构职能,按照《重庆国家自主创新示范区建设实施方案》明确的工作任务,协同推进重庆自创区各项工作。出台《重庆高新区建设国家自主创新示范区十大重点工程(2017—2020年)》和《重庆两江新区国家自主创新示范区建设实施方案》等细化实施方案,突出抓好产业创新等4个领域专项工作,深入推进知识价值信用贷款等6个方面的重点改革,优化完善高层次人才等9个方面的自主创新专项政策。

### 2. 建立科技型企业知识价值信用贷款担保体系,营造最优科技金融政策环境

探索企业信用融资机制改革。重庆市委市政府先后出台《重庆国家自主创新示范区科技型中小企业综合信用融资担保体系建设试点方案》《重庆国家自主创新示范区科技企业信用担保基金管理办法(试行)》等系列措施,在自创区内率先开展知识价值信用贷款改革试点并全市推广。重庆自创区积极探索建立知识价值信用评价体系和轻资产融资模式,在全市率先启动"渝新券"试点,积极推进知识产权质押融资和知识价值信用融资,改财政"后补助"为"前担保",为创新主体购买高企申报、专利服务、研发设计、检验检测等科技中介服务提供制度保障,促进科技型企业融资轻资化、信用化、便利化,有效解决科技型企业融资难、融资贵等问题。

打造全生命周期的科技金融服务体系。重庆自创区大力营造科技金融生态环境,从股权融资、债权融资及政策补贴3个方面构建科技金融服务体系。成立创业种子

投资基金、天使基金等政府引导基金，承接全市创业种子投资基金试点，以公益参股、免息信用贷款等方式支持创业。采取"资本＋产业"的股权投资方式吸引了京东方等行业龙头入驻。与龙头企业合作共同成立文化创意、移动互联网、移动游戏等新兴产业投资基金，以股权或"股权＋债权"等方式助推科技型中小微企业发展。率先开展"助保贷"业务，合作开发"微贷""科技创业贷""科技信用贷"等金融产品20余种，授信企业超过150家。两江新区出台科技创新"黄金10条"、《重庆两江新区促进科技创新高质量发展的若干政策》等系列政策，2018年发放科技创新企业扶持资金1亿元；设立"重庆两江新区科技创新投资引导基金"，专项用于扶持具有自主创新、自主知识产权和先进技术的科技创新类中小微企业，截至2018年年底，合作金融机构已为320余家科技企业授信14亿元，实际发放贷款10亿多元。

**3. 全面推进科技体制综合改革，通过制度创新激发活力**

开展科技成果初始权益分配改革试点。重庆自创区积极推进科技成果转化，探索灵活的薪酬制度和奖励措施强化科研人员激励。在两江新区推进鼓励科技成果入股试点，持核心技术的团队落户两江新区创办科技型企业的，其技术成果可作为无形资产入股，所占注册资本比例最高可达到100%。

开展创新产品远期风险采购改革试点。重庆自创区与中国人民财产保险总公司合作设立"新产品研发保险"，完成"受理投保—支公司初审—分公司审核—总公司备案"模拟流程设计。两江新区出台《重庆两江新区促进创新创业的若干政策（试行）》，将区内科技型企业拥有自主知识产权的高新技术产品优先纳入政府采购目录，国家机关、人民团体和国有企事业单位在同等条件下，应优先采购目录内的高新技术产品，尤其是首台（套）产品。对采购使用重庆市认定的首台（套）重大技术装备的企业，按其采购额的20%给予补助，每家企业补助总额最高不超过500万元。

开展科技高端人才双向流动改革试点。重庆自创区积极鼓励事业单位科技人员到企业兼职、允许事业单位科技人员离岗创业、鼓励企业人员到事业单位兼职。通过大数据方式提升人才服务效率，开发建设"人力资源指数系统"，科学分析区内人力资源供给指数、需求指数和薪酬指数，为政府、企业和求职者提供可靠参考。建立海外人才库，发挥海外引才机构和猎头作用，聚焦重点国家和区域，为引进人才、扩大增量提供保障。建立本地人才库，完善自创区重点产业领域和企业存量人才信息资料，为提升存量人才培育水平提供保障。打造人才创新创业公共服务平台，建设"一站式"人才双创服务通道，切实做好人才服务。

## 三、示范重点和主要举措

### 1. 聚焦优势领域，大力培育高新技术产业集群

重庆自创区致力"高""新"结合，实施一批重大园区产业专项，稳步推动产业转型升级，大力发展战略性新兴产业，加快新旧动能转换。电子信息、汽车、装备制造等优势产业产值超过6000亿元，显示面板、集成电路、新能源及智能汽车、机器人及智能装备、通用航空、云计算及物联网、节能环保、新材料、生物医药及医疗器械等战略性新兴产业快速聚集和发展。

电子信息产业集群做新做强。重庆自创区聚焦发展集成电路、智能家电、计算机及外围设备产业集群，已成为全球最大的笔记本电脑散热模组生产基地、全国最大晶体振荡器生产基地，诞生了国内第一款高清数字电视机顶盒系统主芯片。"重庆电子信息创新型产业集群"被纳入"创新型产业集群试点（培育）"名单，集聚笔电配套、手机及核心零部件等电子信息科技型企业近200家，打造集"生产、研发、销售、服务"于一体的电子信息完整产业链，形成以金凤电子信息产业园为核心，以二郎、石桥铺两大高技术服务中心为支撑，优势突出、特色鲜明、有机互补、错位发展的产业发展格局。

数字经济新业态快速发展。重庆自创区以大数据、云计算、移动互联网、物联网、移动新媒体、移动游戏、3D打印等数字经济为代表的新兴业态快速发展，线下实体园区和线上虚拟园区建设联动推进，集群发展态势明显。一是建成仙桃数据谷、数字经济产业园、大数据服务产业园、影视文化创意产业园、移动游戏创业孵化园、腾讯云计算中心、阿里云创新中心、物联网协同创新中心、互联网金融企业孵化园、互联网虚拟产业园等一批专业化载体，成为重庆发展新兴产业和改造提升传统产业的重要基地（图17-2）。二是与联通、移动、百度、阿里、腾讯、中科云丛等知名公司合作，加快推进5G体验中心、无人车、未来智家、云尚展示体验中心等智慧生活场景建设。三是坚持"绿色+智能化"的理念，以生态、绿色、智能为本底，将人工智能、大数据、物联网等现代信息技术贯穿于生产生活生态空间，建设智能化生活场景体验平台，高质量打造智慧之城、未来之城。

图 17-2　重庆自创区数字经济产业园

生物医药产业集群做精做良。重庆自创区以国家生物产业基地为核心载体，产业形成涵盖生物制药、化学制剂、医疗器械、中成药等较为完整的产业体系。重庆高新区"西部生物谷"依托重庆大学城、三军医大等智力机构和专业机构，形成以高端制药、生物医学工程、生物育种和生物技术服务为核心，集研发、临床、生产和技术服务于一体的产业集群，海扶医疗首开"中国创造"医疗设备出口先河，在中英两国建立全球示范应用基地；华邦制药收购德国莱茵医院，将德国康复医疗技术吸收并引进国内。两江新区依托照母山健康科技创新研发区、两江健康城高端健康医疗服务区、水土高新园高端制剂和器械基地三大片区，集聚了药友制药、北大医药、华邦制药等高端制剂，金山科技、"永仁心"人工心脏等高端医疗器械和耗材，以及中国干细胞集团、博腾制药、迪纳利等高端医药产业服务三大健康产业集群，引进中关村医学工程转化中心、昭衍新药、台湾纬创和互贵科技等生物医药领域服务平台，形成从新药及医疗器械研发转化到代工生产的完整产业链，累计入驻企业超过130家。

**2. 集聚高端创新资源要素，推动研发平台提档升级**

集聚高水平创新资源。重庆自创区以两江协同创新区为载体，坚持以"世界眼光、国际标准、重庆特色"高点定位，探索"产、城、景"有机融合的创新资源集聚模式，塑造具有未来城市品质和地域特色的新兴地区，建立秩序清晰、弹性适应的国际一流创新聚集区发展空间。以"一核多点"的形式，吸引海内外优质创新资源在渝设立科研平台，推动组建交叉学科群和强有力的科技攻关团队，培养造就一批具有国际水平的战略科技人才、科技领军人才、青年科技人才和高水平创新团队。截至2018年年底，已吸引同济大学、中科院计算所、北京理工大学、西北工业大学、华中科技大学、中国科学院大学、吉林大学、比利时鲁汶大学、华东师范大学、清华大学、武汉理工大学等11所高校的分支机构和科研机构。

积极推动新型研发机构。重庆自创区联合重庆大学、中国人民解放军第三军医大学等高校院所建立"产、学、研、服"战略联盟，组建一批新型研发机构和产业技术创新联盟。已建成北斗卫星导航产品质检中心，启动运营重庆大学产业技术研究院，建成投运睿思科技芯片、易景科技智能终端等研发中心，加快建设中国工业设计研究院西南中心、清华大学深圳研究生院微电子研究中心等。精准生物产业技术研究院、石墨烯研究院获批重庆高端新型研发机构，在微控制器芯片研发、石墨烯薄膜及粉末产业化应用、肿瘤细胞免疫疗法等领域全国领先。

**3. 优化双创服务体系，营造高水平双创生态环境**

重庆自创区坚持将创业发展作为区域经济发展的重要动力，形成"苗圃—孵化器—加速器—产业园"完整孵化体系，组建高新创客汇、创业投资学院、创新企业成长俱乐部等运营平台，构建涵盖创新创业政策、创业孵化载体、创业服务平台、创业融资支撑等完善的创业生态。

以"互联网+"为纽带撬动新一轮创业激情。重庆自创区以众智促创新，以众包促变革，先后打造小米创业咖啡馆、腾讯众创空间、移动互联网孵化园、互联网金融孵化园、国际科技企业孵化器、电商孵化园等专业孵化载体，培育猪八戒、维普资讯、易联、易极付等知名互联网企业，初步形成开放式互联网创业生态。猪八戒搭建了国内首个以文化创意为特色的互联网虚拟产业园，集聚创业者1万余名，培育孵化小微企业1400余家；远见集团搭建了西部首个互联网虚拟化产业集群，孵化网络服务型、电子商务型企业50余家；本酷科技打造的在线产业生态集群，为重庆1万多家中小企业打通了电子商务渠道。两江新区建成了全国首个互联网综合教育基地、开放型互联网学院，形成5000名学员的综合培训能力，打造了中国高端互联网人才的创智基地和教育基地、人才高地。

举办创新创业大赛，营造良好双创氛围。重庆自创区通过举办各类创新创业活动，在扶持重庆市中小企业发展、激发创新创业热情、营造创新创业创造氛围等方面发挥了重要作用。2018年，成功举办了第七届中国创新创业大赛（重庆赛区）暨第四届重庆市"高新杯"众创大赛，共吸引582家企业报名参赛；举办了"国创杯"创新创业项目大赛、亚洲通讯营销产业发展大会、中英智能制造2025项目交流推介会、中国(重庆)石墨烯应用及产业化高峰论坛等系列活动；组织开展了双创孵化与科技金融高峰论坛、重庆新三板高峰论坛等主题论坛10次，新媒体训练营等路演培训12次，区域创新创业氛围持续高涨。

**4. 以"渝新欧"为抓手，深度融入全球创新体系**

重庆自创区在以"渝新欧"为核心的"三个三合一"开放体系框架下，主动融入"一带一路"倡议，以产业需求为导向，以创新合作为主线，加强与"一带一路"沿线国家地区在科技创新、产业协同、贸易往来等领域的合作，积极建设内陆开放高地。打造"一心多园三区"（即重庆两江国际合作中心，多个国际合作产业园，3个国际社区）的国际合作规划布局，实行开放口岸、通道、平台一体建设，开放主体、环境一体打造，重庆两江国际合作中心建成投用，中新、中德、中瑞、中意、中日、中韩、中以7家国际合作产业园加快建设。

**分报告 18**

# 宁温国家自主创新示范区

——着力推进区域协同与开放创新，打造民营经济创新创业新高地

**导读：**

宁温自创区坚持以"八八战略"为总纲，以释放激活民营经济创新创业活力为立足点，全面谋划、有序部署、积极推进，大力开展先行先试，围绕科技成果转化和处置、以企业为主体的产学研协同创新、民间资本投资创新创业、国际科技开放合作等方面，出台专项支持政策，打造"1+2+2"政策体系，逐步形成更有利于出人才、出成果、出效益的体制机制。以建设高层次人才创业地为目标，宁温自创区大力推动以跨区域创业、跨国技术转移、跨国技术并购等方式链接国内外优质创新资源，向全球产业链、价值链、创新链中高端迈出坚实步伐。

## 一、基本情况

2018年2月,国务院批复同意宁波、温州两个国家高新区建设国家自创区。按照《国务院关于同意宁波、温州高新技术产业开发区建设国家自主创新示范区的批复》(国函〔2018〕13号),要求全面实施创新驱动发展战略,充分发挥宁波、温州的区位优势、民营经济优势和开放发展优势,积极开展创新政策先行先试,着力培育良好的创新创业环境,激发各类创新主体活力,深入推进大众创业、万众创新,全面提升区域创新体系整体效能,打造民营经济创新创业新高地,努力将宁波、温州高新区建设成为科技体制改革试验区、创新创业生态优化示范区、对外开放合作先导区、城市群协同创新样板区、产业创新升级引领区。

为了加快推动宁温自创区建设,浙江省科技厅多次组织召开宁温自创区一体化协同建设发展座谈会,明确了以宁波高新区、温州高新区为核心,按照"一区多园、整合协同、主体引领、全域布局,功能组团、联动发展"的思路,整体形成宁波"一区十五园"、温州"一区五园"的空间格局。2018年,宁温自创区总营业收入4406.32亿元,实现工业总产值3142.22亿元,拥有高新技术企业763家,引领带动宁波、温州向民营经济创新创业高质量发展新高地迈进(图18-1)。

图18-1 宁温自创区空间示意

## 二、政策创新与机制体制改革

### 1. 省市区三级联动，推动政策先行先试

形成"1+2+2"政策体系。围绕打造"民营经济创新创业新高地"这一主线，省、市、区三级联动，形成"1+2+2"政策体系，在民营资本投资创新创业、科技成果转化、科技金融结合、知识产权保护与运用、人才培养引进、区域协同和开放合作创新等方面开展先行先试。第1个"1"即浙江省委、省政府出台《关于推进宁波温州国家自主创新示范区建设的若干意见》，从统筹优化空间布局、创新创业平台和服务体系建设、特色产业培育、体制机制创新等方面提出了推进宁温自创区建设的具体意见和重大举措。第2个"2"即宁波、温州两市立足自身实际，分别出台《宁波市委市政府关于推进科技争投高质量建设国家自主创新示范区的实施意见》《温州市委市政府关于高质量推进国家自主创新示范区建设的实施意见》。第3个"2"即宁波高新区、温州高新区分别出台了"黄金八条""金十一条"专项政策。

两地开展特色示范试点。宁波、温州结合本地特色，谋划实施宁温自创区重大工程，开展创新政策先行先试。宁波片区依托国家保险创新综合试验区、国家科技成果转移转化示范区、"一带一路"建设综合试验区，在科技保险、科技成果转移转化、开放创新等方面开展体制机制改革。温州片区依托"两个健康"先行区、金融综合改革试验区、世界华商综合试验区等试点，不断优化民营经济发展环境、深化金融综合改革、链接全球华商资源。

### 2. 加快体制机制改革，激发民营经济活力

深化"最多跑一次"改革。2018年，宁温自创区加速推进"最多跑一次"改革向纵深发展，启动建设"科技大脑"，强化数据共享和工作对接，加快推进政府数字化转型，优化提升营商环境。宁波高新区启动"项目争速"行动，出台投资项目"快速审批"配套制度，实现一般企业投资项目开工前审批"最多100天"完成率100%；组建全新代（帮）团队，实行"代办专员+协办专员+服务专员"的"1+X"代办模式，进一步提升全区行政审批效能；积极推动企业投资项目审批事项的取消与合并，对建设用地规划许可证实施即时办理制度。温州高新区进一步转变服务理念、优化服务流程、完善服务体系，实现科技计划评审、区级研发中心认定、技术合同登记、创新券推广应用服务等网上申报，服务质量和效率显著提升；建立代办

项目库，强化保姆式、联动式、接力式服务形式。

推进科技金融改革。宁温自创区大力推动科技与金融结合，引导民营资本流向创新创业，在支持民营企业发起设立科技银行、推行企业研发准备金制度、创新科技金融产品服务科技型中小企业发展等方面走在全国前列。宁波高新区重点支持宁波银行科技支行、农业银行科技支行等机构贴近企业需求，不断创新金融产品，加大信贷支持力度；鼓励保险公司设立科技保险专营机构，提供产品研发责任、新产品使用、知识产权侵权责任保险等险种。温州高新区鼓励金融机构实行民营企业续贷政策，推行符合条件的企业"无还本续贷"和使用"应急转贷资金"；探索民间借贷"信用权证"制度，推动民间借贷市场阳光化、规范化发展；设立科技创新创业投资基金，引导民营资本投资科技成果转化项目和创新型企业；探索开展"投贷联动"，设立14支科创子基金，总规模达23.6亿元。

## 三、示范重点和主要举措

### 1. 加快培育高精尖产业，着力打造世界级特色产业集群

打造创新型现代产业体系。宁温自创区着力实施创新型产业集群培育工程，聚焦建设国际一流的新材料和智能制造创新中心、具有全国影响力的生命健康和智能装备创新中心，集中力量打造区域性的产业"名片"。宁波片区聚焦"246"万千亿级产业集群，加快发展新材料、智能制造、生命健康等新兴产业，在汽车电子、膜材料、工业机器人、"互联网+"、生物医药等细分前沿领域取得明显成效，涌现出了均胜电子、激智科技、中银电池、美诺华等一批高成长企业和行业龙头企业。2018年，宁波高新区高新技术产业增加值、战略性新兴产业增加值占规模以上工业增加值的比重分别为90.4%和48.3%。温州片区围绕以数字智造为核心的智能装备和以眼视光为核心的生命健康两大主导产业，紧盯世界500强、大企名企、大院名校等开展资源招引，建立重大招商项目挂钩联系、项目会商等制度，绘制靶向性招商产业地图，推进国家综合物流信息平台揭牌并实现实体化营运，中国眼谷产业园、中国电子（温州）信息港、浙江万信电气智能医保装备、浙江力达电器汽车线束和电池组件等为重点项目启动建设。

以数字经济发展为契机，借势借力推进传统产业转型升级。宁温自创区加快实

施数字经济"一号工程",以数字经济为导向,推动新一代信息技术与制造业融合,大力发展现代金融、物流与供应链、电子商务、服务外包、工业设计、创意设计等生产性服务业,鼓励制造业与服务业融合发展,推动传统产业向高科技、高附加值、高智力密集型方向转型升级。宁波高新区深入实施家用电器、非金属制品、化工、纺织服装业等9个传统优势产业改造提升行动计划,大力发展智能网联汽车、智能家电(家居)、智能制造装备、智能信息产品等四大智能终端产业业态(图18-2)。温州高新区借助"互联网+"、大数据、云计算等手段,以智能化改造和企业上云工作为抓手,大力实施机器换人工程,推动阀门、不锈钢等机械制造产业向智能系统流程装备方向转型,推动鞋服、制笔等向智能穿戴、智能硬件方向转型。

图18-2 宁温自创区均胜工业自动化及机器人项目

**2. 推动创新共同体建设,加快提升民营企业创新能力**

围绕产业发展需求,加快创新平台建设。宁温自创区坚持围绕产业链部署创新链,在数字经济、新材料、生命健康等重点领域谋划部署一批高能级创新平台,切实加强前沿科学技术的基础研究和应用研究,突破一批关键核心技术,形成一批原创性科研成果。宁波高新区大力集聚高端科教资源,引进共建的中科院宁波材料所、北方材料科学与工程研究院、中国电子科技集团(宁波)海洋电子研究院、诺丁汉大学宁波新材料研究院等高水平研发机构已成为区域创新发展的重要支撑;联合兵科院、中科院宁波材料所共建新型研发机构—宁波新材料联合研究院,建成有机功能材料、增材制造、功能防护材料等六大工程技术中心和材料公共实验检测平台,不断完善成果研发转化和对外服务体系,打造"拎包创业"的服务能力。温州高新区围绕主导产业发展，举全区之力推动重大创新平台落地，2018年以来，先后与复旦大学共同筹建温州生命科学创新中心，与温州医科大学及其眼视光医院共建眼视光国际创新中心，吸引杭州电子科技大学温州研究院、北大—温州激光与光电子联合研发中心、浙江中德智能制造研究院、中国科学院大学温州研究院、浙江大学温州研究院等一批研发创新平台落户（图18-3、图18-4）。

图18-3 温州高新区浙江大学温州研究院

图18-4 温州激光与光电产业创新服务综合体

以民营企业为主导的产学研合作不断深化。宁温自创区大力实施重点产业产学研合作计划，支持龙头企业整合科研院所、高等院校力量，建立创新联合体和企业研究院，鼓励科研人员进入企业工作，加快区域科技创新和成果转化步伐。宁波片区以大企业为引领,以突破相关领域的关键应用技术、加速科技成果转化、孵化创新型企业为主要任务,联合政府、高校院所等共建专业性强、开放度高的产业技术研究院;鼓励事业单位科研人员以离岗、兼职或在职方式创办企业或者提供科技服务。温州高新区支持区内科研院所、企业与美国东北大学、日本神户大学等国外知名大学、研发机构联合建立产学研平台和校企合作订单式人才培养等,截至2018年年底,累计615家企业实现产学研合作(图18-5)。

图 18-5 宁温自创区华中科技大学温州先进制造研究院

大力引导企业加大研发创新投入。宁温自创区积极落实高新技术企业所得税优化、企业研发费用加计抵扣等税收优惠政策,建立健全竞争性分配与普惠性支持相结合、直接资助与间接资助性相结合、事前资助与事后补助相结合的财政科技经费支持机制,营造"敢投、愿投、争投"的创新氛围。2018年宁波片区高新技术企业所得税优惠、企业研发加计抵扣合计优惠71.62亿元,同比增长34.7%。温州片区深入实施规模以上工业企业科技创新(企业R&D活动、企业研发机构、企业发明专利)"三清零"行动,科技部门科技专项经费支出与规模以上企业的"三清零行动"直接捆绑挂钩,有效引导企业积极建立研发中心、工程技术中心、重点实验室、企业研究院等,加大科技创新投入。

**3. 优化企业创新主体培育机制,壮大科技型企业梯队**

着力发挥龙头企业引领作用。宁温自创区着力扶持发展一批规模实力强、发展前景好、市场竞争优势明显的企业,培育产业创新龙头和细分领域的"单项冠军",

引领带动产业集群壮大。宁波片区紧抓"中国制造2025"试点示范城市重大机遇，实施千亿级工业龙头企业培育工程，重点培育奥克斯、均胜、吉利等10家千亿级龙头企业和94家行业骨干企业，其中均胜电子以近16亿美元收购全球领先的汽车安全系统制造商日本高田公司，成功跻身全球汽车零部件领域高端供应链；中银电池研发出国内无人化作业电池生产线——双鹿电池无人智能生产线，实现名副其实的"黑灯智造"。温州片区聚焦"152"工程，大力引进亿元级的重大产业项目，推动中广核俊尔新材料总部园、伟明环保总部、科博达技术温州总部等项目落地，支持德力西电气、华峰新材料入选第二批省级创新型领军企业名单。

重点培育科技型高成长企业。宁温自创区大力实施科技型企业倍增计划，构建科技企业微成长、小升高、高壮大的科技企业梯次培育机制，量质并举推进一批有成长潜力和成长动力的科技型企业发展。宁波高新区通过政策引导、上门辅导、培训指导等方法，建立以"创新型初创企业、科技型中小企业、高成长企业"等科技型企业为主体的高企苗子库，2018年共有高企苗子企业188家。温州高新区落实科技企业新"双倍增"行动计划，建立科技型中小企业和高新技术企业后备培育库，实施"雏鹰—瞪羚—独角兽"企业培育计划，打造科技型中小企业铺天盖地、高新技术企业顶天立地、新经济企业引领发展的企业梯队格局，2018年，"一区五园"累计拥有高新技术企业519家（其中高新区核心区125家）。

大力推进高端人才创新创业。宁温自创区重点鼓励高端创业、连续创业、国际创业、跨区域创业等高水平创业，引导有技术、有能力、有想法的人才创新创业，积极培育高潜力的创新型初创企业。宁波高新区大力实施"高新精英"计划，推进科技人员、海外留学归国者、民营企业家及"创二代"创业者、大学生创业者携带科技成果创业，先后引进黄维、徐政和、祝京旭、陈建峰、李立浧等15位国内外院士在高新区创办企业或建立科研团队。温州高新区大力支持各类高层次人才项目，积极申报创新人才培养示范基地，启动打造人才特色孵化基地、人才发展研究院等项目，合作共建美国硅谷白鹿城创新中心、温州剑桥海外创新中心，成立招才引智攻坚组，制作全国招才引智地图，实行挂图作战，引进悦康信息、泛波激光、竞成环保等一批高层次人才计划项目。

**4. 推进"双创"服务专业化，持续完善创新创业生态**

完善创业孵化体系。宁温自创区着力打造"产学研用金、才政介美云"十联动创新创业生态系统。宁波高新区依托国家级海创基地、海外人才离岸创新创业基地、国际技术转移中心等国家级平台，积极链接国际高端创新创业资源，高效配置和集成各类创新创业要素以实现精准孵化，带动宁波片区现有众创空间、孵化器、加速器、大学生科技园、创业基地等向专业化、国际化孵化载体升级，2018年全市新增市级众创空间16家、科技企业孵化器3家，累计分别达到85家、30家。温州高新区鼓励大中企业利用闲置厂房、仪器设备等自身资源建立加速器，进一步完善优化"众创空间—孵化器—加速器—产业园"全链条孵化体系；加快推进孵化载体优化提升，实施高新区创业园、温州海创园等孵化园区改造，推进国技互联OLINK加速器、北航投星空众创空间实现开园，高新区创业园连续3年入围国家级科技企业孵化器考评A类行列，截至2018年年底，全区共有省级孵化器3家、省级众创空间9家；国家级孵化器2家、国家备案众创空间5家（图18-6）。

图18-6　宁波高新区众创空间

营造创新创业氛围。宁温自创区倡导"勇于创新、崇尚创造、开放包容、追求卓越"的双创氛围，形成全民崇尚创新创业、全民支持创新创业、全民参与创新创业的社会环境。2018年，宁波高新区牵头举办第三届中国（宁波）创新挑战赛、第七届中国创新创业大赛（宁波赛区）等活动，共吸引近4000人次参与；承办中国创新创业大赛新材料行业总决赛，获得全国新材料行业总决赛一等奖、二等奖各1项，推荐获奖率达85.7%，居全国第2位。温州高新区着力打造"创业龙湾"品牌，积极举办国际激光产业高峰论坛、视觉健康创新发展国际论坛、中美国际华人英才项目对接会、欧美精英创业家协会高层次人才路演等品牌活动；大力实施龙湾"青•创"计划，建立各类青创孵化器，定期举办大学生创业大赛、中坚人才创业大赛，吸引国内外高校毕业生到温州就业创业。

引导民营资本投资创新创业。宁温自创区着力活跃创业投资市场，完善金融风险补偿机制，大力引导民间资本、社会资本投资重大高新技术成果产业化项目（图18-7）。宁波高新区以投资广场、科创金融服务产业园等为重点平台载体，积极构建政府、担保、银行、保险、证券、创投等共同参与的多元化、多层次、多渠道科技金融生态圈；推进全市天使投资引导基金备案天使投资机构和天使投资人达550余个，可投资本达255亿元，截至2018年年底，累计投资初创企业221家，引导社会资本投资23.5亿元，财政资金放大效应达12.1倍；搭建"银行+科技"信贷服务模式，科技信贷风险池规模达9650万元，新增专利质押融资额近3亿元。温州片区设立种子基金、创业风险基金、产业投资基金12.7亿元，开办杭州银行、温州银行两家科技支行，不断做大做强温州科技金融。温州高新区持续优化金融生态环境，先后引进稠州商业银行、福建海峡银行、台州银行等8家银行分支机构，设立全市首家科技小额贷款公司。

图18-7　宁温自创区天使投资资本相亲会

加强知识产权运用与保护。宁温自创区围绕优势产业领域，积极开展产业专利导航和专利预警分析，推动建设知识产权维权平台、知识产权服务联盟等服务平台，建立跨区域知识产权维权协调机制。宁波高新区围绕国家知识产权示范园建设，不断完善知识产权政策体系和工作体系，推动企业积极运用微观专利导航，明确专利导航企业重大决策的事项范围、启动响应、服务支撑和决策程序，引导企业开展专利布局收储、协同运用、许可转让、质押融资等运营活动。积极打造知识产权大港湾服务平台，截至2018年年底，已入驻服务机构32家。2018年，发明专利申请量同比增长128%，万人发明专利拥有量达145件，成功通过国家知识产权试点园区考核验收，荣获首批浙江省知识产权服务业集聚发展示范区。

### 5. 全面融入长三角一体化，不断提升对外开放创新水平

积极融入长三角一体化发展。宁温自创区充分利用上海、杭州、合肥、南京等地优质创新资源的"溢出效应"，积极对接长三角地区大院大所、高端人才。积极借鉴、复制推广杭州自创区先行先试的成功经验和政策措施，充分利用杭州"互联网+"、数字经济等优质资源，推动创新要素跨区域流动，推进实体经济转型升级和高质量发展。宁波片区积极推动杭州湾新区建设浙沪（宁波）合作示范区，达成沪甬科技创新战略合作，开展"科技飞地"试点建设，推动仪器设备、科技数据等互相互通、共享共用。温州片区积极践行与上海市嘉定区更高质量一体化发展深度融合示范区建设，先后揭牌乐清南翔科创合作基地、瑞安（安亭）飞地创新港、浙大—乐清智能电气研究院等"科技飞地"，联合上海嘉定区、江苏昆山市、太仓市与上汽集团共同设立长三角产业升级股权投资基金。

加快融入全球创新网络。宁温自创区着重发挥区位优势、开放特色，积极融入"一带一路"，不断加强与中关村、硅谷、慕尼黑、新加坡等全球创新高地的技术交流和创新合作，深度融入全球产业链、创新链。宁波片区以"一带一路"综合试验区建设为契机，大力推进双向合作创新平台建设，重点打造宁波诺丁汉中英科技创新园、宁海中瑞科技园、海曙国际科创城等科技合作园，谋划建立了宁波美国创新孵化器、瀚海硅谷孵化器、宁波纽约海外科技孵化中心等一批海外科技企业孵化器，探索完善"国外孵化+国内加速"孵化模式。温州片区着力发挥全球温商资源优势，加快推进世界华商回归创业园、世界华商科技创新园、硅谷海外创新中心、英国剑桥科创园等国际创新创业载体建设，推动中意人才交流合作试点继续深化、浙江中德智能制造研究院落地，吸引全球创新人才到温州创业。

# 分报告 19
# 兰白国家自主创新示范区

——深入推进创新驱动，引领西北欠发达地区转型跨越发展

**导读：**

兰白自创区作为西北首个获批建设的国家自创区，依托区域特色资源与产业优势，充分发挥中科院兰州分院及大科学装置等平台作用，积极构建高质量产业发展体系，开展东西合作开放式创新，加强政策创新与管理体制改革，推动实现产业结构持续优化，科技创新实力稳步提升，创新创业服务与环境不断完善，成为西北地区实施创新驱动、破解发展难题、补齐发展短板、转换发展动能的重要平台，带动酒嘉、金武、天水、陇东科技创新集群快速发展，形成区域协同创新发展的新格局。

## 一、基本情况

2018年2月,国务院批复同意兰州、白银两个国家高新区建设国家自创区。按照《国务院关于同意兰州、白银高新技术产业开发区建设国家自主创新示范区的批复》(国函〔2018〕14号),要求全面实施创新驱动发展战略,充分发挥兰州、白银的区位优势、创新资源优势和产业基础优势,积极开展创新政策先行先试,着力培育良好的创新创业生态,激发各类创新主体活力,深入推进大众创业、万众创新,全面提升区域创新体系整体效能,积极探索欠发达地区通过科技创新实现跨越发展的新路径,努力把兰州、白银高新区建设成为科技体制改革试验区、产业品质跃升支撑区、人才资源集聚区、东西合作发展先行区、生态文明建设引领区。

兰白自创区涵盖兰州、白银两个国家高新区,其中,兰州高新区规划面积182.77平方千米,包括雁滩园区、榆中园区、九州经济开发区、七里河园区、榆中和平工业园,形成"一区五园"格局;白银高新区规划面积356平方千米,实行"一区六园"管理,涵盖银东工业园、银西工业园、刘川工业园、平川工业园、正路工业园和会宁工业园。2018年,兰白自创区地区生产总值达到397.7亿元,规模以上工业增加值达到291亿元(图19-1)。

图19-1 兰白自创区空间示意

## 二、政策创新与体制机制改革

强化管理顶层设计。甘肃省委、省政府将兰白自创区作为"一把手"工程,成立了由省委书记、省长任"双组长"的兰白自创区建设工作领导小组,赋予兰州、白银高新区管委会省级经济管理权限,明确省级经济管理权限下放目录,对涉及兰白自创区建设的各类行政审批事项,按照能放尽放原则,充分赋权放权。建立兰白自创区与省直部门直通机制,实现计划直接上报、项目直接申报、财政直接结算、经费直接划拨、用地直接报批、证照直接发放、统计直接报送,形成"省统筹、市建设、区域协同、部门协作"工作推进机制。

优化政策创新供给。甘肃省委、省政府研究制定了《关于支持兰州白银国家自主创新示范区建设的若干意见》,从10个方面出台支持兰白自创区建设的40项具体措施,省直相关部门出台配套创新政策和支持举措。兰州高新区充分借鉴北京中关村、上海张江、武汉东湖等国家自创区的主要经验和做法,编制完成"1+4+7"自创区建设政策体系,提出聚焦重点平台,锁定重点区块,实施"五大"支撑性工程的建设思路。白银高新区围绕优化服务环境、专利资助等方面,研究制定10项配套政策,构建形成了"3+2+10"政策体系(表19-1、表19-2)。

表 19-1 兰州高新区"1+4+7"政策体系

| 类别 | 领域 | 政策 |
| --- | --- | --- |
| "1" | 实施方案 | 《兰州高新区建设国家自主创新示范区实施方案》 |
| "4" | 四大平台 | 《兰州高新区建设国家自主创新示范区科技成果转化平台方案》 |
| | | 《兰州高新区建设国家自主创新示范区协同创新平台方案》 |
| | | 《兰州高新区建设国家自主创新示范区科技孵化平台方案》 |
| | | 《兰州高新区建设国家自主创新示范区科技金融平台方案》 |
| "7" | 政策体系 | 《兰州高新区建设国家自主创新示范区支持人才培养与引进政策》 |
| | | 《兰州高新区建设国家自主创新示范区促进产业发展政策》 |
| | | 《兰州高新区建设国家自主创新示范区招商引资优惠政策》 |
| | | 《兰州高新区建设国家自主创新示范区生态建设项目扶持政策》 |
| | | 《兰州高新区建设国家自主创新示范区瞪羚企业认定及培育政策》 |
| | | 《兰州高新区建设国家自主创新示范区优化政务服务办法》 |
| | | 《兰州高新区建设国家自主创新示范区项目落地实施办法》 |

表 19-2　白银高新区"3+2+10"政策体系

| 类别 | 领域 | 政策 |
| --- | --- | --- |
| "3" | 3个纲领性政策 | 《白银市建设国家自主创新示范区实施方案》 |
| | | 《白银国家自主创新示范区空间布局及产业发展规划》 |
| | | 《白银市支持兰白国家自主创新示范区建设二十条措施》 |
| "2" | 两大体制机制改革重点 | 《关于赋予白银高新区管委会部分市级经济管理权限的决定》 |
| | | 《白银市人民政府关于"一区六园"统筹发展的意见》 |
| "10" | 10项先行先试配套政策 | 《白银高新区建设国家自主创新示范区创新创业人才培养引进政策》 |
| | | 《白银高新区建设国家自主创新示范区支持科技创新平台建设政策》 |
| | | 《白银高新区建设国家自主创新示范区科技成果转移转化支持政策》 |
| | | 《白银高新区建设国家自主创新示范区加快科技金融融合发展支持政策》 |
| | | 《白银高新区建设国家自主创新示范区科技成果使用、处置和收益权管理办法》 |
| | | 《白银高新区建设国家自主创新示范区股权和分红激励实施办法》 |
| | | 《白银高新区建设国家自主创新示范区促进产业发展政策》 |
| | | 《白银高新区建设国家自主创新示范区专利资助办法》 |
| | | 《白银高新区建设国家自主创新示范区招商引资优惠政策》 |
| | | 《白银高新区建设国家自主创新示范区优化创新创业环境八条措施》 |

## 三、示范重点和主要举措

### 1. 着力打造高质量产业集群，推动园区提质增效

兰州高新区着力培育战略性新兴产业，初步形成了以生物医药、先进制造、电子信息为主导的产业体系，培育出奇正藏药、陇神戎发、中农威特、海默股份、伯骊江3D打印等骨干企业。2018年，兰州高新区实现营业总收入1750亿元，地区生产总值420亿元，固定资产投资额165.7亿元，注册登记企业11 500多家，已成为全省发展速度最快、质量最优的产业集聚区。生物医药基础扎实，聚焦生物制品、中成药、藏药、保健品等领域，加快推进国家生物医药产业基地建设，围绕孵化中心、中试厂房、科技研发等产业发展需求，全力打造一流的生物医药公共技术平台、专业孵化平台、研发总部基地和成果转化加速器集群，获批生物医药类国家新型工业化示范基地。先进制造业高端引领，在石油装备、耐驰泵及系统、3D打印设备等产业领域具备全国竞争力，涌现出一批国内知名品牌。电子信息集聚成势，以万

维信息、紫光智能等企业为引领，广泛开展智慧城市建设示范应用。

白银是新中国有色工业发祥地。白银高新区立足资源禀赋和产业基础，突出特色、专业集聚，着力打造循环经济产业链，积极推进有色金属新材料、精细化工、生物医药、稀土新材料、碳纤维材料、光气化等园中园建设，已建成银西医药产业园、银东精细化工产业园、刘川新材料产业园和平川陶瓷研发与出口基地。有色金属新材料领域，集聚红鹭铜业公司、西北铅锌冶炼厂、第三冶炼厂和华鹭铝业公司四大冶炼厂，形成有色金属生产能力68万吨、稀土12万吨产能，开发了有色金属多元合金、超薄铜箔、核聚变绞缆等一批高附加值产品，已成为我国目前规模最大的多品种有色金属工业基地。精细化工领域，重点布局以TDI为核心的产业链，以及煤化工、氟化工、钾锂硼、硫酸工业、氯碱工业、异氰酸酯等化工产业链，并向上下游延伸，推动精细化工产业集群发展，氟化工产能和技术水平居全国前列，被列为全国新型工业化产业示范基地（图19-2）。

图19-2　白银高新区银光集团TDI生产线

### 2. 完善科学装置及科技服务，创新实力稳步提升

推进国家重大创新平台建设。兰白自创区聚集兰州大学、中科院兰州分院等40多家科研院所，布局羰基合成与选择氧化国家重点实验室、固体润滑国家重点实验室、精细石油化工中间体国家工程研究中心、白银中试基地等重量级大科学装置与创新平台，截至2018年年底，共有国家实验室1个、国家重点实验室11个、省部级重点实验室40个、国家级工程研究中心5个、省级工程研究中心38个、国家级企业技术中心5个、省级企业技术中心23个，创新资源优势显著。其中，兰州重离子加速器由中国科学院近代物理研究所设计建造，是我国第一台大型重离子加速

器系统（图 19-3）。固体润滑国家重点实验室自 1992 年起连续 4 次被评为"优秀实验室"。持续支持有色金属先进加工与再利用国家重点实验室、干旱生境作物生物学国家重点实验室建设，在重离子物理、有机化学、冻土、冰川、固体润滑、家畜疫病、草地农业生态、有色金属加工再利用等领域开展一批战略性、前沿性、基础性、综合性科技创新活动。

图 19-3　兰州重离子加速器

加快建设产业研究院等技术创新平台。兰白自创区充分发挥科技资源相对密集、科技人才相对集中的优势，在"立足资源、服务甘肃、做出特色"的方针指引下，积极与国内外高校院所建立分中心、联合实验室、地方研究院等科技创新平台。兰州高新区与中科院兰州分院、兰州大学、兰州理工大学、甘肃中医药大学等高校院所建立深度合作关系，建成稀土功能材料产业研究院、兰州生命科学技术产业研究院、金属纳米材料产业研究院、兰州国创新能源研究院等一批产业研究院，组建了兰州大学特色药物健康产业发展工作站、兰州国家自创区西北师范大学工作站、兰州国家自创区兰州理工大学工作站、兰州国家自创区膜科学工作站等 4 个科技创新工作站。白银高新区协同推进地方研究院等科技创新平台落地，已成功挂牌兰州大学白银产业技术研究院、兰州理工大学白银新材料研究院、甘肃省科学院白银市实创研究院、甘肃西部凹凸棒石应用研究院、白银市东西部协同创新研究院、甘肃省陇杞中药研究院等 10 个产业研究院（图 19-4）。

图 19-4 兰州理工大学白银新材料研究院

重大科技成果不断涌现。兰白自创区累计获得科技奖励 230 余项，其中国家级奖励 38 项（含以第一完成单位身份获国家科技进步特等奖 1 项）、省部级一等奖 32 项、摩擦学领域国际最高奖 1 项，以中科院为首的创新主体，多次打破国外技术封锁和垄断，创造多项"中国第一"。在兰州自创区建设带动下，2018 年，甘肃省累计登记省级科技成果 1176 项，其中 245 项应用技术成果实现转化，共创造经济效益 600 余亿元，净利润超过 93 亿元；全省成交技术合同 5072 项，成交额突破 180 亿元；科技对经济增长的贡献率达到 52.8%，综合科技创新水平指数达到 51.38%，综合科技进步水平排名全国第 18 位。

### 3. 优化提升双创载体服务，创新创业氛围日渐浓厚

着力提升发展双创载体。兰白自创区形成了"众创空间—孵化器—加速器—产业园"完整的产业孵化链条。截至 2018 年年底，兰白自创区孵化总面积达到 60 万平方米，拥有国家级科技孵化器 5 家，国家备案众创空间 9 家。其中，留学人员创业园聚焦新医药、生物工程、电子信息、新材料等领域，孵化企业 155 家（在孵企业 85 家，毕业企业 70 家，上市企业 2 家），先后获批"省部共建留学企业创业示范基地""新桥创新创业基地"等。

持续优化创业服务与氛围。兰州高新区创业服务中心先后被科技部批准为国家级创业中心、国家高新技术创业服务中心、科技型中小企业技术创新基金服务机构、大学生科技创业见习基地中国创新驿站基层站点等。积极推进"创新大街"建设，全面实施街景改造工程，为沿街 44 家科技孵化器及众创空间、2015 家科技服务机构和上千户企业的创新创业活动营造更加优质的发展环境。积极承办中国创新创业

大赛和"中国创翼"创新创业大赛（甘肃赛区）等，启动百万元奖金扶持优秀团队和企业的创业项目，激发全社会创业潜能和创业激情（图19-5）。

图 19-5　兰白自创区创新园国家级科技企业孵化器

广泛引进聚集双创人才。兰白自创区高度重视双创人才引聚工作，不断加大对新入选国家级人才计划的高层次人才的支持力度，持续开展甘肃领军人才及飞天学者等人才计划专项、陇原青年创新人才（团队）扶持计划，"柔性"引进22名院士并全部建立了院士工作站（图19-6）。截至2018年年底，兰白自创区拥有专业技术人才7.9万人，享受国务院政府津贴83人，引进海外归国高层次人才132人，建成8个人才工作驻外联络站，人才磁石效应不断增强。

图 19-6　甘肃伯骊江3D打印科技公司院士专家工作站揭牌仪式

### 4. 深化与上海张江多元合作，推动区域协同创新

推动人员双向流动。兰白自创区借助人才高地和政策洼地优势，积极落实科技部、上海市、甘肃省三方会谈精神，探索东西部地区科技创新合作新模式，形成东西部双向互济的开放格局。上海张江与兰州高新区、白银高新区分别选派干部挂职，积极推进两地及企业间的合作交流，为双方企业落地提供精准服务。兰白自创区已先后在上海举办了3期兰白创新创业培训班，培训学员150余人。

开展科技协同创新。兰白自创区积极推进与上海张江自创区的协同创新，通过"基金＋孵化器＋科技园区"模式，与张江共建生物医药、新能源两个产业转移园区，学习借鉴张江生物医药产业基地及孵化平台建设管理运营经验，吸引张江优秀创业企业到兰白地区进行加速。此外，秉承"基金＋基地""投资＋服务"的理念，上海张江自创区委托上海久有基金与兰白自创区开展全面合作，设立总规模10亿元的兰州久有创新发展（风险）投资基金、张江兰白投资基金，并通过基金引进6家上海科技企业落户兰白自创区，新引进人才1800多名、创新团队67个。

### 5. 加快重点项目实施，探索生态文明高质量发展经验

构建生态绿色产业体系。兰白自创区围绕生态文明建设，重点发展节能环保、清洁生产、中医中药、文化旅游、通道物流、数据信息、先进制造等绿色生态产业，打造以兰白城市群为重点、城乡一体化的绿色生态产业示范区和绿色产业联合体，已基本形成以生态农业为基础、以先进制造业和高技术产业为主导、以现代服务业为支撑的环境友好型和资源节约型产业技术体系。同时，兰白自创区大力支持企业生产方式、生产设备、生产技术生态化升级，开展传统工业园区向生态工业园区升级等绿色发展试验示范，推进生态建设产业化、产业发展生态化。此外，积极推动低碳化、循环化、集约化发展，推广合同能源管理模式，积极参加全国碳交易市场建设和运行。

以重点项目推动循环经济发展。兰白自创区紧抓国家循环经济示范区建设机遇，大力发展循环经济，积极开展省级、市级循环经济示范企业认定工作，广泛实施循环经济示范工程，着力突破大气污染防治、城市污水处理、节水节能等关键技术。加强对重点区域景观提升，顺利完成罗九公路沿线景观提升改造、牡丹园景观改造、安宁区十里桃花等项目，为广大市民提供更加优质的绿色生态服务。通过实施增容扩绿项目，完成封山育林项目26 000亩，两山绿化面积由58万亩增加到60万亩。

**分报告 20**

# 乌昌石国家自主创新示范区

——建设丝绸之路经济带创新创业新高地，
支撑新疆稳定创新高质量发展

**导读：**

乌昌石自创区在新形势下全面落实新发展理念，以支撑引领丝绸之路经济带核心区建设为重点，以科技创新和体制机制创新为突破，在现代产业体系构建、创新平台建设和创新资源集聚、双创服务体系建设、国内外协同合同等方面形成了一定的基础和优势，创新驱动引领新疆经济社会发展迈上了新台阶。下一步，乌昌石自创区将面向新疆稳定发展和"一带一路"建设重大需求，探索适合于新疆自然、社会、经济、历史和文化特点的创新道路、创新模式和创新机制，力争成为支撑新疆未来发展的高地，引领推动新疆形成核心竞争力和长远竞争力。

## 一、基本情况

2018年11月，国务院批复同意乌鲁木齐、昌吉、石河子3个国家高新区建设国家自创区。按照《国务院关于同意乌鲁木齐、昌吉、石河子高新技术产业开发区建设国家自主创新示范区的批复》（国函〔2018〕145号），要求全面实施创新驱动发展战略，充分发挥乌鲁木齐、昌吉、石河子区位优势、创新资源优势和产业基础优势，积极开展创新政策先行先试，着力培育良好的创新创业生态，激发各类创新主体活力，深入推进大众创业、万众创新，打造丝绸之路经济带创新创业新高地，全面提升区域创新体系整体效能，努力把乌鲁木齐、昌吉、石河子高新区建设成为科技体制改革和创新政策试验区、创新创业生态优化示范区、科技成果转化示范区、新兴产业集聚示范区、转型升级引领区、科技创新国际合作先导区（图20-1）。

图20-1 乌昌石自创区空间示意

2018年，乌鲁木齐、昌吉两地实现总收入4273亿元，集中了新疆维吾尔自治区60%以上的科研机构、73.7%的高校、70%的高新技术企业及51.2%的研发人员，成为新疆创新资源最密集的地区；石河子高新区集聚了新疆生产建设兵团60%的科技人才和75%的高新技术企业，综合实力居于兵团首位。其中，乌鲁木齐高新区实现营业收入 3900 亿元，石河子高新区实现营业收入 373 亿元，昌吉高新区实现营业收入 230 亿元；3 个高新区合计建成各类科技创新平台 177 个，科技型企业数量达到 2208 家，拥有专业技术人员 9240 人，其中高级专业技术人员 1041 人（图 20-2）。

图 20-2　乌昌石自创区创新资源情况

## 二、政策创新与机制体制改革

### 1. 积极落实自治区政策，推动政策创新优化

围绕科技体制改革、企业技术创新、成果转化、人才发展等方面，新疆维吾尔自治区先后出台了《关于贯彻落实〈国家创新驱动发展战略纲要〉的实施意见》《深化科技体制改革实施方案》《关于大力推进大众创业万众创新若干政策措施的实施意见》《关于深化人才发展体制机制改革的实施意见》等重要文件，以及关于成果转化的九条政策、关于创新驱动发展试验的十八条政策、关于实行增加知识价值为导向分配政策的十一条政策等，形成了创新政策大合唱的良好氛围。在贯彻落实新疆维吾尔自治区政策的基础上，乌鲁木齐、昌吉、石河子 3 个国家高新区分别结合自身实际，出台了一系列促进产业发展、激发创新创业活力的配套政策，进一步实现对自治区政策的补充完善和落地发芽。

### 2. 深化科技管理体制改革，激发经济创新发展活力

创新人才管理机制。一是鼓励自治区高校深化创新创业教育改革，创新人才培养模式，推行产学研联合培养研究生的"双导师制"。二是实行科技人员分类评价，建立健全以科研诚信为基础，以创新能力、贡献、绩效为导向的科技人才评价体系，注重考核科技人员履行岗位职责的工作绩效、创新成果，将科研成果取得的经济效益和社会效益作为职称评审的重要内容。三是实施 R 字签证（人才签证）制度，经认定的外籍高层次人才，在抵达口岸或入境后申请变更 R 字签证（人才签证），按

照规定办理居留许可,优化引才服务环境。

促进成果转移转化。一是将科技成果处置权、收益权、使用权全部下放给科技成果完成单位,无须审批或备案,科技成果转化处置收入不上缴国库,全部留归单位。二是赋予科技成果完成人(团队)不低于70%的科技成果收益权,允许科研机构领导班子成员依法享有科技成果转化收益,提高创新主体转化积极性。三是支持科研人员兼职或停薪离岗转化科技成果,允许科研人员停薪离岗创办企业,3年内保留人事关系,与原单位其他在岗人员享受同等的参加职称评聘、岗位等级晋升和社会保险等方面的权利,本人可随时回原单位。

推动科技和金融结合。一是积极推进中科援疆基金健康运行,通过贯彻落实国家对包括天使投资在内的投向种子期、初创期等创新活动相关税收支持政策,以及促进创业投资企业发展的税收优惠政策,引导社会资本加大对早中期、初创期创新型企业的支持力度。二是探索开展科技创新券制度,鼓励中小微企业和创业团队(创客)通过创新券购买科技服务,按照不超过1:2的额度给予配套支持。三是支持符合条件的企业发行项目收益债,开展知识产权证券化试点、股权众筹融资试点等,促进创新型成长型企业加速发展。

## 三、示范重点和主要举措

### 1. 依托区域优势资源,打造现代产业体系

乌昌石自创区深入实施创新驱动发展战略,通过"内培"和"外引"并举,以高新产业集群带动传统产业转型升级,形成电子信息、新材料、先进制造、新能源等优势领域,太阳能、风能、特高压输变电领域具备全国竞争力,石油石化、煤炭煤化工、矿产资源勘探开发、农产品深加工、文化旅游等特色产业的技术水平和竞争力大幅提升。乌鲁木齐高新区厚植全疆创新资源集聚优势,积极推进中科曙光人工智能大数据及建模平台、天地一体化信息网络地面信息港等一批重大产业创新工程,组织实施维药、儿童药等一批重大新兴产业专项,不断引进总部型企业,初步形成了新一代信息技术、新材料、现代服务业、生物医药与大健康等多元产业稳步发展的创新型现代产业新格局。昌吉高新区坚持走高质量发展之路,实施装备制造产业增效、新材料产业提质、生物产业扩量三大行动,三大主导产业集聚度持续增强,

占全区工业总产值的84.6%，总投资92亿元的蓝山屯河百万吨生物新材料科技产业园是国内首个以完全生物降解树脂PBS系列为核心的生物基原料、生物基新材料、下游制品研发生产基地。石河子高新区紧抓国家西部大开发与全球产业转移的机遇，充分发挥地方电网独特优势，实施优势资源转换战略，引聚一批投资规模大、创新能力强、产业联动性强的优质项目，在新材料、通用航空、信息技术等战略性新兴产业领域形成突破。

### 2. 强化创新平台建设，持续涌现创新成果

乌昌石自创区始终坚持创新是引领发展的第一动力，不断加大科技研发经费投入，加强创新平台建设，持续汇聚一批优质科研机构、人才等创新资源，逐步形成并完善高质量的科技创新体系，创新成果不断涌现。

创新平台加速建设。乌昌石自创区充分利用各种有利条件，建成各类科技创新平台177个。乌鲁木齐高新区拥有各类科研院所20余家，大中专院校33所，国家级、自治区级创新平台75家，社会安全风险感知与防控大数据应用国家工程实验室、基于深度神经网络的视频图像处理超级计算中心等高层次创新平台正加快推进建设（图20-3）。昌吉高新区集聚国家工程实验室1家，国家级工程技术研究中心1家，国家级企业技术中心3家，自治区级工程技术研究中心5家，自治区级企业技术中心14家，博士后工作站4个。石河子拥有国家"双一流"石河子大学等大中专院校12所，新疆农垦科学院、石河子农科院等科研机构18所，集聚科技平台33家，包括1家国家重点实验室、16家省级及以上工程(技术)研究中心、17家省级及以上企业技术中心。石河子大学依托北京大学、华南农业大学、华中科技大学等9所对口支援高校，每年引进百余名高校人才开展科研教学工作，是兵团乃至全疆最重要的创新源头。

科研院所20余家　　大中专院校33所　　自治区级及以上创新平台75家

图20-3　乌鲁木齐高新区创新资源集聚情况

创新成果不断涌现。新疆众和3N-5N5高纯铝三层液及提纯精炼铸造生产、新

疆博微太赫兹全新人体安检等技术和模式优势突出。中科传感 NTC 电阻器等产品广泛应用于我国人造卫星、运载火箭、神舟飞船等国防尖端领域。天山铝业拥有兵团铝冶炼工程技术研究中心、自治区级企业技术中心，自主开发的大数据应用程序实现生产管控智能化，有效解决电解槽自动识别与预警。大全公司改良"西门子法＋冷氢化"多晶硅生产工艺技术，荣获中国电子材料行业 50 强、中国半导体专业 10 强，被工业和信息化部认定为"国家级绿色工厂"。

### 3. 探索新型孵化模式，优化双创服务体系

乌昌石自创区鼓励探索新型孵化模式，完善创新创业产业链条，推动区域双创能力快速提高。

乌鲁木齐高新区。形成"众创空间—孵化器—加速器—产业园"的完整孵化链条，拥有众创空间 16 家（国家备案 5 家，占全疆 21.7%），科技企业孵化器 9 家（国家级 3 家，占全疆 33.3%）。积极探索"离岸不离疆、本地注册、离岸孵化"的新型孵化模式，建成运营新疆离岸（深圳）创新中心、新疆离岸（大连）创新基地。与中国科学院、清华大学深圳研究生院、南方科技大学等高校院所"校地合作"，通过衍生企业、孵化企业和服务企业实现科技创新成果产业化。构建覆盖中小企业全生命周期和重点产业落地的"天使＋风险＋创投＋产业＋并购"基金体系，设立了"财政引导基金＋重点产业母基金＋产业子基金"基金群，集聚股权投资类企业 614 家（占全疆 40%）。截至 2018 年年底，乌鲁木齐高新区高新技术企业数已达 176 家，占全市 52.38%、全疆 29.38%。

昌吉高新区。以昌吉国家高新区双创中心为基地，以昌吉学院、新疆农业职业技术学院、新疆昌吉职业技术学院为支点，建设自治州"1+3+3"双创服务体系，打造创新创业、科技孵化、"双高"培育、检验检测、科技合作、科技金融等六大平台，建成投资 2 亿元的创业大厦和小微企业创业园，培育出 100 多家科技型企业、35 家高新技术企业。

石河子高新区。建成众创空间 27 家（国家备案 8 家）、国家级科技企业孵化器 3 家，国家级双创示范基地 1 家，国家级示范生产力促进中心 1 家，在孵企业 600 余家，培育高新技术企业 26 家。其中，石河子大学国家大学科技园是兵团高校唯一的国家大学科技园，建设五大产业共性技术创新平台，孵化石大锐拓、华创节能环保等科技型中小创业企业。经济开展孵化服务提升工程，引进上海股权托管交

易中心、浙江颐高集团等第三方服务机构，搭建五大服务平台，在兵团发行首支科技创新券。创新"投贷债租IPO"金融产品体系，成立财税金融服务中心，形成"科技银行、创服中心、创投基金、科技保险"四位一体的科技投融资服务机制。

### 4. 聚集多方资源，推动内外开放联动

2015年以来，科技援疆工作按照党中央的总体部署，在科技部统筹领导下，进一步建立和完善人才、技术、管理、资金等全方位科技援疆机制，积极落实《全国科技援疆规划》各项任务，取得一批重要进展。首先，援疆机制不断创新，高校科技援疆得到加强，科技援疆联盟不断拓展，对口援疆科技合作联席会议由"19+2"扩展为"21+2"，实现了14个地州市全覆盖。其次，东西科技合作取得实质性进展，与北京、上海、深圳、天津等地签署了一批科技合作协议，一批高新技术企业和创新合作平台基地相继落户。再次，通过科技维稳、科技民生、科技扶贫等方式促进了民生改善。最后，依托丝绸之路重要节点的地理位置优势，不断拓展与"一带一路"沿线国家的合作。

乌鲁木齐高新区。紧抓对口援疆、四方合作等契机，围绕技术转移转化、创新载体建设和科技项目合作等方面与先进地区开展深度合作。争取科技部支持，建设了铝电子材料国家地方联合工程实验室、国家技术转移东部中心新疆分中心等重大平台。积极与中科院创新资源合作，引进和建设乌鲁木齐云计算中心、量子保密通信技术产业基地、新疆民族药关键技术及工艺国家地方联合工程研究中心等重大项目。立足区位优势，加强国际合作，编制实施了"一带一路"科技创新行动计划，举办中巴农业科技合作交流会，助力本地企业"走出去"和优质项目及团队"引进来"，引入首家外资银行巴基斯坦哈比银行。

昌吉高新区。积极协助企业开拓中亚及全球市场。特变电工签约安哥拉索约—卡帕瑞11.8亿美元输变电建设项目，与吉尔吉斯比什凯克合作2×150兆瓦热电项目，建成多哥索科地变电站及输电线路。西部节水公司与哈萨克斯坦开展国际合作与交流，"屯河牌"节水器材系列产品出口哈萨克斯坦。锐通木业、新铝铝业等公司产品进入中亚市场，未来型材公司在中亚设立生产公司。利用萨图公司电子商务平台方面的技术、市场、人才优势，拓展高新区优势产业、特色产品在中亚国家及欧洲市场的销售渠道。

石河子高新区。依托花园机场综合交通枢纽和亚洲大陆铁路桥构建空铁公立体

交通网络，培育发展通道经济，打造了中欧班列中运输时间短、运输距离短、经营成本低、市场竞争力强的贸易新通道——"石河子—俄罗斯集装箱国际货运班列"，奠定了开放发展的坚实基础。积极利用对口援疆政策，开展"新疆创新发展论坛""抓好创新驱动融入'一带一路'""北上广金融专项推介会"等活动，与北京、深圳等区域开展实质合作。